DER WOLF IM HUNDEPELZ

DER WOLF IM HUNDEPELZ

Hundeerziehung aus einer anderen Perspektive

Günther Bloch

WESTKREUZ-VERLAG

Die Deutsche Bibliothek – CIP-Einheitsaufnahme:

Bloch, Günther:
Der Wolf im Hundepelz: Hundeerziehung aus einer anderen Perspektive /
Günther Bloch. – Bad Münstereifel: Westkreuz-Verlag, 1997
   ISBN 3-929592-31-2

Alle Rechte der Verbreitung, auch durch Film, Funk und Fernsehen, fotomechanische Wiedergabe, Tonträger jeder Art, auszugsweiser Nachdruck oder Einspeicherung und Rückgewinnung in Datenverarbeitungsanlagen aller Art, sind vorbehalten.

7. Auflage
© 1998 Westkreuz-Verlag GmbH Berlin/Bonn, 53902 Bad Münstereifel,
Telefon (0 22 57) 8 11, Fax (0 22 57) 78 53

Herstellung: Westkreuz-Druckerei Ahrens KG Berlin/Bonn, 12309 Berlin

Inhaltsverzeichnis

Vorwort Dr. Paul Paquet 8
Vorwort Prof. Ray Coppinger 10

Einleitung 12

Kapitel 1 Verhaltensbeobachtungen an freilebenden Wölfen 15

1.1 Einführende Bemerkungen über Territorialität, Aggressionen und Futterrangordnung 15
1.2 Welpen und ihre Interaktionen 24
1.3 Sommerliche Verhaltensaktivitäten erwachsener Wölfe und ihre Interaktionen mit Welpen 28
1.4 Vergleichende Verhaltensbeobachtungen an Wolf und Hund unter Berücksichtigung ihrer Sinnesleistungen 43
1.5 Vergleichende Betrachtung der Rangordnung von Wolf und Mensch . 52
1.6 Die Rangordnung zwischen Mensch und Hund 53

Kapitel 2 Die Haltung und Erziehung von Haus-, Familien- und Begleithunden 58

2.1 Mensch/Hund-Probleme unter Berücksichtigung hundetypenbestimmender Verhaltensbesonderheiten 60
2.2 Die Hundehaltung in Deutschland 65
2.3 Die Haltung von Hunden in Europa 67
2.4 Ein neuer Exotiktick: Wolfshybriden 68
2.5 Die Vermenschlichung in der Halter/Hund-Beziehung 69

Kapitel 3 Die Kommunikation zwischen Mensch und Hund 72

3.1 Die verbal-akustische Kommunikation 72
3.2 Die chemisch-geruchliche Kommunikation 74
3.3 Die optisch-visuelle Kommunikation 75
3.4 Die non-verbale Kommunikation zwischen Mensch und Hund 79
3.5 Die Umsetzung der Kommunikationslehre unter Berücksichtigung der Lerntheorie 80
3.6 Grundregeln zur positiven Verstärkung und der Formung eines Verhaltens 84
3.7 Die Motivation als Schlüssel zur Hundeerziehung 87

Kapitel 4 Was Hänschen nicht lernt… 89

4.1 Der richtige Welpe soll gekauft werden 89
4.2 Der Welpe kommt ins Haus 92
4.3 Die ersten Lernschritte außerhalb des Hausstandes 95
4.4 Die Welpenspielstunde 96
4.5 Gibt es einen generellen Welpenschutz? 97

Kapitel 5 Grundsätze zur Umsetzung in die praktische Hundeerziehung 99

5.1 Die Hundeerziehung – Ein erster Überblick 99
5.2 Die Einstellung zur Unterordnung 100
5.3 Wie sage ich's meinem Hund?
    Erster Lernschritt zur Unterordnung 101
5.4 Wie sage ich's meinem Hund?
    Zweiter Lernschritt zur Unterordnung 102
5.5 Wie sage ich's meinem Hund?
    Dritter Lernschritt zur Unterordnung 104
5.6 Wie sage ich's meinem Hund?
    Vierter Lernschritt zur Unterordnung 105
5.7 Der Hund als Jäger 106

Kapitel 6 Lob und Tadel in der Hundeerziehung 110

6.1 Lob und unangemessene Belohnung 110
6.1.1 Tadel oder Strafe 111
6.1.2 Die Strafe aus heiterem Himmel 112
6.2 Agieren und Reagieren 113
6.3 Zusammenfassung 115

Kapitel 7 Hilfsmittel in der Hundeerziehung 116

7.1 Futtergaben 116
7.2 Sichtzeichen 116
7.3 Das Kopfhalfter 116
7.4 Die lange Leine 123
7.5 Geräuschquellen 124
7.6 Disc-Scheiben 124
7.7 Click and Treat 128
7.8 Andere Hilfsmittel 132
7.9 Elektroschockgeräte 132
7.10 Das Dogmaster-Lernsystem 132

Kapitel 8 Verhaltensbeobachtungen an gemischten Hundegruppen . . 136
8.1 Verhaltensbeobachtungen innerhalb eines Freilaufgeländes 136
8.2 Verhaltensbeobachtungen an gemischten Hundegruppen
 ohne Präsenz des Menschen 142

Kapitel 9 Die Beseitigung einiger Problemhundeverhalten 145
9.1 Problemhundeverhalten im Haus 145
9.2 Aggressives Verhalten gegenüber Fremden oder Besuch 146
9.3 Problemverhalten im Garten 150
9.4 Problemverhalten im PKW 152
9.5 Problemverhalten im Außenbereich 152
9.6 Streßbedingtes Problemverhalten 155
9.7 Angstbedingtes Problemverhalten 156
9.8 Problemverhaltens-Reduzierung unter Anwendung einer
 Bachblütentherapie oder des Tellington-TTouchs
 (Abhandlung von Susanne Kaufmann) 159

Kapitel 10 Hundeerziehungsfibel 168
10.1 Verhalten und Lösungen von A–Z 168
10.2 Beschäftigungsvorschläge für Haus-, Familien- und Begleithunde . . . 180

**Kapitel 11 Außergewöhnliche Dokumentationen aus der Welt
 der Caniden** 184
11.1 Herdenschutzhunde – Caniden der besonderen Art 184
11.2 Die Domestikation der Silberfüchse Belyaev's 188
11.3 Umweltanpassung und neue Kulturen freilebender Wölfe
 und Kojoten 190
11.4 Die weißen Wölfe von Ellesmere Island 193
11.5 Verpaarung zwischen Grönlandhund und freilebender Arktik-Wölfin . 196
11.6 Der Wolf im Hundepelz 198
11.7 Hundeerziehung aus einer anderen Perspektive 200

Schlußwort Perdita Lübbe-Scheuermann, Hunde-Akademie 202

Danksagung 203

Literaturverzeichnis 204

Vorwort

Das erste Mal traf ich Günther Bloch in den kanadischen Rocky Mountains, wo ich als Verhaltensökologe an freilebenden Grauwölfen arbeite. Hier lebte ich mit meinen beiden Hunden Jesse und Shiba. Es begann eine spontane und bis zum heutigen Tage andauernde Freundschaft, die oft ein Schwerpunktthema hat: Wolfs- und Hundeverhalten.

Für mich war Günther Bloch eine Bereicherung, eine wandelnde Enzyklopädie zwecks Information über unsere Haushunde. Er forderte auch irgendwie die etablierten Prinzipien der Hundeethologie heraus. Ich erinnere mich genau, wie ich damals dachte: da ist jemand gekommen, der meine Sprache spricht, allerdings ist diese Sprache mit einem viel größeren Vokabular ausgestattet. Ich spreche in diesem Zusammenhang nicht über die deutsche oder meine Heimatsprache Englisch. Ich spreche vielmehr von jener multidimensionalen Sprache, die Hunde im Umgang mit uns Menschen „sprechen". Dann dachte ich: da kommt einer, der versteht nicht nur meine Passion für Caniden, sondern teilt genauso auch mein akademisches Interesse. Letztendlich traf ich jemanden, von dem ich noch etwas lernen konnte.

Günther Bloch ist mit seinem Wissensstand niemals zufrieden. Er ist stets motiviert, Feinheiten, welche schließlich die Hundewelt charakterisieren, weiter analytisch zu erforschen. Sein nicht enden wollender Durst nach Wissen zeigt sich besonders in der disziplinierten Arbeit während er freilebende Wölfe in den Rocky Mountains beobachtet. Er verbringt Stunde um Stunde völlig alleine, abgeschieden von jeglicher Zivilisation, in der Wildnis, wo er Verhaltensweisen, besonders aber die Interaktionen zwischen erwachsenen Wölfen und ihren Welpen, gewissenhaft und akribisch genau notiert. Die Einsichten, die er bei seinen Verhaltensbeobachtungen an Wölfen gewonnen hat, vermitteln uns das einmalige Verstehen hinsichtlich der Frage, ob und wie erwachsene Wölfe ihre Welpen „trainieren" und wie sie in eine Wolfsgesellschaft hineinwachsen. Günther Bloch hat seine Erkenntnisse in einer sehr originellen und cleveren Weise in die von ihm propagierten Hundeerziehungsmethoden integriert. Dies erlaubt uns allen, von diesem Informationsreichtum zu profitieren. Wie ziehen Wolfseltern ihren Nachwuchs auf?

Ich glaube, daß die Entschlüsselung, wie sich Wölfe gegenüber ihren Welpen verhalten, DER Schlüssel zur Hundeerziehung ist.

Artgerechte Trainingsmethoden für Hunde zu entwickeln, erfordert nicht nur einen detaillierten Wissensstand, sondern auch Intuition und Respekt. Günther Blochs Fähigkeit, erfolgreich die Wissenschaft des Hundeverhaltens (die Mechanismen, die erklären, warum Hunde etwas tun) in die wesentlich abstraktere und auch wenig verstandene Symbiose Mensch/Hund zu integrieren, ist sehr beeindruckend. Die Symbiose Mensch/Hund ist für mich äußerst schwer zu beschreiben, weil sich die traditionelle Wissenschaft nicht mit Emotionen beschäftigt. Wie auch immer, Emotionen sind essentieller Teil einer langdauernden Partnerschaft zwischen Mensch und Hund. Natürlich können wir Hunde leicht trainieren, daß sie sich wie Roboter verhalten.

Die Freude aber, einen Haus- und Familienhund zu besitzen, sollte eher in einer Art Liebesbeziehung zum Ausdruck kommen.

Von einem Computer können wir gleichbleibende, zuverlässige und automatische Antworten auf zuvor vermittelte Kommandos erwarten. Ein glücklicher Hund aber, der sogar eine gewisse Abhängigkeit zum Menschen will, würde sicherlich liebend gerne nach Günther Blochs Richtlinien trainiert werden.

Dr. Paul Paquet,
Verhaltensökologe mit Gastprofessur des Departments für
Biologie an der Universität Calgary in Alberta/Canada.

Vorwort

Hunde sind ein evolutionäres Phänomen. Sie sind sehr erfolgreiche Säugetiere mit einer geschätzten Verbreitung von 100 Millionen Exemplaren alleine in den USA und Europa.

Vergleicht man diese Anzahl mit einigen tausend im gleichen Verbreitungsgebiet lebenden Wölfen, die als Stammform gelten, macht sich Erstaunen breit. Sowohl in den USA, als auch in Europa gilt der Wolf als bedrohte Tierart. In manchen Gebieten wird mittels eines Millionenbudgets versucht, den Wolf wieder anzusiedeln bzw. zu schützen. Die Amerikaner unterstützen viele Programme, um das Überleben von Grau- und Rotwölfen wenigstens in National Parks sichern zu können. Langzeitpläne bestehen auch für die Wiedereingliederung des mexikanischen Wolfs in Teilen seines ehemaligen Lebensraumes. Die Europäer haben begonnen, sich über sogenannte „Wanderkorridore" Gedanken zu machen, um auf Dauer keine isolierten und somit genetisch bedrohten Populationen entstehen zu lassen. Wiedereinbürgerungsversuche oder Schutzmaßnahmen kosten viel Geld, und die Spezies Wolf wird auch zukünftig unsere Aufmerksamkeit brauchen.

Hunde haben solche Probleme nicht. Sie leben in unseren Hausständen oder zumindest in der Nähe zum Menschen. Sie leben auf allen Kontinenten, sieht man von der Antarktik einmal ab. Der Versuch, sie in bestimmten Gebieten auszurotten, ist nie erfolgreich gewesen. So bedrohen sie z. B. auf den Galapagos Inseln dort lebende Tierarten, die zu den seltensten unseres Planeten gezählt werden. Der Wolfsforscher Luigi Boitani nimmt an, daß halbverwilderte Hunde für den freilebenden Wolf Italiens durchaus eine Gefahr darstellen können. Die ca. 800 000 streunenden bzw. halbverwilderten Hunde sind teilweise Nahrungskonkurrenten des Wolfes. Ja, sie verpaaren sich mitunter und verändern sich dadurch auch genetisch.

Auch Hund und Mensch konkurrieren um Nahrungsressourcen. Gerade in unseren Industrieländern beinhaltet das kommerzielle Hundefutter u. a. auch Beiprodukte menschlicher Nahrungsgrundlagen. Eine Milliarden umsetzende Hundefutterindustrie wird selbstverständlich auch von Landwirten beliefert. Das bedeutet, daß ein Hund, Kilo für Kilo, in etwa doppelt so teuer ist wie ein Mensch. Die etwa 65 Millionen Hunde Nordamerikas verbrauchen die gleichen bzw. im Mittelwert sogar mehr Kalorien als alle menschlichen Einwohner der Megastädte New York und Chicago zusammen!

Unter Berücksichtigung ihrer Variabilität und ihrer weitverbreiteten Lebensweise als Begleiter oder Assistent des Menschen wissen wir nicht sehr viel über Hundeverhalten – besonders nicht, wenn wir das Verhalten ihres Stammvaters Wolf im Vergleich sehen. Genau das ist der Grund, warum Günther Blochs Buch so wichtig ist. Aufgrund ihrer engen Verwandtschaft sind Wolf und Hund in unseren Gedanken irgendwie miteinander in Verbindung zu bringen, denn wir erkennen den Wolf innerhalb des Hundeverhaltensrepertoirs immer wieder reflektiert.

Sogenannte Hundeexperten reden stets darüber, wie man einen Hund nach Wolfsmanier zu dominieren hat. Es fällt auf, daß diese „Experten" in Wahrheit niemals

Wölfe studiert haben. Auf der anderen Seite kennen die meisten Wolfsforscher wiederum Hunde nur in einer sehr unprofessionellen Weise. Viele Wolfsforscher, die ich kenne, besitzen noch nicht einmal einen eigenen Hund.

Hier liegt uns nun ein neues Buch vor, dessen Autor einerseits Tausende von Hunden und deren Halter trainiert hat, andererseits aber gerade auch seit vielen Jahren Tage, Wochen oder Monate in der Nähe der Höhlenkomplexe freilebender Wölfe in Kanada verbringt. Er bringt deshalb einmalige Erfahrungen ein, um Hundeverhalten besser zu verstehen. Günther Blochs Buch ist für mich auch in einer interessanten Weise gegliedert. Das erste Kapitel beschäftigt sich zunächst mit den Freilandbeobachtungen, die der Autor an freilebenden Wölfen gesammelt hat. Dies vermittelt dem Leser Hintergrundwissen, um die Basis von Verhaltensprinzipien eines Caniden zu verstehen, der ein unverfälschtes Leben führt, indem er seinen Nachwuchs aufzieht und beschützt.

Hier sehen wir Verhalten in Form einer adaptiven Strategie in bezug auf Nahrungsbeschaffung, Reproduktion und Gefahrenvermeidung. Dies sind die notwendigen Prinzipien, die alle lebenden Kreaturen motiviert.

Nachdem der Hund eine symbiotische Beziehung mit dem Mensch eingegangen ist, haben sich die Regeln des Überlebenskampfes drastisch verändert. Der Mensch stellt Nahrung bereit, so daß die Strategien zur Nahrungsbeschaffung – wie Aufspüren, Hetzen und Töten von Beute – wegfallen.

Auch die Reproduktion ist für den modernen Haushund gesichert, so daß er auch hier nicht mehr mit Nebenbuhlern konkurrieren muß. Die Gefahren des Lebens sind nicht mehr länger gefährliche Braunbären oder etwa Steinadler, die mitunter Welpen erbeuten, sondern liegen in der Auseinandersetzung mit dem Menschen, wenn sich der Hund „verhaltensauffällig" zeigt. Die Motivation freilebender Wölfe zu verstehen ist meist einfacher als zu verstehen, warum Hunde tun, was sie gerade tun. Der Hauptteil des Buches beschäftigt sich sehr detailliert mit dieser Fragestellung.

Später „bringt" uns der Autor wieder zurück in die Wildnis und vergleicht nochmals die umweltbedingten Verhaltensanpassungen von Hund und freilebenden Caniden. Wir lernen etwas über die Arbeit des großen russischen Genetikers Dmitri Belyaev und die Domestikationserscheinungen seiner Füchse. Sind diese Erkenntnisse auf das übertragbar, was wir über Hunde wissen? Und was ist mit den Wölfen? Viele von ihnen schleichen um unsere Mülhalden herum, und einige ernähren sich natürlich auch von unseren Nutztieren. Sind diese Wölfe vielleicht schon Hunde im Wolfspelz?

Dieses außergewöhnliche Buch von Günther Bloch wird dem Leser helfen, unsere Hunde um einiges besser zu verstehen – und in einem gewissen Sinne Verständnis wecken für die Sichtweise des Hundes.

Ray Coppinger,
Prof. der Biologie Hampshire-College, Mass./USA

Einleitung

19. November 1996; Air-Canada-Flug Nr. 075 von Frankfurt nach Kanada. Wir, das sind meine Frau Karin, die dreijährige Rauhhaardackelhündin „Kashtin", unser sechs Monate alter westsibirischer Laikarüde „Jasper" und ich. Wir landen auf dem Flughafen von Calgary. Hinter uns lassen wir einen total verregneten Sommer in Deutschland, eine hektische Saison auf der Hundefarm – und die schmerzlichen Verluste von Langhaarschäferhund „Yukon", des Laikarüden „Chinook" und der europäischen Wölfin „Amaroc".

Im Blockhaus unseres Freundes Dr. Paul Paquet angekommen, schauen wir auf das Thermometer: −28°C. Draußen liegt die atemberaubende Gebirgslandschaft der Rocky Mountains, eingepackt in eine 40 cm dicke Schneeschicht. Ich blättere noch einmal kopfschüttelnd in meinem ersten Buch „Beziehungskiste Familie–Hund", welches – 1988 geschrieben – inhaltlich größtenteils völlig überholt erscheint. Eigentlich sollte dieses Buch nur überarbeitet werden. Auch wenn einige kleinere Passagen der „Beziehungskiste" (die selbstverständlich noch Gültigkeit haben) übernommen werden, entschließe ich mich doch endgültig zur Publikation eines neuen Buches. Warum?

Der „einfache" Hundehalter erhält zwar viele Ratschläge und Informationen, die allerdings oft an Weltanschauungen geknüpft sind. Er schwankt zwischen Erziehungsmethoden der pauschal geforderten Härte-Disziplin und der neuerdings in Mode gekommenen antiautoritären Hundebehandlung.

Es muß wohl eine typisch deutsche Mentalität sein, zwischen Extremen zu springen und die Welt kraß „schwarzweiß" zu betrachten. Meinungen und Thesen haben stets den Anspruch auf das Absolute, viele Deutsche wissen und können alles oder wollen schnellstmöglich die Welt verbessern. In der Behandlung und Zucht sind wir weltweit „führend", kreieren die besten Rassen und erwarten selbstverständlich, daß Außenstehende aufgrund soviel geballtem Sachverstands vor Ehrfurcht erstarren und uns demütig bewundern.

Vielleicht entsteht auch dieses Buch wiederum in Kanada, einem Land der multikulturellen Gesellschaft (nicht nur auf dem Papier), wo zudem Raubtiere wie Wolf, Grizzlybär, Puma und Kojote noch nicht gänzlich ausgerottet wurden.

In einem solchen Umfeld kann man vieles relativieren und überdenken: eigene festgefahrene Standpunkte, Arroganz gegenüber unserer Natur, Selbstzufriedenheit oder persönliche Verbalangriffe auf anders denkende Menschen.

Eine unter Kanadiern ausgeprägte Grundeinstellung lernte ich bereits vor etlichen Jahren: greife nicht den Botschafter, sondern die manchmal nicht akzeptable Botschaft an. Eine solche Botschaft ist antiautoritäre Hundeerziehung!

Natürlich soll man sich kritisch mit unterschiedlichen Standpunkten der Hundeerziehung auseinandersetzen, denn verschiedene Schlußfolgerungen liegen u. a. in der Individualität jedes Menschen bzw. Hundes begründet. Keine durch den Menschen domestizierte Tierart zeigt ein solch weites Spektrum an Größen, Farben,

Fellstrukturen oder Ausdrucksformen, und selbst unter Wurfgeschwistern der gleichen Hunderasse gibt es die verschiedensten Temperamente und Charaktere zu beobachten.

Neuerdings werden alle in noch so unterschiedlichem Umfeld und Hausstand lebenden Hunde wissenschaftlich unter der Bezeichnung „Canis lupus f. familiaris" geführt. Diese Maßnahme unterstreicht deutlich ihre Abstammung vom WOLF.

Die wölfische Hausform veränderte sich im Laufe der Haustierwerdung genetisch ausgeprägt und ist deshalb heute als Sozialpartner des Menschen extrem flexibel und lebt ungeheuer angepaßt.

Es existiert pauschal weder DIE! Hundeerziehungsmethode, noch kann man von DEM Hundeverhalten sprechen, wenngleich viele Halter im Freiland doch eher generell eine typische Unart ihres „Canis lupus familiaris vagabundus" beklagen: ihr Hund jagt.

„Vagabundus" ist zwar lernfähig, der Sozialpartner Mensch leider jedoch oft überfordert. Er ist nur eingeschränkt fähig, das Verhalten seines Hundes richtig zu deuten und seine Bedürfnisse sinnvoll in konkrete Bahnen zu lenken. Kann man es unseren Hunden anlasten, daß sie konsequent handeln? Ist es ihre Schuld, wenn der Mensch allenfalls auf hundliches Handeln reagiert, anstatt zu agieren und somit Führungsqualität zu zeigen?

Diese Publikation will „Fachchinesisch" vermeiden, um dem normalen Hundehalter als Leitfaden dienen zu können. Rassebestimmende Verhaltensbesonderheiten gilt es schon im Vorfeld eines Hundekaufes und der Erziehung des Vierbeiners zu berücksichtigen. Unter ca. 350 verschiedenen Rassen sollte für jeden Interessenten „die Richtige" dabeisein. Es liegt am Menschen, eine umsichtige Auswahl zu treffen und den Hund geduldig, aber auch konsequent in das jeweilige Umfeld zu integrieren.

Züchter, die eine pauschal kinderfreundliche, sozial- und umweltsichere, leicht erziehbare und wachsame Hunderasse anbieten, handeln verantwortungslos und sind eher als profitorientierte Hundevermehrer zu bezeichnen. Der Kauf beim Massenhändler darf ohnehin keinesfalls in Erwägung gezogen werden. Vorsicht auch vor selbsternannten Kyno-Pädagogen, Tierpsychologen, Fachkynologen und Ausbildern, die auf jede Frage eine spontane Antwort bereithalten. Es fällt auf, daß viele „Fachleute" besonders gerne über den Wolf schwadronieren und dadurch dem Hundehalter imponieren.

Kaum jemand hat indes mit oder am Wolf gearbeitet. Häufig werden vielmehr meist zusammenhanglose Halbsätze aus irgendwelcher Literatur zitiert, es wird auf Kurzsequenzen eigener Videoaufnahmen an gestreßten Gehegewölfen verwiesen, wodurch gerade diese Hundeerziehungsmethode gerechtfertigt werden soll: Stachelhalsbänder werden zu Zähnen der Wolfsmutter; Wolfsrudel entweder zu stets aggressiven Monstern oder gegenteilig zu immer freundlichen, bis ans Lebensende loyalen Engeln. Oft laufen Wölfe sich untereinander „rüttelnd und schüttelnd" durch die Wildnis.

Heulender Wolf in den kanadischen Nordwest-Territorien. Foto: Günther Bloch

Sechs Jahre Beobachtung an freilebenden Wölfen verdeutlichen, daß diese Raubtiere etwas anderes zu tun haben: Rudel ziehen jeden Frühsommer erneut Nachwuchs auf, bringen große Beutetiere zu Fall, teilen geschickt ihren Energiehaushalt ein und lassen einzelne Tiere aus der Lebensgemeinschaft abziehen.

In Zeiten unsozialer Selbstverwirklichung und egoistischer Ellenbogengesellschaft könnten Menschen vom wölfischen Sozialverhalten viel lernen, statt dessen wird der Jäger Wolf zum Gejagten.

Erfolgreiche Hundeerziehung bedeutet primär richtig verstandene Kommunikation. Hunde kommunizieren mit dem Menschen auf vielfältige Weise. Vielleicht versteht der Mensch sie oft nicht richtig, weil er trotz ausgefeilter Sprache nicht selten unfähig ist, mit der eigenen Spezies zu kommunizieren?!

Günther Bloch
(Hundeerzieher und Verhaltensberater)

Calgary/Kanada, 23. November 1996

Kapitel 1:
Verhaltensbeobachtungen an freilebenden Wölfen

1.1 Einführende Bemerkungen über Territorialität, Aggressionen und Futterrangordnung

Einige in der Wolfsforschung gewonnene Erkenntnisse sind für die Einschätzung hundlicher Verhaltensweisen von elementarer Bedeutung. Im Hinblick auf die Hundeerziehung sollten zunächst einige gebetsmühlenartig wiederholte Rechtfertigungstheorien und Märchen beleuchtet werden.

a) Folgen freilebende Wölfe einer strikten Futterrangordnung, die das geduldige Abwarten rangniedriger Tiere gegenüber sogenannten Alphatieren an der Beute beinhaltet?

NEIN! Ein Märchen, das selbst noch in neuerer Hundeliteratur Verbreitung findet und anscheinend von Autor zu Autor abgeschrieben wird. Schlägt ein (auch rangniedriger) Wolf Kleintierbeute, versucht er, sie ansatzlos herunterzuwürgen oder verteidigt sie auch gegenüber Alphatieren! Nach Erlegung von großen Beutetieren frißt das ganze Rudel unabhängig der Sozialrangordnung gleichzeitig, knurrt und rangelt zwar um die beste Freßposition, jedoch verschlingt jeder Wolf soviel Fleischbrocken wie möglich. Die Alphatiere fressen also NICHT zuerst, außer in Situationen, wo es um das nackte Überleben geht.

Futterbrocken werden rangunabhängig heruntergewürgt, jeder Wolf ist sich selbst der nächste.
Foto: Günther Bloch

Der Mensch muß selbstverständlich in der Lage sein, jederzeit einen Knochen wegnehmen zu können. Das Herausgeben von „Beute" sollte vom Welpenalter an gezielt geübt werden.
Foto: Günther Bloch

Diese Aussage bestätigen auf Nachfrage viele Wolfsforscher: Dr. Paul Paquet, Dr. Erik Zimen, Dr. Caroline Callaghan, Dr. David Mech und Dr. Lu Carbyn, die alle freilebende Wölfe bei der Jagd und Konsumierung von Beutetieren direkt beobachtet haben.

Untersuchungen, etwa von Erik Zimen, bestätigen eine Futterrangordnung im Hunderudel, welche auf die Hundeerziehung übertragbar ist. Selbstverständlich soll der Halter seinem Hund Futter oder Knochen wegnehmen. Dies allerdings mit ausgeprägter Futterdominanz ranghoher Wölfe zu begründen, mag besonders fachmännisch klingen und kommt Machos gerade recht, entbehrt aber fachlicher Grundlage. Die wölfische Futterrangordnung wird sehr wahrscheinlich mit der besonders um die Paarungszeit hart umkämpften Sozialrangordnung verwechselt.

b) Fressen Wölfe zuerst den Mageninhalt eines Beutetieres, um sich einen pflanzlichen Nahrungsanteil zu sichern?

NEIN! Ein ständig wiederholtes Argument wird auch nicht wahrer. Kleintierbeute wird komplett verschlungen.

Ist Nahrungsquantität vorhanden, wird der Mageninhalt großer Beutetiere nicht einmal angerührt. Wölfe „öffnen" Beutetierkadaver unterhalb des Hinterlaufansatzes,

Sind große Beutetiere ausreichend vorhanden, fressen Wölfe keinesfalls zuerst den Mageninhalt.

Foto: Günther Bloch

weil die Haut dort dünner ist. Sie fressen mit Vorliebe zuerst Innereien wie Herz, Leber, Nieren, dann Muskelfleisch usw. und schütteln den Pansen aus, um möglichst nicht mit dem vegetarischen Inhalt in Berührung zu kommen.

Beobachtet man unsere Haushunde, sieht man das Grünzeug zum Leidwesen manchen Besitzers auch eher „an der Wand kleben", als daß es gierig aufgenommen würde.

c) Sind Wolfsrudel strikt territorial und dulden keinen anderen Wolf in ihrem Gebiet?

NEIN! In Rekolonisierungsgebieten und bei variantenreichem, quantitativem Beutetierangebot leben einzelne Wölfe zu unterschiedlichen Zeiten als integraler Bestandteil mehrerer Rudel. Seit Jahren beobachtet man dieses Phänomen im Banff National Park/Kanada, wo Mitglieder einzelner Rudel oft miteinander verwandt sind und die Nahrungsressourcen als sehr gut bezeichnet werden können.

Während der Wintermonate beobachtet man im Algonquin Provincial Park/Ontario regelmäßig Wölfe unterschiedlicher Rudelzugehörigkeit an Rehkadavern. Das Wild konzentriert sich auf sogenannte Winteräsungsflächen. Die gegenseitige Duldung ohne aggressive Auseinandersetzungen scheint einer Art Kosten/Nutzen-Analyse gleichzukommen: Warum durch strikt territoriales Verhalten Verletzungen riskieren, wenn genug Nahrung vorhanden ist.

Oberhalb der Baumgrenze beobachtet man in diversen Gebieten der kanadischen Nordwest-Territorien koordinierte Jagdausflüge unterschiedlicher Wolfsrudel auf weit von ihren Höhlengebieten entfernte Karibuherden. Der verantwortliche Biologe Dr. Williams bestätigte zudem über einige Jahre, daß mehrere Wölfinnen eines Rudels Nachwuchs aufzogen, weil die Sterblichkeitsrate unter den Welpen aufgrund schlechter Nahrungsgrundlage zwischen 85 und 88 % lag.

Selbstverständlich sind Wölfe grundsätzlich territorial, passen sich jedoch den jeweiligen Umweltbedingungen an und können sogar sonst typische Verhaltensweisen umstellen. Der Verhaltensbiologe Dr. Paul Paquet unterstreicht zudem die durchaus vorkommende Rudelführung durch einen „Machotyp", dessen aggressive Territorialpolitik allerdings für die Gruppe keineswegs immer vorteilhaft ist.

d) Besteht der Alphawolf auf dem Recht, rangniedrigere Rudelmitglieder zuerst zu begrüßen?

NEIN! Wie auch immer diese These Einzug in die Hundeausbildungsliteratur gefunden hat, wir beobachteten bisher eher das Gegenteil.

Tundrawölfe bringen oft mehrere Würfe Welpen zur Welt, um die hohe Sterblichkeitsrate auszugleichen. Foto: Günther Bloch

Alphatiere führen die Gruppe an. Sie sind als agierender Teil der Gruppe anzusehen und initiieren Aktionen.
Foto: Karsten Heuer

Näherte sich der Alpharüde (z. B. nach der Jagd) dem Höhlenkomplex, trotteten ihm die rangniedrigen Tiere in Demutshaltung entgegen (gesenkte Körperhaltung, Ohren angelegt usw.), und selbst die Alphawölfin zeigte ansatzweise Unterwürfigkeit. Oft ignorierte der Alpharüde jegliche Kontaktaktivitäten, oder hielt die Initiatoren durch angewandten Schnauzgriff auf Distanz.

Generell agiert das Alphatier, legt seinen Kopf auf den Rücken des rangniedrigen Wolfes, markiert regelmäßig um den Höhlenkomplex oder beansprucht spezielle Schlaf- und Ruheplätze. Die selbstbewußte Körpersprache drückt seinen hohen Status aus. Sie bestimmt den Freiheitsgrad seines Verhaltens und stellt somit seinen hohen Rang in der Sozialordnung dar. Alphatiere haben es nicht nötig, rangniedrigere Rudelmitglieder zuerst zu grüßen, ihre Körperhaltungen und Bewegungen sind Ausdruck der Selbstsicherheit und Führungsstärke.

e) Ist die Sozialrangordnung von Rücksicht gegenüber Gleichgestellten gekennzeichnet?

NEIN! Wolfsrudel sind strikt hierarchisch geordnet, auch wenn jedes einzelne Tier bei der gemeinsamen Jagd als Teamarbeiter ganz individuelle Aufgaben erfüllt. Der Alpharüde bzw. die Alphatiere leiten die Jagd ein. Sie bahnen dem Rudel eine Spur durch Tiefschnee (z. B. zum winterlichen Äsungsgebiet des Wildes), führen die Gruppe zum Angriff auf Beutetiere und heulen als erste vor Jagdanbruch.

Ein Wolfsrudel ist besonders bei der gemeinsamen Jagd sehr gut organisiert, es herrscht Arbeitsteilung.

Foto: Günther Bloch

Von Gleichberechtigung in der Sozialrangordnung kann keine Rede sein, auch wenn sich einzelne Führungspersönlichkeiten in bezug auf Temperament, „Freundlichkeit" (im Sinne jeweilig geduldeter Toleranzgrenze) oder Aggressivität sehr unterschiedlich verhalten. Verwandtschaftliche Beziehungen spielen innerhalb der Sozialrangordnung eines Rudels ebenso eine Rolle wie Altersstruktur, Geschlechtsverteilung, Ernährungszustand oder Umwelteinflüsse (Abschuß, Vergiftung, Tötung einzelner Rudelmitglieder durch Fahrzeuge usw.).

Wolfsrudel sind individuelle und komplexe Systeme. Toleranz gegenüber Gruppenmitgliedern hängt entscheidend von dem eventuell zu befürchtenden Machtverlust eines Alphatieres ab. Sinnbildlich dargestellt ist der ranghöchste Status z. B. innerhalb einer fünfköpfigen Gruppe (Alphapaar und drei juvenile Tiere) einfacher zu behaupten, als innerhalb eines Rudels von 15 Wölfen, das aus mehreren nach Dominanz strebenden erwachsenen Tieren besteht. Das Überleben einer Gruppe ist sicherlich in einem Umfeld quantitativ hoher Beutetierpopulation einfacher zu gewährleisten als innerhalb dünnbesiedelter Gebiete.

Wolfsrudel sind keine Ansammlung rangordnungsgleichgestellter Tiere, die menschlichen Vorstellungen von Fairneß, Selbstlosigkeit, Aufopferungsbereitschaft und Demokratie folgen.

Wölfe sind in Gruppen organisierte Raubtiere, die Sozialordnungen – besonders um die Paarungszeit – in Frage stellen, sozialen Status aktiv demonstrieren und viel Zeit aufbringen, nuancierten Ausdrucksverhaltensweisen gebührende Beachtung zu schenken. Die soziale Hierarchie steht im krassen Gegensatz zur äußerst gehemmten Aggression um Futter. Beobachtungen Erik Zimens folgend, steht „die Wichtigkeit des Sozialstatus in einem an sich unlogisch erscheinenden Kontrast" zur nicht ausgeprägten Futterrangordnung.

Für die sowohl durch Hardliner, als auch „Softies" Wolfsrudelstrukturen argumentativ nutzende Ausbildungsszene stellt sich nun die alles entscheidende Frage nach Rechtfertigung der jeweiligen Hundeerziehungsmethodik.

f) Ist der Umgangston unter Wölfen eher freundlicher oder aggressiver Natur?

Diese ganze Lager spaltende Frage birgt zunächst Gegenfragen in sich: ist die Welt nur schwarz und weiß? Kann stückwerkartige Argumentation Basis für DIE Hundeerziehung sein? Sind Wolfsrudelstrukturen zu allen Jahreszeiten und Symbiosen (Mensch/Hund) aller Hausstände gleich?

Innerhalb eines Wolfsrudels gilt es zunächst, die Sozialrangordnung männlicher bzw. weiblicher Tiere zu trennen.

Juvenile Wölfe pflegen enge Beziehungen, etablieren nach und nach eine feste Rangordnungsposition.
Foto: Günther Bloch

*Welpen interagieren **ohne** feste Sozialrangordnung.* Foto: Karin Bloch

Unter Welpen und Jungwölfen gibt es KEINE feste Sozialrangordnung. Unter juvenilen, gleichaltrigen Tieren sind ranghohe Positionen zu beobachten, die NUR gegenüber gleichaltrigen Wölfen etabliert sind. Im NORMALFALL bilden die älteren und vor allem sehr erfahrenen Tiere (NICHT zwangsläufig die körperlich größten!) das sogenannte Alphapaar, deren Rangunterschied gegenüber allen anderen Rudelmitgliedern auf Stabilität und Führungsstärke begründet ist.

Bei unseren Beobachtungen an freilebenden Wölfen konnte nunmehr im sechsten aufeinanderfolgenden Jahr sowohl Alpharüde, als auch -weibchen in ihrer ranghöchsten Position bestätigt werden. Im Gegensatz zu allgemein wohlgenährten Gehegetieren, deren ENERGIEAUFWAND relativ gering ist und die bei sozialen Spannungen NICHT abwandern können, bestätigen unsere Beobachtungen eine ausgesprochene Flexibilität und zudem verschiedene Traditionen/Kulturen einzelner Rudelverbände.

Tendenziell höhere/niedrigere Aggressionen oder Freundlichkeiten sind u. a. eindeutig an Jahreszeiten geknüpft (starke Aggression bis zur Tötung um die Paarungszeit; Freundlichkeit in der Aufzuchtperiode des Nachwuchses). Sie haben nichts – wie z. B. von manchen Verhaltenstherapeuten behauptet – mit genereller Freundlichkeit bestimmter Wolfsarten (hier Canis lupus arctos) gemein. Diese gerne zitierten Arktik- oder Weißen Wölfe von Ellesmere Island sind seit Generationen an eine große Mülhalde der dortigen Wetterstation gewöhnt. Sie dulden sich dort rudelunabhängig und folgen der uns schon bekannten Kosten-Nutzen-Analyse: Sind Nahrungsressourcen knapp, kämpfen auch Arktikwölfe verbittert um jeden Bissen.

Lebensbedrohliche Verletzungen sind bestens dokumentiert, passen jedoch nicht in ein argumentatives „Softiebild". Eigene Beobachtungen an zwei Tundrawolfsrudeln bestätigen unter der Lebensbedingung knapper Nahrungsressourcen eine insgesamt stark reduzierte Betätigung im Interaktivbereich (Notwendigkeit der Energieeinteilung).

Zusammenfassend liegen Toleranz, Liebe und Zuneigung, Respekt, Rangbestätigung, Rangdifferenzen und Kämpfe um das Fortpflanzungsrecht argumentativ sehr nahe beieinander. Variiert das Aggressionsverhalten unter Wölfen je nach Umweltbedingung und Jahreszeit, hinkt der pauschale Vergleich zum Hund schon deshalb, weil Hündinnen – im Gegensatz zu Wölfinnen – zweimal jährlich in die Hitze kommen.

Davon abgesehen richtet sich das Aggressionspotential unserer Hunde sicherlich auch nach individuellen Umweltbedingungen.

g) Ist Kontaktliegen pauschal ein Ausdruck des Gruppenzugehörigkeitsgefühles?
NEIN! Alphatiere bestehen auf ausgesuchten (meist selbstgestalteten) Schlaf- und Ruheplätzen und dulden hier mit Ausnahme von Welpen keinen Körperkontakt. Feste Plätze gelten als Privileg und dienen u. a. der Unterstreichung dominanter Ansprüche.

Bei Abwesenheit beobachteten wir amüsiert das Verhalten „daheimgebliebener" Babysitter/innen, die vielleicht bisweilen aus Imponiergründen die Gunst der Stunde gegenüber den Welpen nutzten und demonstrativ Lieblingsruheplätze der Alphatiere beschlagnahmten. Hektisches Aufspringen war angesagt, sobald einer der Alphawölfe von einem Jagdausflug zurückkehrte.

Werden Babysitter/innen durch ranghohe Wölfe zurechtgewiesen, müssen die Welpen bei deren erneuter Abwesenheit mitunter eine Behandlung „der härteren Gangart" erdulden.

Einmal wurden wir Zeugen einer strengen Zurechtweisung der Babysitterin, nachdem die Alphawölfin aufgrund schreiender Welpen aus der Distanz noch einmal zurückkehrte: Die Babysitterin hatte den fatalen Fehler einer zu massiven Welpenunterdrückung begangen.

Schlafplätze, meist bevorzugt am Wurzelansatz großer Bäume angelegt, liegen teilweise bis zu mehreren Metern voneinander entfernt. Springt ein rangniedriger Wolf versehentlich im Spiel mit Welpen gegen ein ruhendes Alphatier, läßt die Antwort in Form eines angewandten Schnauzgriffes bzw. „auf den Boden drücken" nicht lange auf sich warten. Meist reicht jedoch ein kurzes, prägnantes Knurren oder Anziehen der Lefzen aus, den Anspruch eines privilegierten Schlafplatzes zu unterstreichen.

Während unserer Sommerbeobachtungen nutzte die Alphawölfin oft Höhle bzw. Höhleneingang als bevorzugte Ruhestätte und duldete hier allenfalls die Präsenz von Welpen. Juvenile Wölfe und Welpen konnten hingegen während der Ruheperioden oft im direkten Körperkontakt observiert werden.

1.2 Welpen und ihre Interaktionen

Keine andere Verhaltenskategorie kann allgemein schwieriger definiert werden, als das Spielverhalten. Wenn Welpen interagieren, haben wir zunächst eine Vorstellung und beschreiben z. B. Sozialspiele, Kontakt-, Bewegungs- und Rennspiele. Wir beobachten damit verbundene Verhaltensmerkmale, wie das Niederbeugen des Vorderkörpers, Bewegungs- und Mimikübertreibungen (Spielgesicht), Wiederholungen einzelner Bewegungsabläufe (z. B. Kreislaufen) oder das Spielbeißen.

Eine genaue Erklärung und Definition des Spielverhaltens bietet breiten Raum für kontroverse Ansichten. Bei unseren Freilandbeobachtungen bestätigte sich, daß in bestimmte Körperstellen öfter „gebissen" wird als in andere. Der Griff in Hals und Nacken inklusive Schüttelbewegungen kommt im Gegensatz zu Interaktionen zwischen erwachsenen Wölfen und Welpen oft vor.

Auch das Hinterlaufbeißen innerhalb von Rennspielen ist regelmäßig zu beobachten und läßt darauf schließen, daß Welpen angeborenen Verhaltensmustern folgen, die in Beziehung zum JAGDVERHALTEN stehen. Beißen mit nachträglichem Herunterreißen oder „Nackenschütteln" beobachteten wir schon bei Welpen im Alter von vier Wochen. Die erst kürzlich aus der Höhle gekommenen Welpen praktizierten nach kurzer Orientierungsphase Geschicklichkeitsübungen zur Kräftigung der Muskulatur, des schnellen Ablaufes motorischer Fähigkeiten und erfolgreicher Anpassung sich langsam bildender Sozialbeziehungen.

Schnell verschwinden Lockerheit und Spielbewegungen, wenn z. B. ein Welpe schon im Alter von acht Wochen die Rückenhaare sträubend in eine Ecke gedrängt

Der Nackenschüttler unter Welpen tritt spontan als Einzelsequenz des Jagdverhaltens auf.

Foto: Karin Bloch

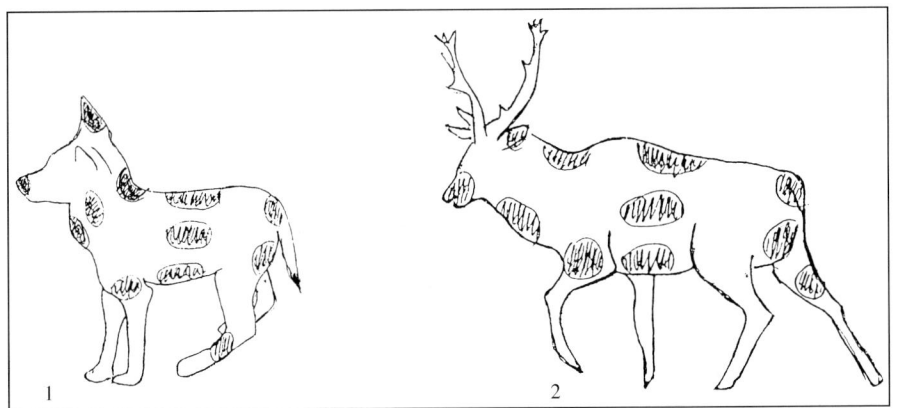

Wolfswelpen zeigen untereinander häufig den sogenannten „Nackenschüttler".

Quelle: Badridze, 1994

wird und der andere Welpe eine Spielsequenz so heftig und anscheinend Schmerz verursachend vorträgt, daß die Körperhaltung des ersteren angespannt und steif wirkt. Eine nachhaltige Wirkung war jedoch NICHT zu beobachten (keine frühe Rangordnung unter den Welpen!), die Spannung löste sich schnell, und das unterbrochene Spiel wurde entweder fortgesetzt oder beide Welpen lagen einige Minuten später in ENGEM Körperkontakt dösend vor dem Höhleneingang.

Was das „Beißschütteln" und dessen Bedeutung anbelangt, gab es lange Zeit die Definition, daß dieses Verhalten später in sozialen Auseinandersetzungen (z. B. Kämpfen) auftritt, welches auch bei Hunden (z. B. Rottweilern) beobachtet werden kann.

Intensiven Untersuchungen des georgischen Biologen Dr. Jason Badridze ist es zu verdanken, nicht nur nähere Einblicke in das allgemeine Spielverhalten von Wolfswelpen, sondern auch spezifische Informationen zu erhalten, wohin die Welpen beißen.

Da den Welpen für dieses Experiment kein Kontakt zu erwachsenen Wölfen gestattet wurde, konnte die tendenzielle Entwicklung in Richtung späteren Jagdverhaltens mit angeborenen Verhaltensmustern verknüpft werden. Auch ohne erwachsene Vorbilder testen die Welpen über Versuch und Irrtum TEILE des Jagdverhaltensrepertoirs. Die endgültige Entwicklung der Gesamttechnik wird in Verbindung der Vorführung durch Erwachsene (Vorleben) während der ernsthaften Jagd auf Beutetiere erlernt.

Die Illustration zeigt die STARKEN ÄHNLICHKEITEN der Beißstellen während typischer Welpenspiele im Vergleich zu Beißstellen eines durch erwachsene Wölfe erbeuteten Tieres (hier Hirsch). Das häufige Packen und Schütteln innerhalb allgemeiner Welpenspiele muß also (soweit die These) in direkter Beziehung zum Beutefangverhalten gesehen werden.

Da das Jagdverhalten ausgewachsener Wölfe bereits deutlich ausgeprägt ist und sie ihre Welpen wohl kaum „erbeuten", kommt der „Nackenschüttler" im Interaktionsbereich zwischen Erwachsenen und Welpen NICHT vor. Der alte Ratschlag, Hundewelpen durch Schütteln im Nacken bestrafen zu müssen, ist somit aus der Canidenwelt NICHT abzuleiten!

Der Biß in die Kehle ist ebenfalls häufig im Spiel der Welpen zu beobachten, löst allerdings beim Angegriffenen oft deutliche Gegenwehr in Form massiven Knurrens oder Zurückbeißens aus. Der Aufbau der Spielsequenzen bei Welpen bedarf noch Detailanalysen, um noch bestehende Unklarheiten zu beseitigen. Dr. Badridze stellt jedoch nicht zu Unrecht heraus, daß ein wichtiges Jagdelement in der Fähigkeit des Beutetötens durch Packen und Schütteln begründet liegt.

Mit zunehmendem Alter widmen die Wolfswelpen dem Spiel immer mehr Zeit. Ihre Bewegungen werden schneller, koordinierter und geschickter. Rennspiele, inklusive Packen, Schnappen und Nachfassen in den Hinterlauf, beobachteten wir sehr häufig zwischen der fünften und neunten Lebenswoche. Juvenile Wölfe zeigen unter Ausschluß der erwachsenen Tiere eine wesentlich organisiertere und wohl auch eher aggressionsbeschwichtigendere Spielform.

Die Alphatiere, besonders der Alpharüde, liegt meist in einiger Distanz auf der Anhöhe, überblickt den gesamten Höhlenkomplex und spielt mit den Welpen ausgesprochen selten. Auch die Alphawölfin steht – den Kopf hoch oder seitlich drehend – jedesmal auf, wenn sie von den Welpen angesprungen wird.

Entweder ignoriert sie die Welpen völlig und legt sich einige Meter entfernt erneut nieder oder sie wendet bei Überaktivität der Welpen den Schnauzgriff an. Diese Beobachtungen stehen – zumindest teilweise – nicht im Einklang mit Gehegeobservationen.

Geht man bei einer bestimmten Spielatmosphäre von Lockerheit, Bereitschaft zum gespielten Spiel, verlockenden Spielsignalen oder Spiellust aus (vorausgesetzt, die Wölfe haben gerade nichts anderes zu tun), ist die meist aufgezeigte Zurückhaltung erwachsener Wölfe während der Welpenaufzucht durchaus erklärbar. Sie müssen teilweise etliche Kilometer anstrengendes und energieraubendes Gelände hinter sich bringen, um die Welpen mit Nahrung zu versorgen. Die Spielbereitschaft der erwachsenen Wölfe weist ohne Zweifel Tagesschwankungen auf. Erhöhter Handlungsbedarf besteht nach einer ausgiebigen Ruheperiode, die wiederum von Länge und Erfolg der Jagdausflüge abhängt.

Nach Rückkehr der erwachsenen Wölfe mit Jagdbeute versorgen sie die Welpen und legen sich zur Ruhe. Das Spiel mit Welpen ist ihnen sichtlich unangenehm, auch wenn sich der Nachwuchs größte Mühe gibt. Aus unseren Unterlagen geht hervor, daß Welpen insgesamt 15mal mehr miteinander spielen, als mit erwachsenen Wölfen, wobei hier Spielperioden und nicht Zeitintervalle Berücksichtigung fanden. Diese Beobachtung widerspricht dem Argument zielgerichteter Erziehung und bestätigt die Durchsetzung des Entscheidungswillens erwachsener Wölfe (mit Ausnahme juveniler Tiere und Babysitter), wann und in welcher Form gehandelt wird.

Schauen wir uns die Verhaltensentwicklung der Wolfswelpen etwas genauer an: In einer schutzbietenden Höhle geboren, öffnen Wolfskinder ihre Augen zwischen dem 9. und 13. Tag, schlafen in engem Kontakt und reagieren ihr starkes Saugbedürfnis an den Zitzen ihrer fast immer anwesenden Mutter ab. In der dritten Lebenswoche entwickeln sich ihre Sinne recht schnell, sie krabbeln in der Höhle umher und zeigen im Interaktionsbereich als einer der ersten Spielansätze erstaunlicherweise bereits das Greifen in Nacken oder Rücken von Wurfgeschwistern (siehe Bild).

Mit ca. drei Wochen verlassen sie zunächst noch zaghaft und kurzfristig den Höhlenbereich, erste Schreckreaktionen und Fluchtverhalten werden deutlich; die Sozialisierungsphase auf die eigene Art beginnt. Die Welpen werden weiter von ihrer Mutter gesäugt und lernen nach und nach die von der Jagd heimkehrenden erwachsenen Rudelmitglieder kennen.

Mit Beginn der festen Nahrungsaufnahme ab der 6. Lebenswoche untersuchen und entdecken die Welpen ihre neue Umwelt, die zuvor recht unkoordinierten Bewegungsabläufe werden verfeinert: man schleicht sich an Geschwister heran, die Rollen von Jäger und Gejagtem wechseln ständig und eine feste Rangordnung wird NICHT etabliert. Das Spielverhalten hat keinen Ernstbezug, viele Bewegungen erscheinen tolpatschig und völlig überflüssig.

Es ist offensichtlich, daß aggressive Auseinandersetzungen anfänglich sehr häufig auftreten, zumindest bis eine Hemmung über gegenseitig zugefügten Schmerz und Angst aufgebaut wurde. Diese Erfahrungen sind bis zu einem Alter von etwa drei Monaten abgeschlossen, und die Wolfswelpen verhalten sich nun wesentlich friedlicher. Anhand des bereits geschilderten Jagdspiels, bei dem das Totschütteln von „Beute" geübt wird, zeigt sich, daß zunächst eine Vermischung unterschiedlicher Antriebe im Laufe des Spiels typisch ist. So springt ein Welpe den nächsten aus dem Hinterhalt an, schüttelt dessen Nackenfell massiv und wild, reitet jedoch einige Minuten später vergleichbar einem sexuellen Kontakt unter erwachsenen Tieren auf.

Im Alter von ca. vier Monaten beginnen die Welpen, spielerische und andere Verhaltensantriebe weitgehend getrennt aufzuzeigen. Wir beobachten nun zielorientiertes Jagdverhalten. Nun beginnt auch die Entwicklungsphase, in der Wolfswelpen erwachsenen Tieren zu ersten kurzen Ausflügen nachlaufen oder sogar selbständig Kurzwanderungen unternehmen. Zuvor haben sie sich, von den Erwachsenen geführt, präzise Pfade zu speziellen Futterdepots eingeprägt, zu denen sie bei Abwesenheit der Erwachsenen selbständig und zielgerichtet laufen.

In den ersten Lebensmonaten bleibt die Ortsbindung der Welpen an Höhlen- und Rendezvousplätze sehr ausgeprägt. Bei Kurzausflügen bleiben die jungen Wolfswelpen eng in der Nähe ihrer Schutzbefohlenen. Sind keine Erwachsenen anwesend, bewegen sich die Welpen weitestgehend im Pulk und halten engen Kontakt. So sind sie auch für die Erwachsenen jederzeit leicht auffindbar, wenn diese ihnen bis zu einem Alter von 5,5 bis 6 Monaten Nahrung bringen. Im Herbst folgen Jungwölfe ihrem Rudel erstmals zu längeren Jagdausflügen.

1.3 Sommerliche Verhaltensaktivitäten erwachsener Wölfe und ihre Interaktionen mit Welpen

1983/1984 (Dr. Paul Paquet; Riding Mountain National Park/Manitoba) und 1992 bis 1996 (eigene Beobachtungen im Banff National Park/Alberta und Nordwest-Territorien/Kanada) wurde quantitatives Datenmaterial über den Interaktionsbereich erwachsener Wölfe und ihrer Welpen gesammelt.

Insgesamt scheint die Geduld erwachsener Wölfe im Umgang mit Welpen oft grenzenlos zu sein, wobei dem Alpharüden keine besondere Erziehungsrolle zufällt. Im Umgang mit Welpen sind meist rangniedrigere Wölfe aktiv, die wir deshalb als „Babysitter" bezeichnen und deren Art der Tabuisierung, bzw. Ignorierung unerwünschter Verhaltensweisen im Vordergrund der Beobachtung stehen.

An und um die Höhlengebiete ist zunächst die dominante Rolle der Alphawölfinnen (Ende Mai, Welpen ca. 4 Wochen alt) eindeutig. Prozentual liegt ihre Präsenz bei 81,5 bis 96,8 %. Babysitter/innen sind in der Nachfolgezeit – je nach Rudelstruktur – 68,9 bis 72,1 % der Beobachtungszeit (inklusive nächtlicher Telemetriemessungen) anwesend.

Alphawölfinnen verlassen das Höhlengebiet zunächst zwangsläufig wesentlich seltener als alle anderen Rudelmitglieder und brauchen in der Folgezeit durchschnittlich 10 bis 14 Stunden per Beutezug.

Im Gegensatz zu den Alphawölfinnen verlassen die jeweiligen Alpharüden die Aufzuchtstätten wesentlich länger (30–38 Stunden), wobei außerdem eine frühabendliche Tendenz besteht (17–20 Uhr aus 20 direkten Observationen). Ihre Rückkehr wurde hauptsächlich zwischen 5 und 7 Uhr morgens festgestellt (73 % aus 11 direkten Observationen/Telemetriemessungen).

Welpen sehen erwachsene Tiere als ihre Idole an, deren Verhaltensweisen es nachzueifern oder zu folgen gilt. Nach Rückkehr erwachsener Wölfe mit Jagdbeute laufen ihnen die Welpen STETS ENTGEGEN! (nicht wie manchmal publiziert, umgekehrt). Sie zeigen über eine Distanz von mindestens 20 m parallellaufend aktives Futterbettelverhalten, welches bei erwachsenen Wölfen die Endhandlung des Futtervorwürgens stimuliert.

Die Welpen lernen offensichtlich, sofortige FOLGEBEREITSCHAFT mit Futterbestätigung zu verknüpfen, ein bemerkenswerter Fakt für die Symbiose Mensch/Hund und die Welpenerziehung.

Mit zunehmendem Alter leben die Welpen innerhalb einer klargeschaffenen Tabuwelt. Sie haben die Ruheperioden der erwachsenen Jagdheimkehrer zu respektieren und lernen in diesem Zusammenhang über Versuch und Irrtum u. a. die Wirkung eines angewandten Schnauzgriffes oder je nach Hartnäckigkeit und Aufdringlichkeit, das Herunterdrücken auf den Boden einzuschätzen.

Das Verweilen von sub-ordinanten Rudelmitgliedern um das Höhlengebiet ist von unterschiedlicher Dauer, wobei jüngere Rüden dort weniger Zeit verbringen als jüngere Wölfinnen. Die Jährlinge zeigen nach Rückkehr eines Alphatieres regelmäßig Unterwerfungsgesten oder aktives Futterbettelverhalten.

Wolfswelpen laufen den heimkehrenden erwachsenen Wölfen enthusiastisch entgegen. Die Bindungsbereitschaft wird durch Vorwürgen von Nahrung bestätigt.

Foto: Günther Bloch

Babysitter/innen signalisierten den Welpen am häufigsten Spielbereitschaft, die Alphatiere prozentual am seltensten (Alpharüden sind ohnehin über 50% der gesamten Beobachtungszeit nicht am Höhlenbereich präsent).

Während der Sommermonate sind die Wolfsaktivitäten ganz auf die Aufzucht und Versorgung ihrer Welpen (anfangs um den unmittelbaren Höhlenbereich, später um die sogenannten Rendezvousplätze) konzentriert. Sowohl erwachsene als auch manche juvenilen Tiere folgen einer Arbeitsteilung während der Jagd. Sie tragen Futter zur Höhle, um es dem ihnen schwanzwedelnd folgenden Nachwuchs vorzuwürgen. Im Gegensatz zu manchen Verhaltensbeschreibungen an Gehegetieren konnten während der alljährlich zeitlich gleichen Beobachtungsperiode von Ende Mai bis Mitte Juli unter den erwachsenen Rudelmitgliedern keine aggressiven Auseinandersetzungen registriert werden.

Die Geschäftigkeit der Nahrungsbeschaffung läßt solche der Sozialrangordnung dienenden Interaktionen kaum zu. Die Motivationsmuster jedes einzelnen Rudelmitgliedes sind von der in Arbeitsteilung ausgehenden Bewegungsaktivität geprägt, in regelmäßigen Intervallen größere Huftiere zu erbeuten, um so das Überleben eines möglichst hohen Prozentsatzes der Welpen zu gewährleisten.

Wie im folgenden näher erläutert, sehen sich einzelne erwachsene Wölfe in unregelmäßigen Zeitabständen und auf unterschiedliche Zeitdauer RUDELUNABHÄNGIG. Die Voraussetzung in Form enger Verwandtschaftsbeziehungen wird noch spezifiziert.

Bei großen Rudelverbänden sind Alpharüden fast immer Organisator der Gruppenjagd.
Foto: Günther Bloch

Besonders der Alpharüde des jeweiligen Rudels brachte mit fortschreitendem Alter der Welpen große Beutetierstücke (komplette Hinterläufe) heran. Wie oft und wieviel Nahrung von unterschiedlichen Rudelmitgliedern zum Höhlengebiet getragen wird, hängt vom Alter, der Jagderfahrung, dem Sozialstatus und anderen Faktoren ab.

Bei vergleichenden Beobachtungen mehrerer Wolfsrudel konnte festgestellt werden, daß Alphawölfinnen zahlenmäßig schwächerer Rudel wesentlich mehr in die Nahrungsbeschaffung eingebunden (zwangsläufig am Höhlenbereich seltener präsent) sind, als Alphawölfinnen umfangreicher Gruppengemeinschaften. Innerhalb der Altersphase von vier bis neun Wochen werden die Welpen nur 5 bis 15 % der Beobachtungszeit gänzlich unbewacht zurückgelassen, den überwiegend anwesenden Babysittern fällt somit der höchste Anteil im Interaktionsbereich mit dem Nachwuchs zu.

Es konnte festgestellt werden, daß es sich in der Gesamtheit aller aufgelisteten Interaktionen vornehmlich entweder um Reaktionen erwachsener Wölfe auf das Futterbettelverhalten ihrer Welpen handelte oder um allgemeine Aktivitätshandlungen, die von den im Höhlenbereich verweilenden erwachsenen Wölfen mehrheitlich ignoriert wurden.

Aus dem sehr umfangreichen Verhaltensrepertoire wurden fünf hauptsächlich aufgezeigte Reaktionen erwachsener Wölfe in Tabellen und Diagrammform veranschaulicht dargestellt.

Nach Auswertung des Datenmaterials stellten wir zur allgemeinen Überraschung fest, daß der bei vielen Ausbildern und Hundehaltern erzieherisch gebräuchliche

„Nackenschüttler" als Reaktion erwachsener Wölfe auf unerwünschte Aktionen der Welpen NICHT angewandt wurde.

Wie bereits thematisch kurz angeschnitten, findet eine Tabuisierung bestimmter Verhaltensweisen statt, jedoch werden viele Handlungen bis zum Erlahmen der Motivation ignoriert: Spielverhalten der Welpen nach einem Jagdausflug, Streitigkeiten unter den Welpen, Versuche des Raben, Welpen Futter zu stehlen, direkte Spielaufforderungen eines Welpen.

Ansonsten reicht die Variabilität der Reaktionen von der Anwendung des weich oder hart ausgeführten Schnauzgriffes, so z. B., wenn ein Welpe einen ruhenden erwachsenen Wolf anspringt, einen schlafenden Wolf aufweckt, ein Welpe späterhin an die Zitzen der Alphawölfin will usw., bis zum Herunterdrücken auf den Boden bei zu aufdringlichem und hartnäckigem Körperkontakt, Schwanzziehen oder -beißen, zu massivem Futterbettelverhalten, zu weitem Entfernen vom Höhlenbereich.

Es sei nochmals deutlich betont, daß der „Nackenschüttler" innerhalb des Interaktionsbereiches unter Welpen häufig vorkommt, im Umgang erwachsener Wölfe und ihren Welpen jedoch keine Rolle spielt.

Die Interaktionen zwischen erwachsenen Wölfen und Welpen sind innerhalb der Tabellen und Diagramme nur als Zusammenfassung aufgeführt.

Nähere Spezifizierung der fünf ausgesuchten Kriterien zur Verhaltensregulierung der Welpen:

a) Angewandter leichter Schnauzgriff:
   Der erwachsene Wolf greift relativ sanft über Schnauze bzw. Gesicht des Welpen.

Der caniden-typische Schnauzgriff. Hier unter erwachsenen Wölfen. Foto: Monty Sloan

b) Angewandter harter Schnauzgriff:
   Der erwachsene Wolf greift heftiger über Schnauze bzw. Gesicht des Welpen. Zuvor und/oder danach zieht er knurrend oder brummend seine Lefzen hoch.
c) Auf den Boden drücken:
   Der erwachsene Wolf packt den Welpen am Körper und/oder wirft ihn direkt auf den Boden
d) Ignorieren:
   Der erwachsene Wolf wendet sein Gesicht ab oder hoch und/oder entfernt sich. Er ignoriert jegliches Verhalten des Welpen.
e) Nackenschüttler:
   siehe Kapitel 1.2

Die kontinuierlichen Beobachtungen im kanadischen Banff National Park (6641 km²) standen zunächst unter der Prämisse, nähere Einblicke in die unterschiedliche Verhaltensökologie von zwei Wolfsrudeln zu erhalten. Innerhalb eines Wolfs-Kontrollprogrammes wurden die meisten Tiere bis zum Jahre 1966 eliminiert. Einzelne Wölfe wanderten danach wieder in den Park ein, so daß eine Rekolonisierung stattfinden konnte. Im Jahre 1987 wurde der erste Wolf eingefangen und mit einem Radiohalsband ausgestattet. Nun war die Zeit gekommen, intensive Feldstudien zu starten. Sehr bald fand ein erstes Phänomen Bestätigung: Aufgrund eines quantitativ hohen und zudem variablen Beutetierangebotes zeigten sich die

Alphawölfin wirft ein juveniles Tier auf den Boden und führt außerdem den Schnauzgriff aus.   Foto: Günther Bloch

offensichtlich eng miteinander verwandten Wölfe nicht strikt territorial. Immer wieder konnte nachgewiesen werden, daß sich einzelne oder mehrere Wölfe unabhängig ihrer Gruppenzugehörigkeit gegenseitig besuchten. Es kam nachweislich zu keinen aggressiven Auseinandersetzungen.

Innerhalb des Parks schätzt man die Wolfspopulation heute auf ca. 60 Tiere. Meine Beobachtungen konzentrierten sich aber ganz gezielt auf zwei in unterschiedlicher Umwelt lebenden Rudel:

Rudel 1 lebt in der Nähe der Stadt Banff und somit unter starkem Einfluß einer ausgebauten Infrastruktur

Rudel 2 lebt im menschenleeren Osten des Parks, wo somit auch keine Infrastruktur anzutreffen ist.

Betrachten wir nun die an jeweilige Umweltbedingungen angepaßte Verhaltensökologie: Die Höhle von Rudel 1 ist stets sehr versteckt im dichten Wald angelegt. Die erwachsenen Wölfe sind fast ausschließlich erst ab der Dämmerung aktiv, nutzen erst dann vom Menschen angelegte Infrastruktur. Ihre Aktivitäten richten sich also nach dem ihnen bekannten Tagesgeschehen des Menschen. Dieses Verhalten schließt ein, daß kein Wolf innerhalb eines Radius von ca. 2 km den genauen Standort der Höhle durch Heulen preisgibt. Im Interaktionsbereich mit den Welpen fällt auf, daß dieser zielgerichtet auf die Nacht und den frühen Morgen fixiert ist. Am Tage meiden erwachsene Wölfe den Höhlenkomplex. Die Welpen haben sich mit zunehmendem Alter besser an infrastruktur-typische Geräuschkulissen gewöhnt und zeigen je nach Umstand sehr differenzierte Fluchtverhalten. Die Anpassung an den Lebensraum geht sogar soweit, daß erwachsene Wölfe regelmäßig Bälle vom nahegelegenen Campingplatz als Spielzeug für die Welpen zur Höhle bringen.

Die Höhle von Rudel 2 ist völlig offen auf einer Anhöhe inmitten eines weiten Tales angelegt. Die erwachsenen Wölfe sind tagaktiv und folgen ihren eigenen, traditionellen Wanderwegen. Auch der Aufbruch zur gemeinsamen Jagd wurde regelmäßig völlig unabhängig von bestimmten Zeiten registriert. Die Wölfe heulen sowohl am Tage, als auch nachts. Ihre Interaktionen mit Welpen sind nicht auf bestimmte Tageszeiten festgelegt.

Allein zurückgelassene Welpen zeigen beim kleinsten, ihnen nicht bekannten Geräusch ausgeprägtes Fluchtverhalten und verstecken sich sofort in der Höhle. Seit Beginn der Verhaltensstudien im Jahre 1992 hat sich weder die Alphaposition der ranghöchsten Wölfin noch die des Rüden verändert. Bei Rudel 1 haben sich hingegen viele Verschiebungen innerhalb der Rudelstruktur ergeben, weil diverse Wölfe immer wieder von Autos oder dem Zug erfaßt und getötet wurden.

Insgesamt gestalten sich aber Beobachtungen an Rudel 2 viel schwieriger, weil die Wölfe hier nur sporadisch eine Präsenz des Menschen gewohnt sind.

Zusammengefaßt erstaunt die Anpassungsfähigkeit der Wölfe an unterschiedliche Umweltbedingungen, die eine konkrete Umstellung bestimmter Verhaltensweisen beinhaltet. Da sage noch einer, alle Wölfe verhalten sich gleich. Aktivitätsgewohnheiten definieren sich also neben einem genetischen Anteil eindeutig verhaltensökologisch. Bei meinen Beobachtungen in der kanadischen Tundra wurde mir diese Tatsache noch plastischer vorgeführt:

Zeigten sich die erwachsenen Timberwölfe der Rocky Mountains gegenüber ihren Welpen noch relativ aktiv, stellten die hellen Tundrawölfe nach Rückkehr von ihren teilweise über 50 km entfernten Jagdgebieten wahre Rekorde im Dauerschlaf auf. Der Alpharüde des Rudels brachte es einmal sogar auf 10,3 Stunden. Dementsprechend ergab sich auch eine starke Reduzierung bzgl. des Interaktionsbereiches. Die Aktivitäten der Welpen wurden prozentual noch mehr ignoriert und zeigten bereits im Alter von sechs Wochen recht eigenständiges Verhalten. Die Distanzen zum Höhlenkomplex waren während ihrer Gruppenausflüge annähernd doppelt soweit wie die ihrer Artgenossen in den Rocky Mountains. Die Tundrawolfswelpen unseres Studiengebietes suchten die Gegend stets nach Futterresten ab, waren aufgrund des knappen Nahrungsangebotes sehr dünn und ihre Sterblichkeitsrate liegt deshalb auch um die 85%.

Der Wolf hat sich auch hier wieder verhaltensökologischen Bedingungen angepaßt. Man gleicht den hohen Verlust aus, indem nicht selten mehrere Wölfinnen eines Rudels Nachwuchs aufziehen. Während der Sommermonate fällt bei den erwachsenen Wölfen ein äußerst toleranter Umgangston auf, die Verhaltensweisen sind ganz auf weite, energieraubende Jagdausflüge ausgerichtet. Millionen von Moskitos und Schwarzfliegen machen auch Wölfen das Leben zur Hölle und haben wiederum Einfluß auf deren Verhalten. An bestimmten Tagen sind die Tiere ausnahmslos damit beschäftigt, unter Sträuchern und Buschwerk Schutz vor den Plagegeistern zu suchen. Auch die Welpen sind dann meist inaktiv und wirken teilweise geradezu apathisch. Verhaltensökologie, und immer wieder Verhaltensökologie.

Als Hundeerzieher hat mich der umweltbedingte Einfluß auf Verhalten nicht nur fasziniert, sondern vor allem gelehrt, keine voreiligen Schlüsse zu ziehen. In der Behandlung verhaltensauffälliger Hunde nähere ich mich heute einem „Problemfall" völlig anders, als noch vor einigen Jahren. Schauen wir uns jetzt aber die inhaltlichen Aussagen der Tabellen an, die auch zwei konkrete Umstellungen in der Hundeerziehung beinhalten.

Rocky-Mountains-Report 1992–1996:

Die kontinuierlichen Boden-Beobachtungen wurden jedes Jahr ab Frühsommer (Ende Mai) aus einer Distanz von 50 bis 150 m zum jeweiligen Höhlenkomplex durchgeführt. Zwei unterschiedliche Rudel standen im Mittelpunkt des Interesses:

a) das Spray-River-Rudel (lebt innerhalb einer umfangreichen Infrastruktur; Höhle in der Nähe eines Campingplatzes),

b) das Panther-Creek Rudel (lebt außerhalb jeglicher Infrastruktur; Nutzung des offenen Höhlenkomplexes seit ca. 18 Jahren).

Die Auflistung aller Interaktionen zwischen erwachsenen Wölfen und ihren Welpen erfolgte auf speziellen Ethogrammbögen aus Wolf Park/Indiana. Sowohl erwachsene Wölfe, als auch Welpen wurden anhand der Art des Urinierens bestimmt (weibliche Tiere sitzend, männliche Tiere stehend). Alle Observationen fanden unter wissenschaftlicher Leitung des Biologen Dr. Paul Paquet statt.

Tabelle A: Interaktionen zwischen erwachsenen Wölfen und ihren Welpen (Banff National Park, Rocky Mountains)

Beobachtetes Rudel: Spray-River-Rudel 1992
Beobachtungszeitraum: 22. Mai bis 29. Juni 1992
Alter der Wolfswelpen: 4 bis 9 Wochen
Beobachtete Wölfe insgesamt: 3 Erwachsene, 2 Welpen

Schnauzgriff leicht	Schnauzgriff hart	Herunterdrücken	Nackenschütteln	Ignorieren	Interaktionen total
2	10	7	0	16	35

Interaktionen/Prozentualer Anteil
(n = 35)

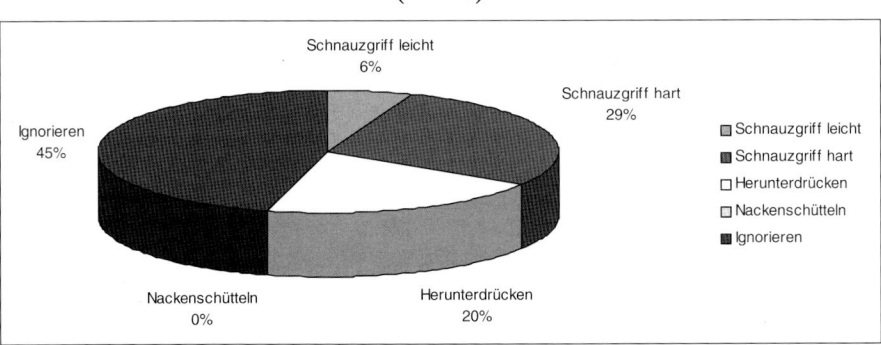

**Tabelle B: Interaktionen zwischen erwachsenen Wölfen und ihren Welpen
(Banff National Park, Rocky Mountains)**

Beobachtetes Rudel: Spray-River-Rudel 1993
Beobachtungszeitraum: 27. Mai bis 1. Juni, 25. Juni bis 5. Juli 1993
Alter der Wolfswelpen: 5 bis 11 Wochen
Beobachtete Wölfe insgesamt: 5 Erwachsene, 4 Welpen

Schnauzgriff leicht	Schnauzgriff hart	Herunterdrücken	Nackenschütteln	Ignorieren	Interaktionen total
4	10	3	0	12	29

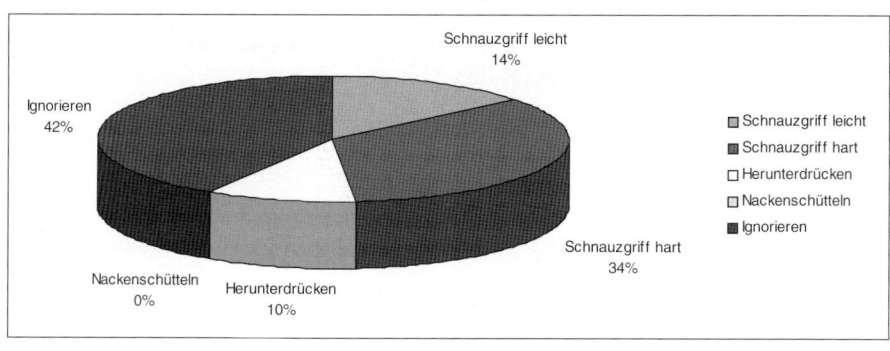

Interaktionen/Prozentualer Anteil (n = 29)

**Tabelle C: Interaktionen zwischen erwachsenen Wölfen und ihren Welpen
(Banff National Park, Rocky Mountains)**

Beobachtetes Rudel: Spray-River-Rudel 1994
Beobachtungszeitraum: 22. Mai bis 8. Juni, 28. Juni bis 8. Juli 1994
Alter der Wolfswelpen: 5 bis 11 Wochen
Beobachtete Wölfe insgesamt: 6 Erwachsene, 4 Welpen

Schnauzgriff leicht	Schnauzgriff hart	Herunterdrücken	Nackenschütteln	Ignorieren	Interaktionen total
4	8	3	0	11	26

Interaktionen/Prozentualer Anteil
(n = 26)

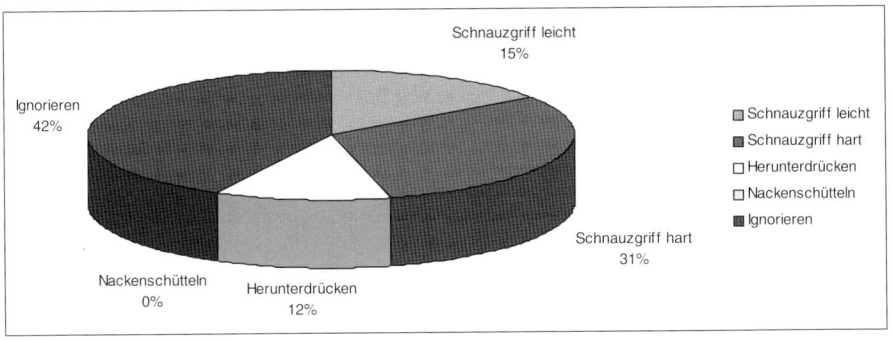

**Tabelle D: Interaktionen zwischen erwachsenen Wölfen und ihren Welpen
(Banff National Park, Rocky Mountains)**

Beobachtetes Rudel: Spray-River-Rudel 1995
Beobachtungszeitraum: 27. Mai bis 8. Juni, 29. Juni bis 6. Juli 1995
Alter der Wolfswelpen: 5 bis 11 Wochen
Beobachtete Wölfe insgesamt: 7 Erwachsene, 8 Welpen

Schnauzgriff leicht	Schnauzgriff hart	Herunter-drücken	Nacken-schütteln	Ignorieren	Interaktionen total
6	9	2	0	15	32

Interaktionen/Prozentualer Anteil
(n = 32)

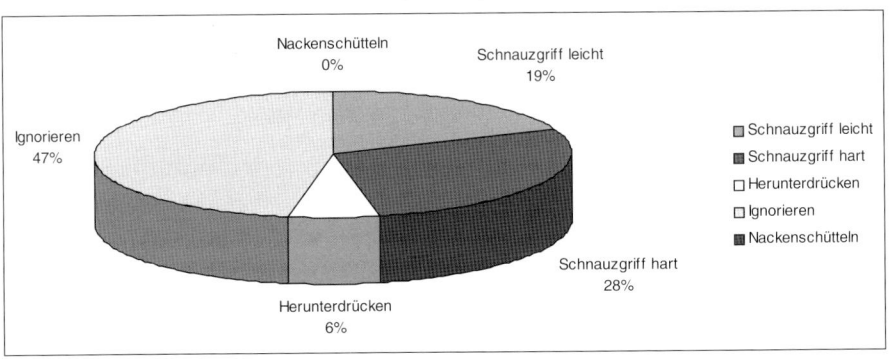

**Tabelle E: Interaktionen zwischen erwachsenen Wölfen und ihren Welpen
(Banff National Park, Rocky Mountains)**

Beobachtetes Rudel: Spray-River-Rudel 1996
Beobachtungszeitraum: 29. Mai bis 11. Juni 1996
Alter der Wolfswelpen: 5 bis 7 Wochen
Beobachtete Wölfe insgesamt: 4 Erwachsene, 2 Welpen

Schnauzgriff leicht	Schnauzgriff hart	Herunter-drücken	Nacken-schütteln	Ignorieren	Interaktionen total
6	3	2	0	10	21

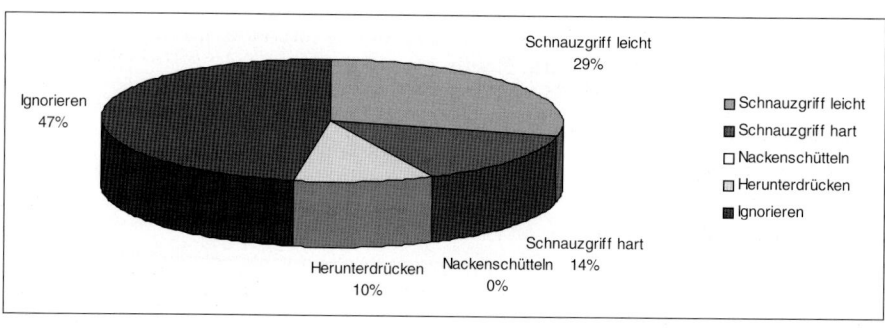

Interaktionen/Prozentualer Anteil (n = 21)

**Tabelle F: Interaktionen zwischen erwachsenen Wölfen und ihren Welpen
(Banff National Park, Rocky Mountains)**

Beobachtetes Rudel: Panther-Creek Rudel 1993
Beobachtungszeitraum: 2. Juni bis 24. Juni 1993
Alter der Wolfswelpen: 5 bis 9 Wochen
Beobachtete Wölfe insgesamt: 3 Erwachsene, 5 Welpen

Schnauzgriff leicht	Schnauzgriff hart	Herunter-drücken	Nacken-schütteln	Ignorieren	Interaktionen total
3	9	7	1	16	36

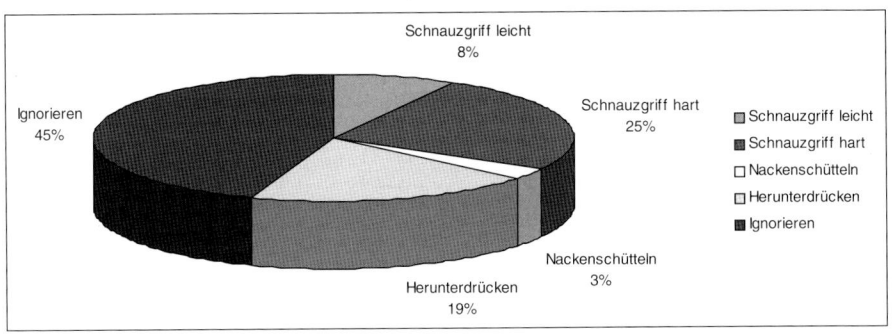

Tabelle G: Interaktionen zwischen erwachsenen Wölfen und ihren Welpen (Banff National Park, Rocky Mountains)

Beobachtetes Rudel: Panther-Creek Rudel 1994
Beobachtungszeitraum: 9. Juni bis 27. Juni 1994
Alter der Wolfswelpen: 6 bis 9 Wochen
Beobachtete Wölfe insgesamt: 7 Erwachsene, 6 Welpen

Schnauzgriff leicht	Schnauzgriff hart	Herunter-drücken	Nacken-schütteln	Ignorieren	Interaktionen total
3	10	9	0	23	45

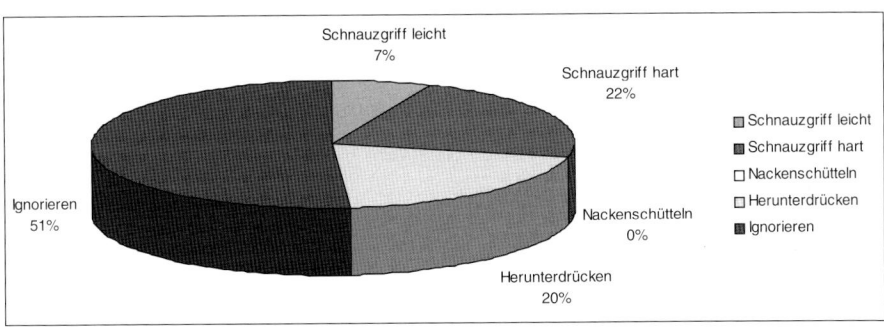

Tabelle H: Interaktionen zwischen erwachsenen Wölfen und ihren Welpen (Banff National Park, Rocky Mountains)

Beobachtetes Rudel: Panther-Creek-Rudel 1995
Beobachtungszeitraum: 9. Juni bis 28. Juni 1995
Alter der Wolfswelpen: 6 bis 9 Wochen
Beobachtete Wölfe insgesamt: 4 Erwachsene, 1 Welpe

Schnauzgriff leicht	Schnauzgriff hart	Herunter-drücken	Nacken-schütteln	Ignorieren	Interaktionen total
5	2	2	0	9	18

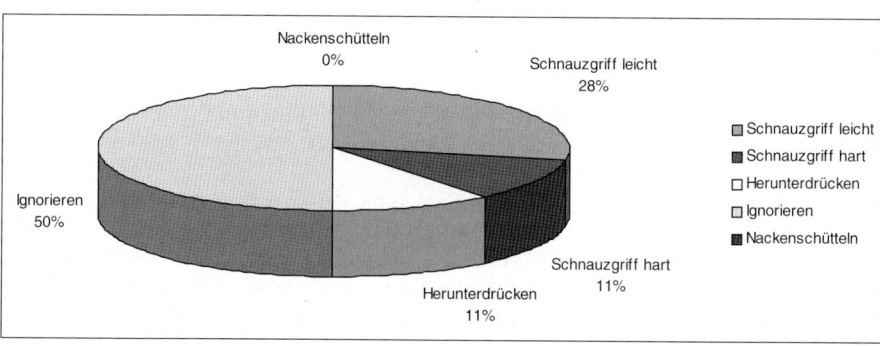

Interaktionen/Prozentualer Anteil (n = 18)

Nordwest-Territorium-Report 1993:

Die kontinuierlichen Boden-Beobachtungen an Tundrawölfen wurden unter gleichen Bedingungen (50 bis 150 m Distanz zum Höhlenkomplex, Ethogrammlisten aus Wolf-Park/Indiana) für den Biologen Dr. Marc Williams durchgeführt. Aufgrund der sommerlichen Lichtverhältnisse konnten die Wölfe in zwei Schichten insgesamt 15 Stunden pro Tag observiert werden. Tundrawolfswelpen werden im hohen Norden ca. einen Monat später geboren (Ende Mai). Ein Vergleich mit der gleichen Altersphase der Timberwolfwelpen war somit gegeben.

Tabelle I: Interaktionen zwischen erwachsenen Wölfen und ihren Welpen (Kanadische Tundra)

Beobachtetes Rudel: Starfishsee-Rudel 1993
Beobachtungszeitraum: 8. Juli bis 30. Juli 1993
Alter der Wolfswelpen: 6 bis 9 Wochen
Beobachtete Wölfe insgesamt: 6 Erwachsene, 5 Welpen

Schnauzgriff leicht	Schnauzgriff hart	Herunter-drücken	Nacken-schütteln	Ignorieren	Interaktionen total
13	8	10	1	39	71

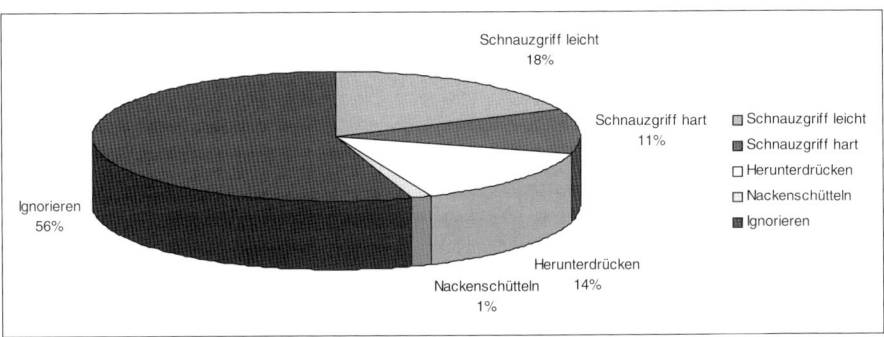

Interaktionen/Prozentualer Anteil (n = 71)

Weitere Beobachtungen:

In den Jahren 1983/84 beobachtete Dr. Paul Paquet ein Wolfsrudel im kanadischen Riding-Mountain National Park/Manitoba unter gleichen Voraussetzungen. Er kam zu den gleichen Ergebnissen: ignorieren um 50%, leichter Schnauzgriff um 13%, harter Schnauzgriff um 18%. Das Packen und Schütteln der Welpen kam nicht vor.

Die einzelnen, von uns als „Nackenschüttler" definierten Interaktionen beobachteten wir stets in der gleichen Situation: Ein erwachsener Wolf griff einen vom Höhlenkomplex zu weit entfernten Welpen im Nacken und transportierte ihn zurück.

Fragestellungen:

Kann eine Übertragung wölfischer Interaktionen auf die moderne Erziehung von Haus-, Familien- und Begleithunden stattfinden? Um diese Frage zu beantworten, verwandten wir die neuen Erkenntnisse zur Integration in konkrete Mensch/Hund-Interaktionen. Zwei unerwünschte hundliche Verhaltensweisen standen im Vordergrund der Untersuchung:

Problem a) das Anspringen von Personen

Für den Test wurden insgesamt 50 Hunde verwandt. Nach der alten Erziehungsmethode wurde das Anspringen durch Beinanwinkelung korrigiert und der Hund anschließend verbal zum Hinsetzen aufgefordert (Sitz = Belohnung). Nach der neuen Methode wurde das Anspringen ignoriert, indem der Mensch eine Körperdrehung um 90 Grad durchführte und keinen Blickkontakt zum Hund aufnahm. Das selbständige Hinsetzen wurde belohnt. Jewils zehn Tiere der nachfolgenden Rassen involvierten wir in hundert Interaktionen: Schäferhunde, Retriever, Schnauzer, Setter und Beagle. Die Tabelle zeigt die prozentualen Erfolgsquoten nach Anwendung der alten bzw. neuen Erziehungsmethode.

Grafik A: Anspringen von Personen

	Schäferhund	Retriever	Schnauzer	Setter	Beagle
alte Methode	70%	40%	30%	40%	50%
neue Methode	80%	70%	90%	70%	80%
Erfolgssteigerung	10%	30%	60%	30%	30%

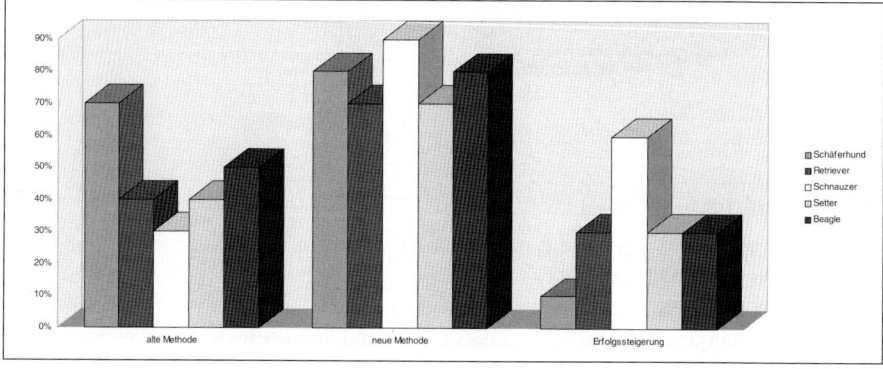

Problem b) der Hund zerrt an Kleidung oder Arm des Menschen

Für den Test wurden insgesamt 40 Hunde (jeweils 10 der Rassen Schäferhund, Schnauzer, Terrier und Cocker) verwandt. Es wurden wiederum 100 Interaktionen berücksichtigt.

Nach der alten Methode wurde der Hund verbal zurechtgewiesen bzw. am Nacken gepackt und geschüttelt. Nach der neuen Methode wurde ein harter Schnauzgriff angewandt. Die Tabelle zeigt die prozentualen Erfolgsquoten nach Anwendung der alten bzw. neuen Erziehungsmethode.

Grafik B: Zerren an Arm und Kleidung

	Schäferhund	Schnauzer	Terrier	Cocker
alte Methode	40%	20%	20%	30%
neue Methode	80%	70%	80%	80%
Erfolgssteigerung	40%	50%	60%	50%

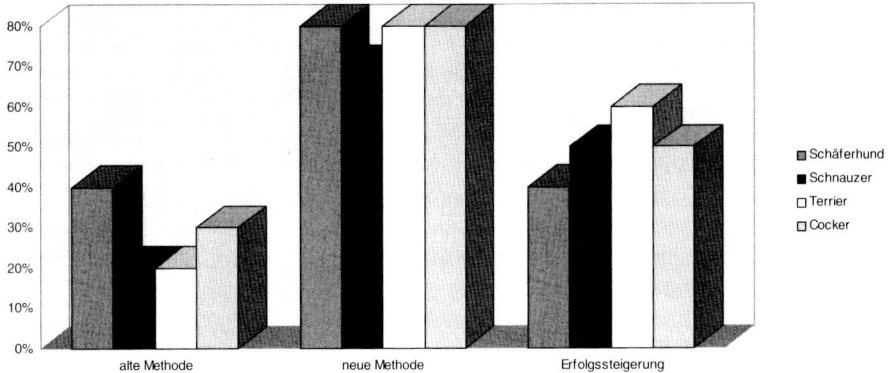

Zusammenfassung:
Erste Ergebnisse zeigen eine deutliche Erfolgssteigerung. Weitere Tests sind in Planung und bedürfen noch der quantitativen Überprüfung, bevor sie veröffentlicht werden können.

Der auch heute noch gebräuchliche „Nackenschüttler" kann für die Hundeerziehung als überholt betrachtet werden. Ignorieren und/oder Schnauzgriff sind als sinnvolle – und für den Hund artgerechte – Alternativen anzusehen.

1.4 Vergleichende Verhaltensbeobachtungen an Wolf und Hund unter Berücksichtigung ihrer Sinnesleistungen

Um Hunde richtig einschätzen zu können, müssen wir verstehen, daß mitten unter uns ein Raubtier mit einer Reihe erstaunlich hochentwickelter Sinne lebt. Der Wolf ist ein geschickter und listiger Jäger. Auch unsere Hunde sind Jäger und nehmen die Umwelt anders wahr als wir Menschen. Sowohl Wolf als auch Hund sind mit hochempfindlichen Sinnen ausgestattet und leben somit in einer eigenen Erfahrungswelt.

Die wölfischen Sinnesleistungen – vom Geruch bis zum Gehör – sind darauf ausgerichtet, in einer harten Umwelt zu überleben und ihre Lebensgemeinschaft vor Gefahren zu schützen. Alle unsere Hunde stammen vom Wolf ab, der sich vor geraumer Zeit entschloß, mit uns zusammenzuleben. Erik Zimens These folgend, war es einst die Frau, die hilflose Wolfswelpen an die Brust legte und so mit lebensnotwendiger Milch versorgte.

Seit Beginn der sogenannten „Zivilisation" ist nun der Hund unser ständiger Begleiter. Seit dieser Zeit verbindet Mensch und Hund vieles. Für beide spielt ein Leben in der Gemeinschaft eine extrem wichtige Rolle, nicht nur in Bezug auf Überlebenssicherung, sondern auch für das seelische Gleichgewicht.

Haushunde leben in der Familie, betrachten diese als ihr Rudel und folgen sehr einfühlsam dem Rhythmus des menschlichen Tagesgeschehens. Es ist unsere Pflicht, diese Bereitschaft richtig einzuschätzen und Hunde integraler Bestandteil der Lebensgemeinschaft werden zu lassen. Seitens des Hundes kann getrost von Flexibilität und Anpassungsfähigkeit ausgegangen werden. Auch, wenn so mancher Hund mitunter nach sich bietenden Freiräumen sucht und diese geschickt zu besetzen versteht, akzeptieren selbst die meisten Stadthunde jene Einschränkungen, die ein solches Leben mit sich bringt. Hauptsache, sie können nur mit ihrem Rudel zusammensein. Der Hausstand wird im übertragenen Sinne zur „Wolfshöhle". Hunde richten sich im allgemeinen nach den menschlichen Leitfiguren, indem sie mit ihnen aufstehen und fressen, wenn sie Nahrung angeboten bekommen. Sie sind auf ihr Rudel und die jeweiligen Gewohnheiten nach und nach immer besser eingestellt.

Lassen wir sie im Haus zurück, wissen sie nach Rückkehr anhand ganz spezieller Gerüche genau, wo wir gewesen sind und welchen anderen Hund wir eventuell getroffen haben. Über ihren Geruchssinn erkennen sie, wann der Sozialpartner Schwäche und Unsicherheit zeigt – oder vielleicht einfach nur krank ist.

Auch nach 15 000 Jahren Zusammenleben mit dem Menschen vertilgt der Hund seine Mahlzeit oft in Manier eines hungrigen Wolfes, frißt wie er gerne Aas. Wolf wie Hund sind Opportunisten: gibt es etwas Freßbares abzustauben oder gar zu stehlen, nutzen sie die Gelegenheit. Vielleicht kam der Hund so zum Menschen.

In grauer Vorzeit näherte sich der Wolf zunächst nachts den menschlichen Siedlungen und schlich sich mit den Abfällen davon. Auf Dauer blieb dieses Verhalten sicherlich nicht unentdeckt. In den mediterranen Ländern duldet der Mensch selbst heute noch Abertausende von streunenden und halbverwilderten Hunden in dem Bewußtsein, stinkenden Abfall nicht weiter beseitigen zu müssen. Was spricht dagegen, diesen Umstand als ersten Annäherungsschritt in eine gemeinsame Zukunft vorauszusetzen?

Obwohl Mensch und Hund heute in derselben Umwelt leben, nehmen sie diese jedoch ausgesprochen unterschiedlich wahr. Beim Hund haben sich auch heute noch überwiegend die hochentwickelten Sinne des Jägers Wolf erhalten. Manche Rassen, und hier besonders die Terrierarten, zeigen uns fast täglich zielgerichtetes Jagdverhalten auf Beute wie Maus oder Ratte wann immer sich eine Gelegenheit bietet.

Hunde bemerken selbst kleinste Veränderungen unseres Verhaltens und versuchen sie zu deuten. Das führt nicht selten zu Mißverständnissen. Hunde erkennen z. B. eine in ihren Augen herannahende Gefahr lange vor uns Menschen, denn mit ihrem Gehör können sie Geräusche aus ca. viermal weiterer Entfernung wahrnehmen als wir.

Dank dieser Art Frühwarnsystem bleibt zunächst nur ihnen genügend Zeit, eine Gefahr abzuwenden, auch wenn nur sie eine bestimmte Situation als gefährlich einstufen. Oft hält der Sozialpartner Mensch die gleiche Situation für völlig ungefährlich, auch wenn der Hund sicher war, sein Rudel wieder einmal gerettet zu haben.

Das hundliche Gehör zugrundelegend, unterscheidet er Tonhöhen, die nur eine achtel Note auseinanderliegen. Gehen wir von unserer akustischen Welt aus, besitzen viele Hunde schon übersinnliche Wahrnehmungskräfte. Für Hunde stellt es überhaupt kein Problem dar, individuelle Motorengeräusche einzelner PKWs, das Schleifen eines Getriebes oder das unregelmäßige Laufgeräusch eines Keilriemens akustisch einzuordnen. Hunde identifizieren mit Leichtigkeit Geräusche, die der Mensch noch nicht einmal erahnt. Ihre Ohren arbeiten permanent und ihr Gehör nimmt vor allem hohe Frequenzen wahr. Der Jäger Hund ortet z. B. das Quietschen kleiner Beutetiere, wie Maus oder Ratte. Die Fähigkeit, selbst entfernte Geräusche so wahrzunehmen, als kämen sie aus unmittelbarer Nähe, sowie die Empfindsamkeit für Hochfrequenztöne lassen Hunde, verglichen mit den Menschen, innerhalb einer total unterschiedlichen Akustikwelt leben.

Mensch wie Hund filtern allerdings in gleicher Weise unerwünschten Hintergrundlärm aus und konzentrieren sich weitestgehend auf Geräusche, die interessant erscheinen. Hunde sind dazu jedoch wesentlich befähigter, denn ihren scharfen Gehörsinn haben sie von Stammvater Wolf geerbt oder sind sogar auf ganz feine Gehörleistungen selektiert worden (z. B. Colliearten, die auf winzige Nuancen unterschiedlich vermittelter Pfeifentöne achten müssen). Man muß sich vorstellen können, daß Hunde mitunter bestimmte Beutetiere schon von weitem hören und z. B. Mäuse in weniger als einer sechshundertstel Sekunde orten. Mein Laikarüde Jasper stoppt nicht selten inmitten eines Spaziergangs, um nach offensichtlich akustisch präziser Ortung seinen Kopf zu drehen und danach zum zielgerichteten Mäusesprung anzusetzen. Die Fehlversuche aus seiner Jugendzeit gehören der Vergangenheit an, das kojotenähnliche Verhalten erstaunt mich fast täglich.

Hunde hören also ausgezeichnet, jedoch ist eine andere Sinnesleistung noch wesentlich ausgeprägter: Der Geruchssinn.

Es ist hinlänglich bekannt, daß Hunde in einer Welt voller Gerüche leben. Diese Welt bleibt uns Menschen weitgehend unbegreiflich. Selbst dösende Hunde nehmen noch Gerüche wahr, die selbst hochempfindlicher Wissenschaftstechnik entgeht. Wir Menschen verfügen über ca. 5 Millionen sogenannter Geruchsrezeptoren, unsere Hunde – mit Ausnahme degenerierter Rassen – nicht selten über 200 Millionen! Könnte man die sich durch seine Nase ziehenden Membranen flach ausbreiten, kämen wir auf eine Gesamtfläche von 7 m². Hier ist ein Vergleich zum Menschen schon fast erschreckend, wir haben gerade einmal lächerliche 0,5 m² aufzubieten.

Beim Umherschnüffeln des Hundes sammeln sich die unterschiedlichen Gerüche auf der Knochenplatte seiner Nase, wo sie dann präzise getestet werden. Wen wundert es, daß der Hund im Umgang mit dem Menschen u. a. stark auf Körpergerüche eingestellt ist. Sie sagen ihm, ob er es mit Freund oder Feind zu tun hat bzw. Freundlichkeit oder Zorn zu erwarten ist. Hunde nehmen wahre Massen an Duftnoten wahr, wobei manche nach Filterung geradezu überwältigende Wirkung erzielen. Auch hier läßt wieder einmal Stammvater Wolf grüßen, dessen unglaublicher Geruchssinn ihn auf die Spur eines kränkelnden Beutetieres bringt. Auch Hunde prüfen die

Luft auf jeweilige Bestandteile und können so herausfinden, woher ein ganz bestimmter Duft stammt.

Dreht der Hund nun seine Nasenflügel, ist er problemlos in der Lage, einer sich auftuenden Spur sogar aus der Bewegung heraus zu folgen. Der auf einer Wiese schnüffelnde Hund riecht plattgetretene Mikroben bzw. folgt mikroskopisch kleinen Hautfetzen, die Beutetiere zuvor abgestoßen haben. Vor ihm liegt somit ein exakt markierter Pfad, dem es durch alle Wirrungen und Ablenkungen über gefilterte Gerüche zielstrebig zu folgen gilt.

Wie sollen wir Menschen eine solche Sinnesleistung auch nur ansatzweise begreifen?

Alle Hunde sehen ihr Umfeld völlig unterschiedlich zur optischen Welt des Menschen. Während Geräusche und Gerüche zur jeweilgen Orientierung dienen, die zum Aufspüren der Beute führen, kommen Jäger Wolf und Hund erst richtig in Fahrt, sobald eine Bewegung ihr Gesichtsfeld kreuzt. Zwar ist das „Bild" eines Hundes weniger scharf, jedoch kann er bewegliche Objekte – wiederum im Vergleich zum Menschen – zehnmal besser wahrnehmen. Das Gesichtsfeld ist zudem um ca. 70 % weiter, eine Tatsache, die es in der Hundeerziehung zu berücksichtigen gilt. Der Hundehalter sollte wissen, daß sich die Augen seines Vierbeiners auch in der Morgen- und Abenddämmerung, wenn kaum Licht vorhanden ist, gut zum Jagen eignen. Unter solchen Gegebenheiten öffnen sich die Pupillen extrem weit und passen sich somit der geringen Lichtstärke an. Reflektierende Kristalle auf der Hinterseite der Augäpfel fangen nun kleinste Lichtstrahlen ein, und alle ankommenden Informationen werden mit Hilfe des feinen Geruchssinnes kombiniert. Wir haben bereits gelernt, daß selbst leiseste Quietschtöne ausreichen, um den Hund in eine Orientierungshaltung Richtung Beutetier zu bringen. Sieht ein Hund fast gar nicht mehr, spürt er Beute u. a. über Bewegungen seiner Tasthaare im Schnauzbereich auf.

Auch, wenn die meisten es nicht mehr tun, wäre der Jäger Hund also auch heute noch in der Lage, seine Nahrung selbst zu beschaffen. Daß er der zielgerichteten Jagd oft nicht mehr nachgeht, begründet sich in der Manipulation durch den Menschen, der sie züchtet und ausbildet. So bindet der Mensch seinen Sozialpartner noch enger an sich. Der Hund paßt sich wiederum den Gegebenheiten weitestgehend an.

Hat der erwachsene Hund keinerlei Betätigungsfelder und wird jeglicher Arbeit beraubt, bricht das wölfische Erbe hervor, und der Jäger besinnt sich verhaltensgemäß seines Instinktrepertoires: Scheuchen und Hetzen als Ersatzbefriedigung. Der Mensch als Leittier ist bereits beim Umgang mit dem Welpen gefordert (siehe Kapitel 4). Er stellt zwar regelmäßig Nahrung bereit, bestimmt zu konkreten Zeiten Spaziergänge und gemeinsame Aktivitäten, muß andererseits jedoch stets die wölfischen Instinkte eines Hundes kontrollieren. Hat der Vierbeiner während seiner Jugendentwicklung nie gelernt, Beute zu machen, verlängert sich seine „Kindheitsphase". Im Idealfall stellt der gemeinsame Spaziergang ein kindliches Spielvergnügen dar, und der Hund begnügt sich mit der Jagd auf Ball, Stock oder andere Ersatzbeute.

Selbst für einen älteren Hund ist eine lang gehegte Tradition des Ersatzbeutewerfens ein gerne angenommenes Spiel. Wir Menschen halten den Hund über gemeinsame Aktivitäten nicht nur im Stadium längerer Jugend, sondern haben ihn auch genetisch verändert. Hier unterscheidet sich der Hund deutlich von seinem Stammvater. Kein ausgewachsener, geschlechtsreifer Wolf jagt spielerisch. Sein Jagdverhalten ist erfolgsorientiert.

Der Wolf trägt in seinen Genen alle Informationen, die er als zielgerichteter Jäger zum Überleben braucht. Sie sagen ihm: sichte die Beute, schleiche dich an, hetze sie, packe zu, zerreiße und konsumiere sie schnell, damit kein Nahrungskonkurrent zum Zuge kommt. Der Wolf befolgt zudem eine weitere Strategie: wann immer notwendig, jage taktisch im Team! Innerhalb eines Rudels wird es immer Individuen geben, die den einen oder anderen Teil dieser Lektion besser beherrschen als andere. Dieses erkannte der Mensch schon sehr früh und begann, Tiere mit relativ ähnlichen Eigenschaften zu verpaaren. Im Laufe der Zeit haben diverse Hunderassen bestimmte Teile ihres genetischen Codes verloren, während andere Genabschnitte besonders verstärkt wurden. Dies ist wohl auch der Grund, warum sich das jeweilige Erscheinungsbild und Verhaltensrepertoire teilweise gravierend unterscheidet, schaut man z. B. auf Aussehen und Verhalten von Hüte-, bzw. Herdenschutzhunden. Viele nordische Hunde oder Windhunde sind durch Züchtung zu Dauerläufern oder Jagdmaschinen geworden, können andererseits aber weder Hüteaufgaben erledigen noch völlig eigenständig Nutzviehherden bewachen.

Alleine vom Erscheinungsbild her bleibt schwer nachvollziehbar, wie z. B. französische Bulldogge und Bernhardiner vom gleichen Raubtier mit Killerinstinkt abstammen: dem Wolf.

Wach- und Schutzhunde wurden gezüchtet, um ihr Territorium zu verteidigen, Eindringlinge zu stellen und ggf. zu beißen. Gegenüber ihren Haltern nebst Kindern sind sie im Normalfall friedlich und loyal. Fremden gegenüber können solche Hunde jedoch äußerst gefährlich werden. Wiederum ein wölfisches Erbe.

Einzelne Wolfsrudel grenzen sich unter bestimmten Umweltbedingungen voneinander ab. Sie markieren bestimmte Areale mit Urin und Kot. Auch viele Hunde markieren ganz extrem und kontrollieren die Geländegrenzen zur Verteidigung von Nahrungsressourcen und zum Schutz ihrer Gruppe. Oft nimmt der Mensch diese versteckten Signale und Zeichen nicht wahr. Er bewegt sich achtlos über die sorgsam gezogenen Rudelgrenzen hinweg. Schornsteinfeger, Postboten und Müllarbeiter werden mit diesem fatalen Fehlverhalten am meisten konfrontiert. Der Hund lernt, daß er nur lange genug bellen und knurren muß, bis sich der potentielle Feind wieder aus dem Staub macht. Die Gefahr wurde im Keim erstickt.

Wir haben gelernt, daß der Geruch eine Art der hundlichen Kommunikation darstellt. Sein persönliches Markenzeichen verteilt jeder Hund in Form von chemischen Duftstoffen zumindest an strategisch wichtigen Punkten innerhalb seines Reviers.

Der Urin steckt voller Sexualhormone, wobei kleinste Spritzer den Artgenossen über jeweilige Stärke und Rang aufklären. Hundlich gesprochen ist dies eine sehr wirkungsvolle Art, neueste Informationen aufzunehmen, bzw. zu hinterlassen. Eine Straßenlaterne, ein Schild oder Baum stellt für jeden Hund ein höchst informatives Nachrichtenbrett dar. Hunde erfahren hier alles über soziale Stellung, Geschlecht und Alter von Artgenossen, die bereits vor ihnen da waren. Sie können nun – soweit vom Menschen gestattet – die Spur bis zum nächsten Informationsstand verfolgen. Gerüche halten sich nicht selten über Tage, so daß jeder Vierbeiner genau weiß, wann, wer, wo wie oft zuletzt vorbeikam. Je häufiger und intensiver ein Hund markiert, desto beharrlicher bzw. stärker ist er. Auch Informationen über teilweise gezieltes Plazieren von Kot sprechen für Hunde Bände, auch wenn Politessen und Ordnungsamtbedienstete diese Hinterlassenschaften eher geringschätzen.

Mensch und Hund verstehen sich im Normalfall gut, weil sie beide auf ähnliche Dinge aus sind. Gewisse individuelle Freiräume schaffen und möglichst erhalten, aber auch Liebkosungen und Streicheleinheiten verbinden. Für Hunde ist es die größte Belohnung, ernst genommen und beobachtet zu werden. Hundebesitzer wiederum bleiben durch Aktivitäten mit dem Vierbeiner gesund, sind entspannter, ihr Blutdruck senkt sich und sie haben oft ein gutes Lebensgefühl, gemeinsame Spaziergänge, schmusen und streicheln. Es scheint, als ob Menschen mit einem guten Verhältnis zu Hunden nicht so oft erkältet sind, seltener unter Rückenschmerzen oder Depressionen leiden. Auch wissenschaftlich-medizinische Studien untermauern diesen Eindruck. Schauen wir aber nochmals zurück auf unsere menschlichen und wölfischen Vorfahren: ähnliche Bedürfnisse waren wohl einst der Grund für schrittweises Annähern und ein späteres enges Zusammenleben. Freilebende Wölfe sind hingegen ausgesprochen scheu.

Wie eng Wolf und Hund verwandt sind, zeigt auch die Tatsache, daß wir Hunde immer noch an unsere merkwürdig aufrechte Gangart gewöhnen müssen. Dieses geschieht, indem wir uns bereits in den ersten Lebenswochen intensiv um die Welpen kümmern. So entwickelt sich grenzenloses Vertrauen zum Menschen. Im Grunde haben wir eine ursprüngliche Beziehung zum Hund. Vielleicht erinnern wir uns unterschwellig an vergangene Zeiten, als Sammler und Jäger. Der Wolf ist eigenständig geblieben, obwohl auch er erstaunlich anpassungsfähig ist. Wie hätte er auch sonst in unserer dichtbesiedelten Welt überleben können. Der Wolf wird oft als Nahrungskonkurrent angesehen. Und was macht sein domestizierter Verwandter?

Auch das Hüten und Bewachen von Schafen ist eine der ältesten Verbindungen zwischen Mensch und Hund. Hütehunde kommen dem Jäger Wolf in ihrem Verhalten von allen Rassen vielleicht sogar am nächsten. Nach behutsamem Training wissen diese Hunde, was von ihnen verlangt wird: Schafe treiben und stets im Team arbeiten, ohne Nutzvieh zu töten. Ganz, wie der Mensch es will. Diese Hunde sind in ihrem Element, wenn sie sich den Schafen nähern und dann wieder lospreschen, um sie auf den richtigen Weg zu bringen. Sie lenken die Herde und halten sie zusammen. Sie sammeln selbst verirrte Tiere ein und treiben sie mitunter über Kilometer wieder zur Herde zurück. Die Koordination zwischen Mensch und Hund ist hier gefragt, um die Nutztierherde zu kontrollieren. Hütehunde müssen das Schafetreiben nicht lernen, sondern vielmehr, was der Hirte von ihnen will. Die unterschiedlichen Befehle entsprechen dem, was sich Hunde untereinander ohnehin gegenseitig mitteilen. Nur der Endakt in Form des Beutetötens unterscheidet ihr Verhalten vom strategischen Jagen eines Wolfsrudels. Nicht viel, was sich in dieser Hinsicht durch Domestikation verändert hat.

Die Beziehung zwischen Mensch und Hund hatte sicherlich schon immer Vorteile für beide Seiten. Wölfe kamen aus der Kälte zu uns, um neue Nahrungsressourcen zu erschließen. Der Mensch gewährte ihnen nach und nach Unterschlupf und Schutz. Er gab ihnen zu fressen. Dafür half ihnen später der Hund bei der gemeinsamen Jagd, hütete und bewachte Nutzvieh oder zog sogar schwere Lasten. Hunde sind also mehr als hart arbeitende, abhängig große Babies. Sie wollen ebenso mit uns zusammensein, wie wir mit ihnen. Warum machen wir es ihnen nur oft so unendlich schwer? Wir beide haben das Verlangen nach Zusammengehörigkeit und Nähe. Für die meisten Hunde ist es weniger von Bedeutung, eine gesonderte Stellung in der Gruppe einzunehmen. Sie wollen einfach nur dabeisein. Alleine gelassen ist jedes Soziallebewesen im wahrsten Sinne des Wortes ein Außenseiter. Für den Hund ist es am wichtigsten, Mitglied einer Lebensgemeinschaft zu sein, nämlich unseres gemischten Rudels. Menschen sind zwar keine Hunde, aber für den Hund das nächstbeste Soziallebewesen. Werden wir Menschen diesem besonderen Vertrauen gerecht?

Anstatt unsere Hunde zu vermenschlichen, sollten wir zumindest versuchen, uns so gut es geht zu verhundlichen. Die Sinnesleistungen des Hundes wurden hier zumindest grob umrissen dargestellt. Für die Hundeerziehung gilt deshalb vorab: Die Vielfalt eines bewußt umfangreichen Kommunikationsangebotes des Menschen an den Hund hält Körper und Geist fit. Durchdachte Kommunikation schafft eine Ebene des gegenseitigen Verstehens.

Ein Verhaltensvergleich zwischen Wolf und Hund offenbart, daß eine jahrtausendealte Domestikationsgeschichte viele Extremformen der Spezies Hund hervorgebracht hat. Der durch die Publikationen über Konditionierungstests berühmt gewordene Russe Iwan Pawlow unterschied trotz einer enormen Vielfalt an Rassen mit zum Teil völlig unterschiedlichem Erscheinungsbild vier immer wiederkehrende, klassische Hundetypen und ordnete diese bestimmten Verhaltenskategorien zu:

1. den stark erregbaren und hemmungslosen Coleriker
2. den ruhig und phlegmatisch erscheinenden Schwerfälligen
3. den sehr beweglichen Aktiven
4. den stark gehemmten und oft reaktionslosen Melancholiker.

Betrachtet man Verhaltensinventare von Wolf und Hund, wird man hinsichtlich domestikationsbedingter Unterschiede schnell fündig. Ist das Ausdrucksverhalten der meisten Wolfsunterarten relativ gleich, muß es beim Hund aufgrund eines vielfältigen Erscheinungsbildes (Ohrstrukturen, Haarlänge, Schwanzformen, Körperbau usw.) zum Teil stark eingeschränkt sein. Viele Menschen haben bei langhaarigen Hunden die Schwierigkeit, überhaupt bestimmte Ausdrucksweisen, etwa im Mimikbereich, erkennen zu können. Erik Zimen beschrieb allerdings eine Ausdrucksform, welche exklusiv nur beim Hund festzustellen ist: die freundlich lächelnde Gesichtsmimik.

Erhebliche Veränderungen finden wir selbstverständlich auch im Bereich der Lautäußerungen, da Wölfe kaum in der Lage sind, es mit dem sehr differenzierten Bellverhalten der Hunde aufzunehmen. Wölfe bedienen sich im kommunikativen Bereich vornehmlich optischer Ausdrucksmittel, während Hunde beim Warnen und Verteidigen stark bellen bzw. verbellen. Immer davon ausgehend, daß unsere Hunde außerordentliche variable Erscheinungsbilder vermitteln, ist in der Gesamtheit festzustellen, daß Wölfe eine energiesparende, fließende und hauptsächlich trabende Gangart aufzeigen.

Allgemein ordnet man bestimmte Verhaltensweisen sogenannten Funktionskreisen zu. Das Jagdverhalten zeigt im Vergleich Wolf/Hund wesentliche Veränderungen. Erwachsene Wölfe jagen zielgerichtet, konzentriert und koordiniert. Wölfe lernen schnell, welche beweglichen Objekte wirklich Beute darstellen und ob es sich lohnt, Energie aufzubringen. Viele Hunde jagen allem nach, was sich bewegt. Das Hetzen steht nicht unbedingt im Zusammenhang mit Beutestellen und Töten. Es scheint so, als ob es ihnen Spaß bereitet, Objekte zu verfolgen, ohne diese jemals wirklich einzuholen. Im Gegensatz zum Wolf, der völlig lautlos jagt, bellen viele Hunde beim Hetzen und verscheuchen ihre Beute eher. Der Hund kann es sich zudem leisten, Energie zu verschwenden. Der Mensch sichert das Überleben durch regelmäßige Bereitstellung von Nahrung. Während die Nahrungsaufnahme bei Wolf und Hund durchaus vergleichbar erscheint, ist der Transport – hier besonders das Speichern und Vorwürgen gegenüber den Welpen – eher wolfstypisch. In der Wildnis beteiligen sich alle erwachsenen Wölfe an der Versorgung ihres Nachwuchses, nachdem sie gemeinsam Nahrung zum Höhlenkomplex transportiert haben.

Auch wenn manche Hündinnen ihren Welpen noch Futter vorwürgen, hat sich die klassische Vaterrolle als Initiator zur Jagd und gradlinigem Nahrungsbeschaffer doch wesentlich verändert. Hier ist wiederum ein an den Hausstand mit dem Menschen angepaßtes Verhalten erkennbar.

Wie beim Ausdrucksverhalten haben sich auch beim eigentlichen Sozialverhalten, inklusive dem Spielverhalten, deutliche Verschiebungen ergeben. Beim Wolf werden Ausdrucksformen und Bewegungen, die oft etwa der Unterwerfung und dem Imponieren dienen, nicht selten in übertriebener Form in das spielerische Repertoire integriert. Fast alle Hunde zeigen im ausdrucksstarken Spielaufforderungsbereich undifferenzierte und vergröberte Formen des Initialspiels. Hunde bedienen sich bei der sozialen Kommunikation eher der akustischen Ausdrucksform, da der domestikationsbedingte Verlust vieler optischer Signale eine Umstellung erforderlich gemacht hat.

Diese Beispiele zeigen, daß sich der Hund an das Leben mit dem Menschen angepaßt hat. Viele Verhaltensweisen, die im Hausstand eine untergeordnete Bedeutung haben, setzen bei unseren Hunden einen Umwandlungsprozeß in Gang. Er ist in der Lage, die neuen Lebensumstände optimal zu nutzen. Auch, wenn der Mensch zielgerichtete Zucht betreibt, einzelne Hunderassen also spezialisiert, verkümmern im Hausstand zwar bestimmte Eigenschaften, fördern aber andererseits die Fähigkeit zur Flexibilität.

Natürlich müßte ein Vergleich Wolf/Hund wesentlich differenzierter dargestellt werden. Der bisherige Vergleich zeigt jedoch, daß das Verhaltensrepertoire unserer Hunde bei aller Manipulation durch den Menschen doch ausgesprochen wölfisch geblieben ist. Unabhängig davon, wieviel Prozent wölfischen Verhaltens noch in unseren Hunden schlummert, geben meine an frei lebenden Wölfen gesammelten Beobachtungsresultate viele differenzierte Erklärungen, die zur Einschätzung des Hundeverhaltens in der einen oder anderen Situation von großem Nutzen sind. Bei Beobachtung des Wolfes betrachtet man Verhalten pur. Aber man stößt auch auf umweltbedingte Verhaltensbesonderheiten. Darum schuf die Biologie den Begriff der Verhaltensökologie. Das komplexe Sozialgefüge einer Wolfsfamilie – von unterschiedlicher Tradition und Kultur geprägt – zeigt deutliche Parallelen zu den Soziallebewesen Mensch und Hund. Auf die eine oder andere Weise sind auch wir heute noch Jäger; manchmal „territorialer" als der schlimmste Wolf. Wir gelten alle als Opportunisten.

Im wölfischen wie in unserem Leben geht es um Vormachtstellung, um Durchsetzung sexueller Ansprüche, um Verteidigung von Nahrungsressourcen, aber auch um Liebe, Zuneigung, Toleranz und Loyalität. Viele Übereinstimmungen oder zumindest Ähnlichkeiten sind deutlich erkennbar.

Wir haben festgestellt, daß sich das Jagdverhalten erwachsener Wölfe von dem der meisten Hunde deutlich unterscheidet. Hunde lernen in ihrer Jugendentwicklung zumeist nicht, ein Beutetier nach Durchlaufen aller Jagdverhaltenssequenzen per Endhandlung zu töten. Sie werden so ausgebildet, daß sie in ihrer Jugend möglichst keine selbstgemachten Erfahrungen bis zu dieser Endhandlung umsetzen können. Dazu kommt die selbstverständlich nicht pauschal angezüchtete Tötungshemmung. Das eigentliche Töten muß selbst jedes Raubtier lernen, der Reifeprozeß eines Jungwolfes inklusive Tötungsbiß und Konsumierung der Beute ist unter natürlichen Bedingungen recht schnell abgeschlossen, weil er sein Überleben sichert. Wolf und Hund zeigen das Beutepacken und Schütteln als Einzelsequenz schon ausgesprochen früh. Dieses Verhalten erkennt man bereits im „Spiel" der Welpen. Viele Hunde zeigen bedauerlicherweise hocheffektives Jagdverhalten, weil der Junghund innerhalb der sensiblen Phase durch verfestigte Erfahrung alle Verhaltenssequenzen inklusive Endhandlung (Tötungsbiß) durchlaufen konnte. Hier hat es der Mensch nicht geschafft, das wölfische Erbe frühzeitig zu beeinflussen.

Um den „Wolf im Hundepelz" zu manipulieren, bedarf es einer gewissen Verunselbständigung des Vierbeiners. Der Mensch versuchte stets, die Entwicklung zur Selbständigkeit auf einem für ihn erträglichen Maß zu halten. Jede enge Mensch/Hund-Beziehung setzt eine gewisse Unselbständigkeit des geliebten Vierbeiners voraus. Ohne die Beschränkung bestimmter Freiheiten wäre der freilebende Wolf wohl nie freiwillig beim Menschen geblieben, er wäre schon gar nicht domestiziert worden. In der Konsequenz verhalten sich unsere heutigen Haushunde weitestgehend auf einer Entwicklungsstufe junger Wölfe, die auch in den ersten Lebensmonaten völlig unselbständig sind.

Selbst verwilderte Hunde sind von den Müllhalden des Menschen abhängig, um überleben zu können. Verglichen mit dem Wolf fehlt ihnen meist die soziale Fürsorge. Welpen werden zwar von ihrer Mutter gesäugt, das Verhaltensdefizit der erwachsenen Hunde gegenüber den heranwachsenden, aber noch unselbständigen Junghunden führt zu einer sehr hohen Sterblichkeitsrate.

Beim Wolf erkennen wir unschwer soziale Koordination und vor allem Gruppenzusammenhalt. Für unsere Hunde hat diese Gruppendynamik an Bedeutung verloren. Einerseits fließt viel wölfisches Blut in ihren Adern, andererseits sind sie nach Jahrtausenden züchterischer Beeinflussung von uns Menschen abhängig geworden. Sie können sich – im Gegensatz zum Wolf – auch im geschlechtsreifen Alter Verjugendlichungstendenzen erlauben. Unabhängigkeit ist für den Hund im täglichen Leben mit dem Menschen eher hinderlich. Das unterscheidet wohl Wolf und Hund.

1.5 Vergleichende Betrachtung der „Rangordnung" von Wolf und Mensch

Alphawölfe zeigen ihre Dominanz durch Vorlebensweisen, Idolfunktionen und sind Initiatoren von Aktionen. Bei Betrachtung eines Wolfsrudels als Jagdverband wird die Führungsrolle des erfahrenen Leittiers deutlich, der Jagderfolg sichert das Überleben der Gemeinschaft. Der Alpharüde sichert nicht selten Beutetierkadaver über längere Zeit gegenüber Konkurrenten, wie Berglöwen, Bären oder Kojoten, ab. Wölfe verständigen sich durch eine sehr nuancierte Körpersprache, halten auf weite Distanzen Kontakt über individuell erkennbare Heulsequenzen/Frequenzen.

Innerhalb der Sozialrangordnung entscheidet der direkte Blickkontakt oft darüber, ob ein Konkurrenzkampf angenommen wird und es zur Ermittlung eines in Frage gestellten Status zu einer heftigen Auseinandersetzung kommt. Ist dieser Status fest etabliert, ignoriert das Alphatier ganz demonstrativ sozial-initiierte Gesten und Aktionen rangniedrigerer Rudelmitglieder. Agieren und sich „Ignoranz" leisten zu können, drückt eine Vormachtstellung aus, bekräftigt und unterstreicht Dominanz. Hier unterscheiden sich Wolf und Mensch hinsichtlich beschriebener Verhaltensweisen kaum:

„Brummen und Knurren" nicht auch wir zur Durchsetzung oder Beibehaltung bestimmter Privilegien? Vermeiden nicht auch wir direkten Blickkontakt bei Unsicherheit? Ist unsere Stellung in der Sozialrangordnung nicht auch mit dem Initiieren von Aktionen verknüpft? Zeigen nicht auch wir Imponierverhalten zur Durchsetzung sexueller Ansprüche?

Eine vergleichende Betrachtung wölfischer bzw. menschlicher Rangordnungen ist erschreckend: Komplexe Sozialstrukturen winden sich um den Status quo. Sie beinhalten den Versuch des „Mobbings" zur Verbesserung der „Karriereaussichten". Auch der „Manager" oder Abteilungsleiter kann – seine Alphaposition in Frage gestellt – gestürzt werden.

Wolf und Mensch sind sich sehr ähnlich. In einem gravierenden Punkt unterscheiden sie sich jedoch deutlich: Wölfe kennen keinen Haß, Mißgunst oder Neid!

Anstatt uns als Krönung der Schöpfung anzusehen, sollten wir vielleicht ausnahmsweise einmal Schüler sein. Wölfe sind garantiert hervorragende Lehrmeister.

1.6 Die Rangordnung zwischen Mensch und Hund

Um Mißverständnissen vorzubeugen sei deutlich betont, daß es tendenziell durchaus Hunde gibt, die den Weg des geringsten Widerstandes gehen, ihren Besitzern gegenüber meist freundlich sind und keine Anzeichen von Dominanz innerhalb der Sozial- und Futterrangordnung erkennen lassen.

Viele Menschen haben jedoch ausgesprochene Schwierigkeiten, erste Anzeichen aufkommender Dominanzansprüche richtig einzuschätzen.

Ist das Kind erst einmal „in den Brunnen gefallen", sitzen die Halter fassungslos in unserem Büro:

Der Hund war ihrer Meinung nach stets brav, bis er ohne erkennbaren Grund zuschnappte (hinlänglich als Beißen bezeichnet) und postum als verhaltensgestört eingestuft wird. Ohne weiter auf dieses Pauschalstatement einzugehen, müssen zur Vermeidung hundlicher Dominanzgebaren einige grundsätzliche Regeln Beachtung finden, die nach Beobachtung freilebender Wölfe relativ leicht nachvollziehbar sind:

a) Hunde brauchen eine klare Rangeinweisung durch den Halter. Leben sie mit mehreren Menschen zusammen, sind EINHEITLICHE Idolfiguren unerläßlich. Die Praxis vermittelt dem neutralen Betrachter leider ein anderes Bild: Männer neigen tendenziell zu „Machogehabe", Frauen zur Vermenschlichung. Inkonsequenz ist oft tödlich, und innerhalb der Sozialrangordnung entstehen Unterschiede bezüglich des jeweiligen Status. Ist das soziale Umfeld des Hundes widersprüchlich, bestimmt er im Umgang mit den Menschen den jeweils verhaltensgemäß möglichen Freiheitsrahmen.

b) Der Halter muß agierender Teil der Lebensgemeinschaft sein, anstatt zu sehr auf Verhaltensweisen seines Hundes zu reagieren. Agieren heißt Führung, Status demonstrieren und ggf. auch behaupten. Die Erfahrung zeigt, daß hier der Schlüssel zum richtigen Umgang mit dem Hund liegt, zumal ausnahmsloses Reagieren auf unerwünschte Verhaltensweisen meist mit Emotionen einhergeht, die zu groben Mißverständnissen im Kommunikationsbereich führen (siehe non-verbale Kommunikation).

Hunde nutzen Sessel usw. nicht selten als Privileg in der Sozialrangordnung.

Foto: Peter Nawrath

c) Die Einnahme erhöhter, privilegierter Plätze wie Sofa, Bett oder Sessel verringern den unterschiedlichen Sozialstatus von Mensch und Hund, die Konsequenz liegt nicht selten im Ausbau hundlicher Dominanzgebaren. Bei Abwesenheit des Halters sollte das Schlafzimmer verschlossen sein und dem Hund zudem keine Beschlagnahme von Sofa und Sessel gestattet werden. Die Tabuisierung bestimmter Aufenthaltsbereiche (privilegierte Schlaf- und Ruheplätze) unterstreichen einen höheren Sozialstatus des Menschen.

Dominanzverhalten im häuslichen Bereich muß NICHT zwangsläufig mit Knurren, Brummen oder Lefzenanziehen einhergehen. Die Aufmerksamkeit des Halters muß aber auf Situationen gelenkt werden, in denen der Hund als Initiator von Forderungen auftritt:

er bellt und kratzt an der Tür, wenn er in den Garten will; er kommt mit Spielzeug zum Halter und fordert ihn ggf. auf, um dieses „Beutestück" zu streiten; er sucht die Gesellschaft und direkten Körperkontakt zu ihm genehmen Zeiten; er legt seinen Kopf auf den Schoß des Halters oder seine Pfoten auf dessen Schultern; er ignoriert oder folgt Befehlen nur sehr zögerlich; er fordert Futter außerhalb vom Halter fest-

„Zerrspiele" **können** *dominanten Hunden zur Unterstreichung ihrer Ansprüche dienen.*

Foto: Peter Nawrath

gelegten Zeiten und/oder er läuft stets als erster durch Hauseingänge und Türöffnungen.

Zusammengefaßt: Der Hund agiert und der Mensch reagiert lieber, als ihn ständig herumzukommandieren bzw. autoritär aufzutreten.

Erinnern wir uns der Verhaltensweisen von Alphawölfen: auch Hundehalter sollten die Initiative ergreifen; die Öffnung der Terrassentür nur an bestimmte Zeiten und Ausführung eines konkreten Befehles (z. B. Sitz) knüpfen; das Spielzeug von einem durch den Hund nicht erreichbaren Platz nehmen (geschlossener Schrank, Hutablage in der Garderobe usw.) und apportieren lassen; das Zerren an der Leine durch Stehenbleiben ignorieren.

Der Halter eines DOMINANTEN Hundes muß kommentarlos aufstehen, Anspringverhalten mit einer Körperdrehung quittieren, bis die erlahmte Motivation mit einem Alternativverhalten (z. B. Sitz) verknüpft und belohnt werden kann; den Hund zu sich rufen und anschließenden Körperkontakt mit einem Kommando verbinden; auf hundliches Verlangen kein Futter geben; grundsätzlich vor dem Hund durch die Eingangstüre gehen (wiederum erreichbar über Kommando Sitz) usw.

Zusammengefaßt: der Halter hat seinen Hund ganz autoritär zum Reagieren gezwungen, ohne ständig herumkommandieren oder Gewaltmaßnahmen anwenden zu müssen!

d) Wenn nötig, muß übertriebenes Markierverhalten unterdrückt werden. Setzt der Hund bereits Urinmarken innerhalb des häuslichen Bereiches ab, bestätigt dieses Verhalten oft einen Dominanzanspruch und muß deshalb umgehender Tabuisierung unterliegen.

Hunde ordnen dem PKW nicht selten einem verteidigungswürdigen Territorialbereich zu und unterstreichen somit ihren hohen Rangordnungsstatus, den es abzubauen gilt. Hier empfiehlt es sich, dem Hund zunächst einen festen Platz zuzuweisen. Voraussetzung ist die Einübung eines zuverlässig ausgeführten Platzbefehls über schrittweise Ablenkungssteigerung. Ablenkung kann z. B. erfolgen durch: neben dem PKW stoppende Mofas oder Fahrräder, an das Auto herantretende Personen, bis hin zur Akzeptanz den Hund ignorierender Beifahrer. Leider läßt sich das Problem übertrieben aufgezeigter Territorialaggression oft nur reduzieren, jedoch nicht gänzlich abstellen.

e) Der Mensch sichert das Überleben eines Hundes durch Bereitstellung von Nahrung (zeitlebens und fast immer zu reichlich). Diesen Umstand nutzen viele Hunde rücksichtslos aus. Auch wenn der jeweilige Halter vielleicht eine gewisse „Dankbarkeit" für gute Ernährung erwartet, quittiert doch mancher „unverschämte" Hund das Angebot z. B. eines Knochen in seiner caniden-typischen Art mit konsequenter Verteidigung. Nachhaltiger Frust macht sich breit, wenn der wohlernährte Hund dann sogar noch Mülleimer oder ganze Hausstandbereiche (z. B. Küche) knurrend absichert.

Zur Beeinflussung der FUTTERRANGORDNUNG hier einige praktische Tips:

Das auf der Küchenanrichte, mit ihren eigenen Eßgewohnheiten verknüpfte und für den Hund gut sichtbar zubereitete Futter erhält er nicht, bevor die ganze Familie ihre jeweilige Mahlzeit BEENDET hat. Wie in Kapitel 2 noch näher erläutert, bedeutet diese Prozedur, daß alle Menschen zuerst Nahrung aufnehmen und der Hund warten muß, bis er die Überreste einer Mahlzeit angeboten bekommt.

Der Hund erhält nicht einmal einen kleinen Futterbrocken vom Tisch, auch (oder gerade) nicht ausnahmsweise!

Der Halter muß den gewohnten Fütterungsort (z. B. Küche) ggf. in den Flur oder auf die Terrasse verlegen und darf kein Hundefutter im Küchenbereich unterbringen (Alternative: der für den Hund zur Tabuzone erklärte Keller). Der Halter bietet Kauknochen – wenn überhaupt noch – nur nach korrekter Kommandobefolgung (z. B. Platz) an einem festen Ort an (spezielle Decke, Teppich, Körbchen).

Bei extremen Futterverteidigungsverhalten wird der Hund über mehrere Wochen AUSNAHMSLOS aus der Hand gefüttert, um so ein biologisches Abhängigkeitsgefühl zu vermitteln.

Der Halter muß in dieser Zeit streng darauf achten, den Hund immer dann heranzurufen, wenn dieser kein Futter erwartet und das Nahrungsangebot als Bestätigung eines korrekt ausgeführten Befehls verknüpft wird:

Herankommen, Sitz oder Platz = Belohnung durch Futter.

Innerhalb des Hausstandes sollte jedem Hund ein fester Platz zugewiesen werden.

Foto: Peter Nawrath

f) Bei ungeklärter Sozial- und Futterrangordnung muß die Aufnahme direkten Körperkontaktes vom Halter ausgehen, der Zeitpunkt und Ort initiativ bestimmt werden. Hierzu zählt vor allem auch die Körperpflege, wie Kämmen, Bürsten, Ohren- oder Augenreinigung und Zahnpflege. Knurrt oder brummt der Hund, kann sein Verhalten im Zusammenhang mit dem Ort stehen, wo er gepflegt werden soll und muß deshalb gewechselt werden, z. B. in der Küche, wo er auch schon Dominanzverhalten am Futternapf gezeigt hat.

Oft verbindet der Hund bestimmte Pflegemaßnahmen mit zuvor erlebtem Schmerz, z. B. ruckartige Entwirrung von Fellverfilzungen. Zur Vermeidung dieser Verknüpfung muß der Hund zunächst einmal gestreichelt, dann mit einem weichen Pferdestriegel an unempfindlichen Körperstellen gebürstet und letztlich nach Akzeptanz angenehm empfundener Maßnahmen gepflegt werden.

Kapitel 2:
Die Haltung und Erziehung von Haus-, Familien- und Begleithunden

Obwohl neuerdings – oder zwischenzeitlich eigentlich immer wieder einmal – in Frage gestellt, gehen die allermeisten Wissenschaftler davon aus, daß der Hund über den Verlauf einer 14 000- bis 15 000jährigen Haustierwerdung ohne größere Zweifel vom Wolf abstammt und so für ein Leben mit dem Menschen genetisch mehr und mehr verändert wurde.

Der Urhund, der vom Himmel fiel, geistert zwar mal wieder in Neuveröffentlichungen umher, zum Beweis dieser These werden jedoch sehr abenteuerliche Begründungen geliefert.

Diese Abhandlung beschäftigt sich primär mit der Hundeerziehung, so daß nur ein Beispiel aus der „Urhund-These" stellvertretend herausgegriffen werden soll, um sie ad absurdum zu führen: im Gegensatz zur „Gesichtsmaske" beim Wolf, seien sogenannte Augenflecken exklusiv typisch für den Hund. Bei Beobachtungen an

Augenflecken bei einem nordamerikanischen Timberwolf.

Foto: Günther Bloch

Augenflecken sind nicht nur exklusiv beim Hund zu beobachten. (Hier ein Hovawart mit klassischen Augenflecken.)

Foto: Günther Bloch

frei lebenden Wölfen können allerdings regelmäßig Tiere mit „Augenflecken" registriert werden, und es drängt sich die Frage auf, ob hier stets Wolfshybriden observiert wurden. Damit soll diese These These bleiben, als abgehakt gelten und damit den Weg zum Hund ebnen.

Haus- und Familienhunde, die heute in unserem Land wohl zahlenmäßig überwiegend anzutreffende – und vom Menschen abhängige – Form innerhalb der Canidenpopulation, sind in ihrem Verhalten bestens an unsere Umwelt angepaßt, wenngleich sich diese sehr komplex und facettenreich gestaltet. Hunde reagieren ausgesprochen flexibel, leben in städtischen Ballungsräumen, in dörflicher Umgebung oder innerhalb anderer ökologischer Nischen auf dem Land.

Ihren Bedürfnissen gerecht zu werden, indem wir Menschen u. a. rassebestimmende Verhaltensbesonderheiten bereits vor der Anschaffung berücksichtigen, wäre als Ideallösung anzusehen und bleibt doch eine Illusion. Man kauft einen vierbeinigen Begleiter, der rein äußerlich zusagt, er „gefällt" einem zukünftigen Besitzer. Würde ein Hund nach Gefallen eines konkreten Umfeldes befragt, wäre die Antwort sicherlich oft niederschmetternd.

Diese komplexe Definition Haltung – geschweige denn Erziehung – erscheint zunächst grob umrissen, die Fragestellung sollte eher lauten: wie und wo wird welcher Hundetyp gehalten? Oft paßt ein bestimmter Hund einfach NICHT in das vorgesehene Umfeld oder gar zu einem bestimmten Menschentypus.

Zwangsläufig erübrigen sich gute Ratschläge zur Hundeerziehung, es kann ausschließlich Symptomdokterei betrieben werden. Wollte man Nuancen aller Mensch-Sozialkumpan-Beziehungen gerecht werden, setzte dies eine 100bändige Buchreihe voraus und ließe selbst dann sicher noch Aspekte unberücksichtigt.

Fast alle Abhandlungen über Hundeerziehung fokussieren zunächst auf den Welpen, der – wie seit Eberhard Trumlers „Mit dem Hund auf Du" bekannt – in die richtigen Bahnen gelenkt – seinen untergeordneten Platz innerhalb eines „Familienrudels" einzunehmen hat. Ein Blick hinter die Kulissen zahlloser Mensch/Hund-Beziehungen verrät die Notwendigkeit, lieber zunächst auf rassetypenbestimmende Merkmale einzugehen, im Vorfeld darüber aufzuklären und beiden Sozialpartnern viel Leid zu ersparen.

Vielleicht ist es eine Traumvorstellung, durch ein Beratungsangebot an die Vernunft des Menschen zu appellieren. Dennoch sollte diese Publikation zumindest den Leser dieses Buches nutzen, um dann Multiplikator einer sinnvollen Idee zu werden.

2.1 Mensch/Hund-Probleme unter Berücksichtigung hundetypenbestimmender Verhaltensbesonderheiten

Die zielgerichtete Rassezucht ist eine relativ junge Erfindung und versetzt den heutigen Interessenten in die Lage, einen Hund aufgrund zu erwartender Verhaltensweisen für bestimmte Aufgaben und Zwecke auszuwählen.

Die Herausarbeitung bestimmter Verhaltenseigenschaften durch streng selektive Zuchtbemühungen kennzeichnen auch konkrete Bedürfnisse des jeweiligen Hundetyps:

Retriever apportieren oft und gerne; Schlittenhunde rennen und ziehen mit Begeisterung; Wach- und Schutzhunde verteidigen unsere Hausstände, und Hütehunde treiben Nutzvieh in ein Gatter oder stoppen z. B. einzelne Schafe sogar an Ort und Stelle, indem sie diese auf den Boden drücken.

Hunderassen und ihre rassespezifischen Verhaltensmerkmale müßten selbstverständlich noch wesentlich detaillierter beschrieben werden, denn sie zeigen konkrete Handlungsketten bzw. deren einzelne Sequenzen längst nicht immer in gleicher Weise. Ganz präzise wäre dann nochmals eine Verhaltensunterscheidung bei einzelnen Hunden, will man z. B. eine bestimmte Umweltstimulation und/oder einen angemessenen Zeitrahmen in die zunächst instinktiv gezeigten Verhaltensmuster einbeziehen.

Innerhalb ganzer Hundegruppen treten oft Handlungsketten oder einzelne, bruchstückhafte Elemente in neuen Kombinationen auf, was bestens am Beispiel „Herdenschutzhund" veranschaulicht werden kann: im GEGENSATZ zum Hütehund, mit dem sie leider oft verwechselt werden, sollten zuverlässig arbeitende HSH Nutzviehverhalten keinesfalls etwa durch direkten Blickkontakt bei gleichzeitig

Kontaktliegen mit Nutzvieh ist der erste markante Schritt in Richtung enger Sozialbindung.

Foto: Günther Bloch

abgeduckter Körperhaltung beeinflussen, sondern vielmehr nach umsichtiger Sozialisierung integraler Bestandteil, z. B. einer Schafherde, werden.

Dies ist die unabdingbare Voraussetzung für eine gewünschte und beabsichtigte Verteidigungsbereitschaft, die HSH besonders nachts SELBSTÄNDIG gegenüber Feinden, wie Bären oder Wölfen, Füchsen und streunenden Hunden aufzeigen. HSH unterstreichen ihre Präsenz außerhalb eines täglichen Routineablaufes durch massives Bellverhalten. Ein Fakt, der den in Reihenhaussiedlung lebenden Menschen an den Rand eines Nervenzusammenbruchs treiben kann. Ihre Selbständigkeit interpretiert der Hundebesitzer oft als Dummheit oder Sturheit, die vom „Fachmann" empfohlenen Erziehungsmaßnahmen beschränken sich allenfalls auf die Bekämpfung von Symptomen. „Eisbärhaftes" Aussehen beschert uns einen wahren Hirtenhundeboom, die Konsequenzen sind abzusehen.

Hütehunde, hier vor allem spezielle Vertreter der Collies, wurden auf äußerst feine Sinnesorientierung selektiert, damit sie auf winzige Nuancen der „schäferischen Akustikwelt" (Pfeifen, Flöten) und unterschiedlich abgestufte Körperbewegungen achten.

Einerseits gilt es, die sensationelle Arbeit dieser Hunde selbst auf größere Distanzen zu bestaunen, andererseits kommt kaum ein Hundebesitzer auf die Idee, daß sein Collie innerhalb eines extrem übertrieben-lauten Hausstandes aufgrund seines feinen Gehörs schreckhaft reagiert.

Das Fallbeispiel eines schottischen Collies, dessen Bellverhalten über zwei Jahre auf Hundeplätzen und privaten Hundeschulen über Unterordnungsübungen mit Stachelhalsband, ja sogar unter Einsatz eines Elektrogerätes beeinflußt werden sollte, beweist die sorglose Nichtbeachtung rassespezifischen Verhaltens: Herr-

*Herdenschutzhunde sind **keine** Hütehunde und sollten keinesfalls aus einem Herkunftsland nach Deutschland importiert werden, um hier in einem normalen Hausstand zu enden. Hier: Owczarek Podhalanski-Liptovskimix in der Slowakei.*

Foto: Günther Bloch

chen und Frauchen mit Kindern ließen während regelmäßiger Spaziergänge größere Distanzen zu, der kläffende Collie war nur bemüht, die eigentlich zueinandergehörende „Einheit zusammenzutreiben". Der kompakte Gruppenspaziergang reduzierte das Bellverhalten drastisch.

Auf Verhalten selektierte spitzartige Hundetypen sollten möglichst eine kümmerlich ausgeprägte Jagdpassion zeigen, auf Hof und Haus aufpassen und jeden Fremden melden. Oft respektieren Spitze nicht eingezäunte Territorien und bewachen diese exakt bis zu einer gedachten Linie, die aufgrund Urin- und Kotmarkierungen nicht unsichtbar bleibt. Die Anschaffung eines Spitzes zum Leben im Apartmenthaus wird ohne frühzeitige Beeinflussung der „losen Zunge" in einem Desaster enden, bis auf wenige Ausnahmen wäre er in einem solchen Umfeld ohnehin völlig ungeeignet.

Lange Zeit selektierte der Mensch Cairn-, West-Highland-, Fox-, Welsh- oder Jagdterrier auf Unerschrockenheit vor Fuchs, Dachs oder Ratten und unterstrich die Verhaltensweise, möglichst keine Furcht oder gar Unterwerfung aufzuzeigen. Anstatt oft auftretende Dominanz frühzeitig und konsequent unter Kontrolle zu bringen, amüsiert man sich über die Tapferkeit der „Kleinen" gegenüber Artgenossen. Die Empörung vieler Hundebesitzer wird nach Anzeige im Gericht ausgefochten, hat es ein großer Hund tatsächlich einmal gewagt, den „größenwahnsinnigen" Kleinterrier in die Schranken zu weisen. Größere Terrierschläge selektierte man trotz eines vom englischen Parlament im Jahre 1835 erlassenen Gesetzes über den Rindernase/

-maul fest packenden Bullenbeißer jahrelang auf Aggressivität. Und auch nach dem Verbot gingen die sehr beliebten Kämpfe in der Hunde-Arena illegal weiter. Dieser Logik folgend, verwundert es kaum, daß auch heute wieder bestimmte Blutlinien einzelner Rassen völlig untypische Canidenverhalten, wie „asoziales" Benehmen gegenüber Artgenossen, aufzeigen. Aufgrund der Existenz ganzer Heerscharen von Terrierartigen, die fast ausnahmslos einer sehr konsequenten Führung bedürfen, bleibt in einer beschäftigungslosen Zeit schwer nachvollziehbar, warum der Mensch mit Ausnahme der Lust an „Kreation" dieser Rassevielfalt terrierartiger Hunde neue Veredelungen hinzufügen muß.

„Bei Wölfen bilden mehrere Verhaltenseigenschaften (z. B. Beutefang- oder Jagdverhalten) eine Einheit, die biologisch sinnvoll ist", stellt Dr. D. Feddersen-Petersen heraus. Bei Betrachtung diverser Vertreter nordischer Hunde ist man gewillt hinzuzufügen: auch ganze Hundetypgruppen zeigen auf leidenschaftliche Weise hocheffektives und ernsthaft vorgetragenes Jagdverhalten. Hinzu kommt bei den „Norden" im Vergleich mit dem Wolf ein – wenn auch nicht komplett, so doch erstaunlich hoher – Prozentsatz nuancierten Ausdrucksverhaltens im Gestik- und Mimikbereich.

Für den faszinierten Interessenten dieser Rassen, der ohnehin auf die unverfälschte Natur dieser Hunde schwört, stellt sich die Frage nach Kundigkeit zur richtigen Deutung dieser Ausdrucksformen. Der stets an der Leine geführte „Stadthusky" muß als bedauernswertes Geschöpf verstanden werden, einfach nur tierliebenden Menschen ist von einem Spontankauf abzuraten.

Mein holländischer Freund Joep Vd. Vlasakker führt Springerspaniel zur Kaninchenjagd. Die Hunde zeigen großen Arbeitseifer im Feld und Ausgeglichenheit im Haus. Eine ganze in Privathand gehaltene Hundegruppe stark jagdtrieblich motivierter Tiere schreit förmlich nach Betätigungs- und Arbeitsfeldern, so daß z. B. auch ein Dackel nicht aus jagdlich geführter Zuchtlinie, sondern bewußt aus Haus- und Familienselektion stammen sollte, um nicht „den eigenen Kopf des Charaktertieres" beklagen zu müssen.

Extremjagdhunde mögen schön sein, die täglichen Auseinandersetzungen mit dem Revierförster oder -pächter lassen Unmut aufkommen, wenn der Hundebesitzer das sehr ausgeprägte Hetzverhalten seines „Weimaraners" oder „Deutsch Drahthaar" erzieherisch nicht unter Kontrolle bringen kann.

Der Hundehalter ohne jagdliche Ambitionen muß wissen, daß alle russischen Laikischläge ähnlich dem Rotfuchs oder Kojoten bereits sehr früh zum Mäusesprung ansetzen und ihrer Veranlagung gemäß ganze Gartenbereiche – zuvor patrouillierend – umgraben. Laiki gelten nicht gerade als unterordnungswillig, arbeiten als stellender und verbellender Jagdhund gegenteilig ausgesprochen selbständig. Die von Profis geschätzte Ursprünglichkeit läßt einem unerfahrenen Menschen kaum die Möglichkeit zur notwendigen Willenskoordination.

Border Collies und die neuerlich in Mode gekommenen Australian Shepherds sind ausgesprochen agil. Sie zeigen bei Beschäftigungslosigkeit oft stereotype Verhal-

Dackel gelten als „unerziehbar", was pauschal jedoch keinesfalls korrekt ist. Dackel aus einer jagdlichen Zuchtlinie sind als reine Haus- und Familienhunde wenig geeignet.
Foto: Günther Bloch

tensweisen wie Kreisdrehen, Steine in die Luft – oder vor die Füße des Menschen – werfen, usw. Wenn sich der Mensch trotz aller Mahnung einen vierbeinigen Begleiter zulegt, bleibt die Kombinationsfrage offen: welcher Hundetyp paßt zu welchem Umfeld?

Sucht der Interessent einen Hund für eine ländliche Umgebung, der wachen, aber möglichst keine Jagdleidenschaft haben darf, könnte der Deutsche Großspitz oder auch Eurasier als „maßgeschneidert" angesehen werden; Dalmatiner oder Jack-Russell-Terrier passen als Reitbegleithunde in einen Hausstand mit Pferden. Darf ein Hund nur wenig bellen, sollte trotzdem Hab und Gut bewachen und zudem relativ ausgeglichen sein, könnte der Rottweiler (Anfänger: Hündinnen) passen. Sucht man sich einen ruhigen Welpen der Rasse Altdeutscher-, bzw. Langhaarschäferhund aus, dessen Eltern nicht aus einer Leistungszucht stammen, kommt es relativ selten zu Problemen.

Ist regelmäßig Zeit und Muße zu ausgiebigen Spaziergängen und ein großer Garten vorhanden, sollte der „sanfte Riese" Irish-Wolfshound am richtigen Platze sein. Steht für den Interessenten Hundeverträglichkeit im Vordergrund, hat u. a. der Labrador Retriever schon die Herzen vieler Menschen erobert. Abgesehen von einer teilweise schwer steuerbaren Verfressenheit, kann der Beagle durchaus in die Sparte Kleinhundeempfehlung aufgenommen werden.

Ohne den Rahmen zu sprengen, muß dem Hundeinteressenten zusammengefaßt angeraten werden, sich nach typischen Verhaltensweisen einer Rasse zu erkundigen. Die vom jeweiligen Züchter gegebenen Pauschalbeschreibungen sollte man hinterfragen und einen Hund nicht ausnahmslos nach äußeren Erscheinungsmerkmalen kaufen. Man muß davon ausgehen, daß es keine Wunderrasse, keinen gleichermaßen kinderlieben, pflegeleichten und einfach zu erziehenden Vierbeiner gibt, der auch noch mißtrauisch jeden Eindringling stellt.

2.2 Die Hundehaltung in Deutschland

Mensch/Hund-Beziehungen sind individuell, Hausstände nicht einheitlich, und auf den „Allroundhund" werden wir noch eine Weile warten müssen. Ein Hundekauf sollte endgültig sein, der Sozialkumpan den Menschen ein Hundeleben lang begleiten dürfen, ohne auf seine Bedürfnisse verzichten zu müssen.

Hirten halten ihre Hunde anders als Jäger, Polizisten und Bundesgrenzschützer anders als Bauern. Hundeausstellungen zeigen die Vielfalt vorhandener Rassen und sollten in der heutigen Zeit – ohne in extremer Überbetonung Modetorheiten zu fördern – auf eine verantwortliche Haltung von Hunden aufmerksam machen. Der Sozialpartner Mensch ist mehr als je zuvor in den Mittelpunkt des Canidenlebens gerückt, bestimmt den vorgegebenen Hausstand und die damit verbundene Notwendigkeit der hundlichen Anpassung. Der Vertrautheit zum Menschen muß Rechnung getragen werden, indem der Hund nicht in dauerhafter Zwingerhaltung versauert, sondern innerhalb der Wohngemeinschaft am täglichen Leben teilnehmen kann. Welpen müssen lernen können, wer ihre Sozialpartner sind, um der neuen häuslichen Umgebung, die vielerlei Reize beinhaltet, größere Offenheit entgegenzubringen.

Hunde kauft man KEINESFALLS beim Massenzüchter (wer mehr als zwei Rassen züchtet, ist als kompromißloser Hundevermehrer zu bezeichnen) oder auf einem Markt, sondern beim Hobbyzüchter, wo man Muttertier und Umfeld der Welpen gerne bereit ist zu zeigen.

Die Haltung von Hunden erfordert einen zuvor bedachten Finanzrahmen, bedarf der Erlaubnis des Vermieters, schließt den täglich notwendigen Zeitaufwand ein und setzt voraus, daß je nach Veranlagung und Temperament des einzelnen Tieres ein dementsprechender Garten vorhanden ist. Hundehaltung heißt zunächst, sich Sachkunde anzueignen, mit allen Familienmitgliedern im Vorfeld Pflichten, zumindest theoretisch, durchzuspielen und eventuell Aufgabenverteilungen zu regeln. Mit der Anschaffung eines Hundes sind Verantwortung und Pflichten, aber selbstverständlich auch Freude und Zuneigung verbunden.

In Deutschland halten wir eine kaum noch überschaubare Anzahl von Hunden, deren Arbeitskraft innerhalb unserer Industriegesellschaft überflüssig geworden ist. Der ursprünglichen Betätigungsfelder beraubt, hat sich eine Verschiebung ergeben, die den Status des Menschen noch vordergründiger erscheinen läßt. Rückblickend auf einige Dutzend Hunderassen, die im Deutschland der Jahrhundertwende ganz bestimmte Arbeitsbereiche abdeckten (Ausnahmen wie Schoßhunde bestätigen die Regel) und somit entsprechend vielfältige Beschäftigungsgrundlagen hatten, kam die verstärkte Selektivzucht, die Veredelung der Hunderassen und der Run auf Pokale erst relativ spät in Mode. Eine Betrachtung hinter die glanzvolle Fassade offenbart rasch bewußt in Kauf genommene Qualzuchten, Degenerationserscheinungen, egoistisches Kalkül, Prestigedenken und eine nutzlose Spezialisierung quantitativen „Materials", welches sich hochgezüchtet vergeblich nach Betätigungsfeldern umschaut.

Der „Wolf im Hundepelz" wird zur Schau gestellt, zuvor stundenlang gebürstet und gepudert, in Modefrisuren getrimmt und dem verwöhnten Publikum in endlosem Kreislaufen innerhalb der modernen „Kampfarena" präsentiert. Viele „Sporthunde" leben bis auf kurze Lebensintervalle fast ausnahmslos in reizarmer Zwingerumgebung, jedoch „bestens versorgt" von einer die Hände reibenden Futter- und Bedarfsartikel produzierenden Industrie. Dennoch behauptet der Mensch, daß er den Bedürfnissen dieser hochentwickelten Soziallebewesen gerecht wird und den Hund artgerecht hält.

Aus Sicht des Hundes hat sich aber auch SEIN Anspruchdenken, sein Verhalten gegenüber dem Menschen verändert. Der moderne Industriestandort Deutschland entstand praktisch erst Anfang der sechziger Jahre. Bis vor ca. 40 Jahren lebte der Hund aufgrund sozialer, finanzieller und somit praktischer Gründe (Kosten-Nutzen-Faktor) eingebunden in bestimmte Betätigungsfelder: Hofbewachung, Hüten und Schützen des Nutzviehs usw. und somit zwangsläufig außerhalb des Hausstandes.

Heutzutage genießt der Haus- und Familienhund einen ganz anderen Status. Er hat neue Privilegien und stellt durch engste Bindung an den Menschen innerhalb des nunmehr gemeinsamen Hausstandes Ansprüche an seinen Platz innerhalb der sozialen Rangordnung. Der früher selbstverständlicherweise von Abfällen im Hof gefütterte Wachhund sitzt heute bettelnd am Mittagstisch. Er macht sich im Wohnzimmer auf der Couch breit und bellt, damit der Besitzer in der Funktion eines Portiers die Terrassentür zum Garten öffnet. Vom früher – wenn überhaupt – in der Wohnküche anwesenden, das mit langlebigen Möbelstücken eingerichtete Wohnzimmer meidend und gute Sonntagskleidung des Menschen gefälligst Beachtung schenkenden Hofhund erwartete man förmlich, daß er ausgiebig bellte und Fremde meldete.

Der gleiche Hundetyp bekommt heute, in einer Apartmentsiedlung lebend, per Gerichtsbeschluß „erlaubte Bellperioden" verordnet, außerhalb derer er sich ruhig und gesittet zu verhalten hat.

Zusammenfassend ist unschwer zu erkennen, daß Probleme sowohl in der Sozial-, als auch in der Futterrangordnung geradezu vorprogrammiert sind. Sozialpartner Mensch und Hund befinden sich beide inmitten eines neuen Zeitalters, welches eine radikale Veränderung der Lebensweise beinhaltet: Befriedigung des eigenen Ego (Ausstellungswahn), Kinderersatz, Fürsorgeobjekt, Statussymbol – aber Gott sei Dank auch Partner, Kamerad, Helfer oder einfach nur eine Bereicherung der Familie. Hunde werden geliebt, aber gleichzeitig innerhalb des gleichen Hausstandes von anderen Familienmitgliedern allenfalls geduldet. Nur ihrer außerordentlichen Flexibilität ist es zu verdanken, daß die Haltung des modernen Hundes nicht bereits in einer Katastrophe endete.

2.3 Die Haltung von Hunden in Europa

Neben den bereits geschilderten Haltungsformen, die auch in anderen europäischen Ländern praktiziert werden, fällt es uns Deutschen besonders schwer, Hundehaltung unter der Prämisse einer Kosten-Nutzen-Analyse zu akzeptieren. Neben besonders in mediterranen Ländern weit verbreitetem Streunertum bis hin zum völlig verwilderten Status, findet man in Osteuropa besonders oft kleinwüchsige Hundeschläge, die innerhalb eingezäunter Einheiten oder ganzer Dorfsiedlungen als Klingelersatz, also als Alarmfunktionsauslöser, gehalten werden. Kleine Hunde fressen weniger, machen in der Kosten-Nutzen-Analyse Sinn, weil sie neben dem Melden von Fremden zudem den im separat eingeteilten Hinterhof auf sämtliches Nutzvieh bestens sozialisierten Hund (fast immer Vertreter einer Herdenschutzhunderasse) aufwecken und mißtrauisch werden lassen.

Eingezäunte Wohneinheiten gestalten sich als Selbstversorger. Im Hinterhof hält man einige Hühner, Gänse, ein paar Schweine oder Truthähne und vielleicht noch eine Kuh. Dieses Hundesystem (kleine Hunde als Melder vor dem Haus, sozialisierter Herdenschutzhund im Hinterhof) findet man nicht nur in osteuropäischen Ländern, sondern durchaus auch im Kantabrischen Gebirge Spaniens, innerhalb der Bergregionen Portugals, Italiens, des Balkans, in Griechenland oder der Türkei.

Kleinwüchsige Hunde als „Klingelersatz" in Weißrußland.   Foto: Günther Bloch

Ein anderer Teil der Hundepopulation sind Dorfhunde ohne festen Besitzer, die ihre Welpen in Ortsrandlage unter Scheunenböden oder Holzstapeln zur Welt bringen. Diese Tiere melden die Annäherung fremder Menschen oder gar Autos (zum Dorf Gehörige kennen sie genau und ignorieren sie) und beißen zuweilen in deren Reifen. Sie sind jedoch dem Menschen gegenüber sehr reserviert und zeigen oft Meideverhalten.

An der slowakisch-ukrainischen Grenze beobachtete ich regelmäßig, wie eine auf Krückstock gestützte alte Frau, einen Bastkorb haltend, in Richtung Ortsrandlage ging. Ohne jeglichen Kommentar leerte sie den aus Kartoffelschalen, altem Brot und anderen Essensresten bestehenden Korb und begab sich dann auf den Heimweg.

Hunde sind auch in heutigen Zeiten noch Müllvertilger, werden deshalb vom Menschen neben ihrer Wachfunktion geschätzt. Ganze Gruppen halbverwilderter Hunde an und um offene Müllhalden herum ernähren sich besonders in südlichen Ländern Europas von Essensresten, Schlachtabfällen und Kleinsäugetieren.

Mag man dazu stehen, wie man will, die Funktion abertausender Hunde wird in Deutschland oft verkannt. Gegenteilig versucht der tierliebe Urlauber, solche Vierbeiner aus den Herkunftsländern mitzubringen und steht unweigerlich vor dem Problem, diese Hunde in unsere „geordnete Welt" zu integrieren. Ob diese Maßnahme gelingt, hängt oft vom Alter, aber auch von Erfahrung, Duldsamkeit und Sachkundigkeit ab. Manch armer Hund ist in der ihm bekannten – wenn auch in unseren Augen unwürdigen – Umwelt besser aufgehoben.

2.4 Ein neuer Exotiktick: Wolfshybriden

Je mehr unsere Landschaft einbetoniert, Flüsse begradigt, Wälder zu Forsten umgewandelt und Gärten von jeglichem „Unkraut" befreit werden, desto mehr sehnt sich der Mensch nach einem Stück Ungezähmtheit oder exotischer Herausforderung. Wie bereits so oft, schwappt eine neue Welle aus den USA zu uns herüber, wird gierig aufgesogen und in deutsche Norm gepreßt. Sind einzelne Exemplare sogenannter Wolfshybriden in Alaska vielleicht noch in den Schlittenhundesport integrierbar, ist die steigende Anzahl solcher Bastarde in unserem dichtbesiedelten Land völlig fehl am Platz.

Obwohl Kreuzungen zwischen Wolf und Hund einen Rückschritt in der Zucht bedeuten, weil sie oft mit wolfstypischer Scheuheit, fehlender Vertrautheit gegenüber dem Menschen, zielgerichtetem Jagdverhalten, nicht einschätzbar großer Variabilität verhaltensbestimmender Eigenschaften und teilweise ausgeprägter Aggressivität einhergehen können, fühlen sich immer mehr Menschen berufen, der Domestikationsgeschichte ein „Schnippchen" zu schlagen.

Bis zur Geschlechtsreife der Tiere ist selbst bei Zwingerhaltung (Hybriden können nicht unbeaufsichtigt im Hausstand zurückgelassen werden) eine erstaunliche Futter- bzw. Handzahmheit nachweisbar, die oft mit Domestikation und festen Verhaltensprofilen von Hunderassen verwechselt wird.

Wolfshybriden sind ab der Geschlechtsreife oft sehr problematisch. (Hier: Wolf/ Schäferhundmischling)   Foto: Günther Bloch

Nach Abschluß der jugendlichen Entwicklungsphase, spätestens jedoch ab Erreichen des dritten Lebensjahres, ordnen sich Hybriden dem Menschen selten dauerhaft unter, testen rigoros und für den Halter kaum durchschaubar (sehr differenziertes Ausdrucksverhalten) Schwächen innerhalb der sozialen Rangordnung.

Die Futterrangordnung wird konsequent und stets aufs neue in Frage gestellt. Gerade handaufgezogene Hybriden, denen die Scheu vor Menschen fehlt, attakkieren nicht selten bei Auseinandersetzungen um Nahrungsressourcen. Dem Bewegungsbedürfnis dieser Tiere ist schwerlich beizukommen, ein artgerechtes Leben kaum möglich.

Zusammenfassend sollte die Zucht, Verbreitung und Haltung von Wolfshybriden in Privathand bei uns verboten werden, weil für ihre Haltung kein vernünftiger Grund vorliegt!

2.5 Die Vermenschlichung in der Halter/Hund-Beziehung

Hunde zeigen verschüttete Menschen an, führen Blinde, helfen Behinderten und Kranken. Eines sind und werden sie jedoch nie: bessere oder schlechtere „Menschen". Hunde sind zwar wie wir hochentwickelte Soziallebewesen. Sie handeln aber nicht nach unseren Wertvorstellungen und menschlicher Moral.

Hunden ist Rache fremd, sie plagt kein schlechtes Gewissen, sie wissen nichts von Anstand, Selbstlosigkeit, Dankbarkeit oder „Fair play". Hunde leben im Heute und

Jetzt. Sie handeln ihrerseits ausgesprochen konsequent, „denken" in autoritären Kategorien und sind nach Auffassung vieler als Egoisten zu bezeichnen.

Wir Menschen werden wohl oder übel nicht darum herumkommen, die Andersartigkeit des Hundes akzeptieren zu lernen. Wir sollten gleich damit anfangen, ihn nicht zu vermenschlichen, indem wir im Zusammenleben nicht unsere Werte und Normen auf ihn übertragen.

Es mag für manche Menschen erschreckend sein, daß alle Hunde – vom kleinen Pekinesen bis zur riesigen Dogge – nur einen Stammvater haben: den Wolf. Das böse Biest, das angeblich Menschen frißt, mit unserem treuen und anhänglichen Begleiter in direkte Beziehung zu setzen, fällt vielen Menschen schwer. Die Vorstellung, daß viele Verhaltensweisen unserer Hunde auch noch nach 15 000 Jahren Haustierwerdung entweder fast identisch oder aber in abweichender Form vom Wolfsverhalten abzuleiten sind, paßt nicht in das Bild einer Vermenschlichung. Auch wenn Hunde von ihren Haltern oft als Mensch – oder Kinderersatz – bezeichnet werden und von ihnen erwartet wird, sich wie Menschen „zu benehmen", die Dekadenz noch nicht einmal vor lackierten Pfotennägeln und angeklebten Augenwimpern halt macht, passende Garderobe tragen und Kahlschuren in der Nierengegend ertragen müssen, bleiben sie dennoch HUNDE!

Jede Mensch/Hund-Beziehung ist einmalig. Hunde sind ausgesprochen lernfähig, flexibel und anpassungsfähig. Sie zeigen sich dem Sozialpartner Mensch gegenüber in der Regel aufgeschlossen und freundlich. Herrchen und Frauchen nehmen innerhalb der sozialen Lebensgemeinschaft eine dominierende Rolle ein, auch wenn der Vierbeiner mit Leckerbissen verwöhnt wird, während des Fernsehabends auf dem Schoß sitzt, im Garten grabend nach dem Mittelpunkt unseres Planeten Erde sucht und zudem nachts im Schlafzimmer wohlbehütet seine Beine in die Luft streckt.

Der Liebling scheint die genaue Uhrzeit abzulesen, weil er unruhiges Verhalten anzeigt, bevor Herrchen zum Mittagessen erscheint. Selbstverständlich versteht er auch sonst jedes Wort, kann ganzen Wortschwällen problemlos folgen, und die gemeinschaftliche Beziehung scheint fast schon eine telepathische Grundlage zu haben. Hundebesitzer erhalten Trost in schwierigen Zeiten, brauchen das Tier für ihr Wohlbefinden, verstehen es als erweitertes Ich, und mancher Hund erfüllt die verschiedensten psychologischen Funktionen.

Je nach Gemütslage reden Halter mit ihren Hunden unaufhörlich. Sie sind ihnen gegenüber sehr zugeneigt, behandeln sie urplötzlich wieder miserabel, lassen ihrer Wut freien Lauf und vernachlässigen sie anschließend. Hundehalter handeln oft übertrieben emotional, ausgesprochen wechselhaft und ungleichmäßig.

Erfüllen Tiere nicht die an sie geknüpften Erwartungen, folgt sogleich die Erklärung: „Er weiß genau, daß er etwas falsch gemacht hat. Er will mich jetzt nur ärgern."

Oft sind Hunde in der Tat Spiegelbilder ihrer Halter. Hyperaktive Menschen besitzen auch nervöse und hektische Hunde, gemächlich wirkende haben oft ruhige Vierbeiner, Unsichere haben nicht selten ängstliche Tiere. Erstaunlich genug, alle diese

Menschen leben ihrer Meinung nach ohne größere Probleme mit ihrem Hund. Sie interpretieren auffällige Verhaltensweisen pauschal als „typisch Hund" und wollen deshalb gar keine Veränderung.

Solange keine massiven Ausfälle in Form direkter Angriffe gegen den Besitzer zu beklagen sind, bezeichnet der Mensch sein Verhältnis zum Hund als „normal". Dies hat sogar Bestand, wenn bereits der Nachbar gebissen, ein Kind massiv verbellt oder der Hund ausnahmslos nur an der Leine geführt werden kann.

„Verteidigungsbereitschaft" oder postwendendes Entfernen vom Halter mündet in Entschuldigungen:

„Wissen Sie, zu Hause ist er das bravste Tier. Nur draußen macht er, was er will und hört schlecht, obwohl wir doch schimpfen."

„Wir haben schon alles probiert – im Guten wie im Bösen – manchmal kann man an diesem Hund verzweifeln, eigentlich ist er jedoch ein gutes Tier." Typisch Hund ist auch, daß keine Knochen weggenommen werden dürfen, damit „er nicht böse wird".

Einer anderen Sparte Mensch ist es ausgesprochen peinlich, Details aus ihrer Beziehung zum Hund preiszugeben, weil sie instinktiv merken, daß ihr „gutes und braves Tier" eher in ihrer Einbildung existiert und sie die Probleme herunterspielen, um nicht als inkompetent „entlarvt" zu werden. Die Aufdeckung von Mißverständnissen in der Mensch/Hund-Beziehung und die Verhinderung weiterhin vorprogrammierter Schwierigkeiten steht und fällt aber mit der Bereitschaft des Halters, etwas verändern zu wollen.

Es ist die Aufgabe verantwortungsvoller Hundeerzieher und Verhaltensberater, Trainer, Tierärzte und Hundepsychologen, behutsam und ohne Vorwürfe die Vermenschlichungsversuche fachlich zu analysieren, dem Halter Sachkunde zu vermitteln und ihm die eigentliche „Canidenwelt" darzulegen.

Mensch/Hund-Beziehungen sind Lebensgemeinschaften der komplexen Art. Pauschale Rückschlüsse auf etwa DAS Verhalten können daher nicht gezogen werden. Das gegenseitige nonverbale Verstehen in der Symbiose Mensch/Hund wird oft unterschätzt und läßt argumentativ das gute oder schlechte „Gewissen" entstehen. Unter Menschen wird das schlechte Gewissen im Sinne von Moral gewertet, das heißt also Schuldgefühl, Reue oder das Bestreben nach Wiedergutmachung sind die jeweiligen Motive.

„Hunde hingegen werten ihr Handeln sicher nicht auf der Stufe eines Über-Ichs, sie gehorchen keinen mehr oder weniger selbst geschaffenen Moralgesetzen" (Dr. D. Feddersen-Petersen, 1987).

Kapitel 3:
Die Kommunikation zwischen Mensch und Hund

Menschen kommunizieren weitgehend über ihre Sprache, tauschen sich verbal aus. Pauschal ist diese Aussage allerdings nicht korrekt, denkt man an wüst gestikulierende Südeuropäer, deren Kommunikation verbal wesentlich „offensiver" geführt wird, als wir es gewohnt sind. Auf den meisten Hundeplätzen wird dem Laien erklärt, sich verbal deutlich und prägnant zu artikulieren, ein konsequent gesprochenes „Fuß" mit gleichzeitig kräftigem Ruck am Halsband sorgt beim Hund für die richtige Verknüpfung, der sich schließlich unterzuordnen hat. Mit Ausnahme einiger charakterloser Exemplare hat der Hund nun Respekt, und es ist nur noch eine Frage der Verfeinerung, bis die Hundeerziehung abgeschlossen ist. So simpel ist die ganze Angelegenheit? Nein, richtige Kommunikation ist ein ausgesprochen komplexes Betätigungsfeld und keine Sache der Motorik!

3.1 Die verbal-akustische Kommunikation

Wie spricht der Hund? Fast jeder Mensch beantwortet diese Frage durch „Er bellt". Nun bellen Hunde sehr differenziert, da die akustische Ausdrucksform an Bedeutung zunimmt, wenn sich optische Ausdrucksformen im Gesamtkommunikationsbereich stark vermindern: z. B. bei Hunden mit Schlappohren, langer Körperbehaarung, extremer Gesichtsbehaarung, Stummelschwänzigkeit usw.

Akustische Kommunikation (Hier: heulender Wolf).
Foto: Günther Bloch

Einige Hunde, hier besonders Vertreter der nordischen Rassen, betonen Heullautgebungen, gelten sie doch als ausgesprochen gruppenorientiert und erfüllen somit soziale Gegebenheiten, die als auslösender Faktor des Heulens angesehen werden.

Viele Hundebesitzer sind genervt, wenn der zu Hause Gelassene die Nachbarschaft zusammenheult, wenngleich es vom wölfischen „Trennungsheulen" abzuleiten ist (längere Zeit an der Höhle zurückgelassene Welpen heulen/jammern). Heranwachsenden Wölfen dient das Heulen u. a. zur Standortbestimmung und kann individuell exakt entschlüsselt werden. Auch Wölfe bellen in Alarmsituationen, wenngleich natürlich nicht so nuanciert wie Hunde.

Es wird angenommen, daß der Mensch anfangs bewußt die lautfreudigsten Wolfswelpen aussuchte und späterhin verpaarte, woraus sich nach und nach der lautstarke Wachhund entwickelt haben könnte.

Ob diese These stimmt, sei dahingestellt. Zumindest erscheint sie relativ schlüssig, seit unser Beobachtungszelt eines Nachts durch eine Wölfin massiv „verbellt" wurde und meine Frau und mich aus dem Schlaf riß. Regelmäßig beobachteten wir die Warnfunktion des „Wuffbellens", woraufhin selbst ins Spiel vertiefte Welpen sofort in der Höhle verschwanden.

Dieses „Wuffen" ist auch bei unseren Hunden im Zusammenhang mit Unsicherheit (außerhalb der Routine auftretende Ungewöhnlichkeiten) zu definieren und nicht selten Vorstufe zu ausgiebigem Bellverhalten, denkt man z. B. an den aus der Dunkelheit oder Distanz schrittweise herankommenden Menschen. Ist die Windrichtung ungünstig, verbellt der Hund bisweilen seinen eigenen Besitzer, bis dieser geruchlich und durch verbale Äußerungen identifiziert wird.

Man könnte ein gesondertes Buch über das sehr differenzierte Lautäußerungsverhalten unserer Hunde schreiben (Beagle läuten in Erwartung eines Ausfluges), denn ihre akustische Kommunikation beschränkt sich beileibe nicht auf bellen oder heulen. Hunde winseln, jammern, jippen, heulbellen oder bellheulen, knurren, brummen, und die jeweiligen Zusammensetzungen und Rhythmen beschreiben die dahinterstehenden Absichten, Angstimpulse oder Erregungszustände.

Die Hirten Südpolens sind dazu fähig, Lautäußerungen ihrer HSH bestimmten Alarmsituationen präzise zuzuordnen. Nähert sich nachts der Wolf, bellen ihre Hunde anders, als beim Angriff seitens eines Braunbären oder dem Versuch einiger Menschen, Schafe stehlen zu wollen. Dieser Konsequenz folgend, unterscheidet der Hund seinerseits auch nicht, „was" der Mensch, sondern wie er etwas verbal ausdrückt.

Hunde besitzen ein gutes Gehör, eine Kommunikation des Brüllens, Schreiens und Kreischens erscheint unnötig. Kurzprägnante Kommandos bei leiser Tonart, aber deutlicher Betonung (Sitzzz, Ausss, Platzzz, Fußßß) erhöhen ihre Aufmerksamkeit. Geschichten „erzählen" verstehen sie nicht, jedoch messen sie Stimmungslagen außerordentliche Bedeutung zu.

Mensch und Hund sprechen sehr viel über nonverbale Kommunikationsebenen, verbale Elemente sind oft relativ bedeutungslos. Soll der Hund Befehle umsetzen, muß der Mensch zunächst lernen, sich „insgesamt" mitzuteilen und sollte außerdem über die verbale Kommunikation keine Verunsicherung produzieren: „mach mal Platz, geh mal da weg" oder „geh weg da, komm her".

3.2 Die chemisch-geruchliche Kommunikation

Verglichen mit der verkümmerten Duftwelt des Menschen, orientiert sich das Nasentier Hund primär geruchlich, wenngleich Besitzer von Sichtjägern, wie Afghane oder anderer Windhundeartigen vehement widersprechen werden. Dennoch: begegnen sich zwei Caniden, wovon der eine schwanzwedelnd geruchliche Informationen über Drüsen der Analregion weiter verteilt, während der andere durch Einklemmen der Rute trachtet, diese Informationen der ausgesonderten Duftsignale möglichst zu verhindern, sollte damit eine extreme Form der interaktiven Kommunikation grob beschrieben sein.

Abgesetzte Kot- und Urinmarkierungen sind chemische Signale, die anhand ihres Frischezustandes und Standortes über territoriale Besitzansprüche, sexuelle Kondition, Reviere – und wann oder wie der Artgenosse diese durchlief, Auskunft geben. Das unter Hundehaltern diskutierte „hundliche Zeitunglesen" beinhaltet zudem, daß diese Duftmarkierungen möglichst „gut sichtbar" plaziert werden und

Der Porenatmer Mensch wird auf seine geruchliche Ausstrahlung hin überprüft (Hier: Mensch und Gehegewolf) und darf keine krankheitsbedingte Schwäche aufzeigen.
Foto: Günther Bloch

per Kratz- und Scharrspuren durch die zwischen den Hundezehen vorhandenen Schweißdrüsen unterstreichende Beachtung finden. Rüden heben ihren Hinterlauf, manche Hündinnen praktizieren sogar regelrechte „Handstände", um sich besser mitzuteilen. Manch verzweifelter Versuch eines Hundes, trotz leerer Blase zu „markieren", zeigt, welche enorme Bedeutung Caniden der geruchlichen Kommunikation beimessen.

Obwohl der Halter diese Dinge weiß, verwundert es, daß er sich als Porenatmer nicht bewußter in diese Duftwelt einzubeziehen versteht. Dieser Umstand wird klar, wenn ein unter den Achselhöhlen Zorn und Ärger ausdünstender Halter versucht, seinen völlig irritierten Hund heranzurufen. Gleiches gilt, wenn der heimkehrende Mensch einen zerrissenen Teppich erspäht und anschließend Schimpfkanonaden über den konfusen Vierbeiner ergießt. Anstatt die geruchliche Kommunikation zu beachten, wird dem Hund aufgrund unterwürfiger Körperhaltung ein „schlechtes Gewissen" unterstellt.

Der einen Knochen verteidigende, Zähne bleckende Hund nimmt natürlich verbale Zurechtweisung wahr. Kombiniert mit einem Geruchsignal der Angst, signalisiert das „Mein lieber Freund, jetzt ist aber Schluß" jedoch unsicheres Auftreten des Halters. Den Befehl nimmt er in einer solchen Situation nicht mehr ernst, und die Duftaura läßt gleichzeitig eine dominante Stellung des „Super-Leittieres" fraglich erscheinen.

Hunde sind befähigt, kilometerlangen Spuren über frischzertretene Mikroben zu folgen, ihr Stammvater Wolf riecht Aas oder verwundete Beutetiere über Distanzen von mehreren hundert Metern, so daß Caniden die chemische Kommunikation mit dem durch Poren atmenden Menschen fast schon „im Vorbeigehen" erledigen.

3.3 Die optisch-visuelle Kommunikation

Der gängigen Annahme folgend, leben Hunde in einer farblosen Schwarzweißwelt und gelten gemeinhin als „farbenblind". Im Gegensatz zu der menschlichen Netz-

Optische Kommunikation (Hier: drohende Alphawölfin).
Foto: Günther Bloch

haut, die pauschal argumentiert mehr Zapfen als Stäbchen enthält und somit das Farbsehen über das bloße Schwarzweißsehen stellt, weist die Netzhaut des Hundes zumindest jedoch eine geringe Anzahl bestimmter Zapfen auf.

Es ist der wissenschaftlichen Arbeit und dem Resultat von Dr. Dana Vaughan/USA zu verdanken, daß man die Canidenwelt im visuellen Bereich zu einem gewissen Prozentsatz doch durchaus als farbig bezeichnen kann. Hunde sind zweifellos, im Gegensatz zum Menschen, mehr auf Bewegungen als auf optische Detailwahrnehmung fixiert, was dem „still" liegenden Hasen in der Sasse nur recht sein wird – jedoch konnte Dana Vaughan eindeutig nachweisen, daß der Hund bestimmte Farben deutlich wahrnimmt.

Sie kommt zum Schluß, daß die Farben Blau, Indigo, Violett und Rot für ihn gut sichtbar sind, während er keinesfalls zwischen Schattierungen der Farben Gelbgrün, Gelb, Orange und Rot unterscheidet. Letztere Farben kann der Hund aber ganz leicht von der Farbe Weiß unterscheiden.

Die visuelle Welt des Hundes ist zur besseren Erklärung mit der an Deuteranopie, einer Form der sogenannten Rotgrün-Blindheit, leidenden Menschen zu verglei-

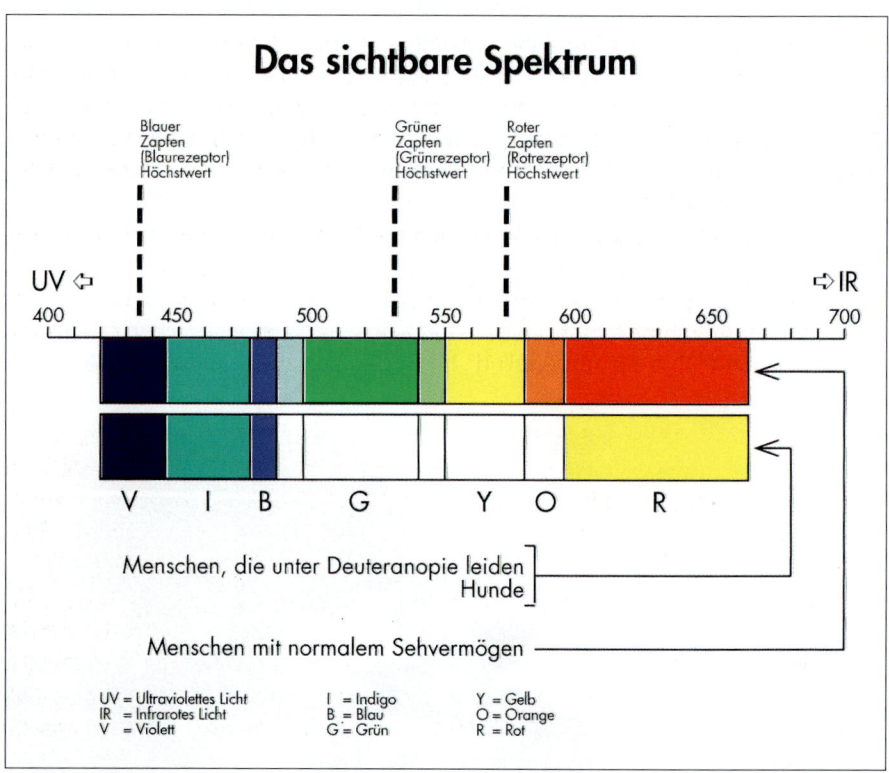

Hunde sehen ihre Umwelt nicht ausnahmslos schwarzweiß.

Quelle: Hunde-Revue 12/96 nach D. Vaughan, 1991

chen. Diese Krankheit beinhaltet die eingeschränkte Farbwahrnehmung für nur zwei Zapfentypen, steht jedoch immer noch im Widerspruch zur völligen Farbblindheit, weil bei absolut farbenblinden Menschen ausnahmslos nur noch ein Zapfentyp vorhanden ist.

Derzeit läuft über meine Berufskollegin Perdita Lübbe gerade ein Versuch, inwieweit Dr. Vaughans Entdeckungen beim Apportieren von Dummies hilfreich sein können.

Die Kombination von Körperhaltung, Bewegungen einzelner Körperteile und die Gesichtsmimik ist in ihrer Gesamtheit zu betrachten, um Rückschlüsse auf Stimmung und Bewertung einer sozialen Situation ziehen zu können. Die Einschätzung, daß ein schwanzwedelnder Hund grundsätzlich auch Freundlichkeit signalisiert, kann pauschal nicht gelten, beobachtet man ein vor dem Kaninchenbau auf Jagdbeute spekulierendes Tier.

Im Sozialbereich sind kommunikative Ausdrucksformen für jeden Hund von großer Bedeutung, auch wenn sie im Vergleich zum Wolf nur noch in vergröberter Form, bzw. einzelne Elemente gar nicht mehr aufgezeigt werden. Als Laie auf alle Nuancen detailliert eingehen zu können, ist schwierig, weil zwischen Ausdrücken verschiedener Verhaltensweisen Übergänge schnell und fließend auftreten, sich im Sozialverhalten oft überlagern und insbesondere von Hundetyp zu Hundetyp stark variieren. So vermittelt der zottelhaarige, ungarische Komondor nur einen Bruchteil der Ausdrucksformen eines Alaskan Malamute, der mit über vierzig verschiedenen Ausdrucksformen im Vergleich mit dem Wolf (über sechzig Ausdrucksformen) noch recht gut dasteht.

Jeder Hundebesitzer sollte zumindest die Ausdrucksformen innerhalb des sozialen Kommunikationsbereiches zunächst einmal grob deuten können, um Körperhaltung, Bewegungen und Mimikausdrücke etwa Dominanz oder aktiven, bzw. passiven Unterordnungswillen zuordnen zu können, wenn sich Hunde z. B. im Park oder auf der Spielwiese begegnen.

Grob umrissen kann ein Hund:

a) Dominanz aufzeigen, indem er unter Aufrechterhaltung des direkten Blickkontaktes seine Ohren nach vorne richtet, knurrt oder brummt, eine steif hochgerichtete Körperhaltung einnimmt, die Haare sträubt und die Schwanzstellung immer weiter anhebt. Oft legt der dominante Hund seinen Kopf auf die Schultern, resp. den Rücken des Artgenossen.

b) passive Unterwerfung demonstrieren, indem er pfötelt, den Kopf zur Seite wendet und sich eventuell auf den Boden rollt, seinen Genitalbereich entblößt und die Vorderbeine anwinkelt, insgesamt infantile Verhaltensweisen zeigt oder die Nacken- und Rückenhaare flach an den Körper angelegt auf dem Boden kriecht, um klein zu wirken. Die Aggressionsbereitschaft des dominanten Hundes wird so meistens gedämpft.

c) aktive Unterwerfung aufzeigen, indem er sich mit gesenktem oder eingeklemmtem Schwanz, die Ohren zurückgelegt, auf den Boden drückt, in geduckter Haltung

Beim Umgang mit gemischten Hundegruppen sollten klein- bzw. großwüchsige Rassen möglichst getrennt zusammengestellt werden. Oft sind ängstliche Kleinhunde Opfer von canidentypischem „Mobbing". Foto: Günther Bloch

ohne Blickkontakt aufzunehmen verharrt oder den Kopf hebend versucht, die Mundwinkel bzw. die Schnauze des dominanten Hundes zu lecken.

Die Darbietung der Kehle ist nicht, wie Konrad Lorenz zunächst annahm, ein untrügliches Zeichen der aktiven Unterwerfung, sondern gegenteilig ein Attribut der Stärke: der dominante Hund kann es sich leisten, den Kopf steif seitlich abzuwenden und etwaiges Schnappen des Gegners mit Verachtung zu quittieren.

Die Beurteilung der Verhaltensinventarien ganzer Hundegruppen gestaltet sich in bezug auf gemischte Spiel-, Jagd- und Aggressionsausdrucksformen ausgesprochen schwierig, da verschiedene Funktionskreise durcheinandergeraten können. Anfänglich von Ausdrücken des Spielverhaltens ausgehend, ist der Auslöser für Meuteaggression oft ein plötzlich in Unsicherheitsgestik davonlaufender Kleinhund. Die Wahrscheinlichkeit des „Mobbings" vor Augen, sollte bei Haltung von gemischten Hundegruppen keine Zusammensetzung von klein- und großwüchsigen Tieren erfolgen.

Im Gegensatz zum erwachsenen Wolf, der zweckorientiert und zielgerichtet jagt, zeigen viele Hunde ein sinnlos erscheinendes, verspieltes Nachjagen beweglicher Objekte, um dann nach einiger Zeit abzudrehen. Es scheint ihnen Freude zu bereiten, etwas ohne jede Chance auf Jagderfolg zu verfolgen, denn Spiel- und Jagdfunktionskreis vermischen sich. Eigentlich nicht weiter dramatisch können beschriebene Verhaltensweisen jedoch dann zum unangenehmen Ereignis werden, wenn der Hund plötzlich einen vorbeilaufenden Jogger oder Fahrradfahrer optisch fixiert, ihn verfolgt und ggf. sogar beißt. Gleiches geschieht, wenn der selbst unter verbalem Befehl stehende Hund („Bring Stock") auf seinem Weg dorthin visuell einen flüchtigen Hasen erblickt.

3.4 Die non-verbale Kommunikation zwischen Mensch und Hund

Basierend auf der detaillierten Betrachtungsweise unter Artgenossen, ist die Fähigkeit der hundlichen Kommunikation mit dem Menschen auf non-verbaler, also nicht-gesprochener Ebene besonders hervorzuheben. Wie anders ist erklärbar, daß Hunde und taubstumme Menschen wunderbar miteinander leben können.

Wieder sind es die Körperhaltungen und Bewegungen, Ausdrücke und Gesten, die der Hund deuten und interpretieren kann. Körperhaltung und -größe kann entscheidend sein, ob sich ein Hund bedroht fühlt oder dominant wird. Besonders in Verbindung mit der chemischen Kommunikation (ein ängstlicher Mensch reagiert vorsichtig, schwitzt aber auch) gibt es in der Beziehung zum Hund oft Probleme.

Stimmen verbale und non-verbale Ausdrucksweisen des Menschen nicht überein, befindet sich der Hund in einem Konfliktzustand nicht zueinander passender Signalgebungen. Viele Halter erklären, daß sie ihren Hund bewußt eigene Angst nicht merken lassen. Unkoordinierte Körperhaltung und Bewegung, wie etwa bei Menschen im alkoholisierten Zustand, Verletzte mit Gehgips oder auf einen Stock gebeugt, können beim Hund meidebedingtes Bellverhalten oder aber Angriff hervorrufen. Klobig aussehende Personen (Poncho, Hut, Uniform usw.) passen ebenfalls nicht in das alltägliche Körpersignalbild eines Hundes und provozieren oft beschriebene Verhaltensweisen.

Denkt man an den über einem Artgenossen stehenden dominanten Hund, hat man eine Erklärung dafür, warum unangenehm empfundene Pflegemaßnahmen mit gleichzeitigem Überbeugen des menschlichen Körpers beim Hund Knurr- oder Brummreaktionen hervorrufen können.

Durch Stolpern bedingtes Rückwärtsfallen kann der Auslöser eines hundlichen Angriffes sein.

In der Hundeerziehung fällt dem bewußten Einsatz von Bewegungen und Signalen (klar abgegrenzte Sichtzeichen) eine hohe Bedeutung zu. Der Hund lernt auf den Sozialpartner Mensch und dessen Aktionen zu achten und ihm somit insgesamt mehr Bedeutung zuzumessen. Kombinierte Hör- und Sichtzeichen erleichtern anfänglich die jeweils gewollte Verknüpfung, wobei schnell ausgeführte und hektische Bewegungen möglichst zu unterlassen sind.

Wohl trainierte „Wunderhunde" aus Fernsehen und Zirkus können weder rechnen, lesen oder des Trainers Sprache im menschlichen Sinne verstehen, sondern haben u. a. gelernt, der non-verbalen Kommunikation „außerordentlich intensive" Bedeutung zu schenken.

3.5 Die Umsetzung der Kommunikationslehre unter Berücksichtigung der Lerntheorie

Hundehalter sollten auch darüber unterrichtet sein, warum ihr Hund erwünschte bzw. unerwünschte Verhaltensweisen aufzeigt. Einige ethologische Grundbegriffe, wie Konditionierung, Reize, Reflexe oder Instinkthandlung, werden vom Ausbilder auf dem Übungsplatz gerne verwandt und vom einfachen Hundelaien ehrfurchtsvoll durch Kopfnicken bestätigt.

Leider werden diese Basisbegriffe innerhalb des praktischen Ausbildungsablaufes oft nicht umgesetzt, ja sogar auf elementare Weise mißachtet. Hunde unterscheiden im moralischen Sinne nicht zwischen gut und böse, sondern bilden die meisten Verhaltensweisen über Lernen am Erfolg aus, welches auch instrumentelles Lernen oder operante Konditionierung genannt wird.

Vordringliches Ziel einer Trainingseinheit sollte es sein, unter gezieltem Körpereinsatz Reize zu schaffen (Sichtzeichen Sitz), um dann die Reaktion des sich setzenden Hundes zu verstärken (streicheln, Futtergabe usw.). Lernen am Erfolg beinhaltet, daß die Belohnung direkt auf eine Reaktion folgen muß, diese Reaktion stets gleichbleibende Bestätigung erfährt – und die Belohnung zudem vom Hund als besonders reizvoll empfunden wird.

Im Gegensatz dazu lernt ein Hund bestimmte Verhaltensweisen auch durch klassische Konditionierung, denkt man z. B. an die berühmten Experimente Pawlows an seinen Hunden.

Klassische Konditionierung beinhaltet die Koppelung eines unbedingten Reizes (Futter) mit einem zuvor neutralen Reiz (Glockenton), ohne daß eine Belohnung erfolgt.

Das Pawlow'sche Prinzip: FUTTER (unbedingter Reiz) führt zu SPEICHELAUSFLUSS (unbedingte Reaktion).

GLOCKENTON + FUTTER (bedingter Reiz) führt schließlich zu Speichelausfluß (bedingte Reaktion) auf den Glockenton alleine.

Die Konditionierung: Belohnung, positive und negative Verstärkung

1. Klassische Konditionierung
US .... UR
Futter   Speichelfluß

```
    CS ─ ─ ─
    Glocke       ─ ─ ─
                         ─ ─ ─
        1/2 Sek. US ──── UR      ▶ CR
```

Konditionierung in höheren Ordnungen

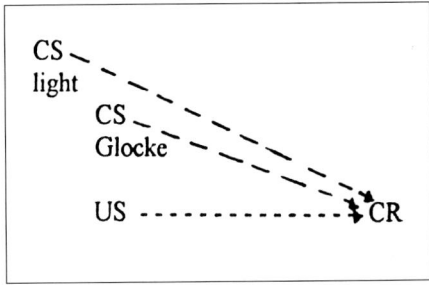

US = Unkonditionierter Stimulus/Reiz
UR = Unkonditionierte Reaktion
CS = Konditionierter Stimulus/Reiz
CR = Konditionierte Reaktion

½ Sekunde zwischen CS und US ist die optimale Zeit, um eine Verbindung zu lernen.

2. Instrumentelle Konditionierung

1. Operantes Verhalten
2. Der kritische Reiz
3. Primäre Verstärkung
4. Sekundäre Verstärkung
5. Das Formen von Verhaltensweisen
6. Aufeinanderfolgende Näherung und Verkettung

Quelle: Erich Klinghammer 1994 (Skizzen und Text)

Nun wird diese Entdeckung mit Ausnahme von Haltern verfressener Beagle, Cockerspaniel und Rottweiler, die vielleicht in diese Kombinationssituation geraten und sich ständig über einen „vollgesabberten" Küchenboden ärgern, nicht weiter beachtet.

Sowohl klassische, als auch operante Konditionierung spielen aber im alltäglichen Leben des Hundes eine wesentliche Orientierungsrolle:

Schlüsselbund aufnehmen und Jacke anziehen = Auf Tour gehen; Hundeleine aufnehmen = Spazierengehen; Fernsehabend beenden und Badezimmer aufsuchen = Schlafengehen usw.

Schreibunterbrechung dieses Buches, zum Eisschrank gehen und einen Fruchtjoghurtbecher öffnen, führen bei der eigenen Rauhhaardackelhündin „Kashtin" zu Erwartungen, denn sie ist hervorragend konditioniert. Es ist der übliche Ablauf von Reiz, Reaktion und – zugegebenermaßen – Verstärkung.

Ein Haushund wird durch Öffnen eines Joghurtbechers konditioniert.

Foto: Peter Nawrath

Vor der Blockhütte setzt ein alter Malamute zum Urinieren auf eine schon vorhandene Markierungsstelle an: die unbedingten Reize, die sein Verhalten gerade auslösen, sind sexuell-kommunikative Bedürfnisse auf den Umgebungsreiz Alturin und ein Beispiel für klassische Konditionierung.

Die Umsetzung der Kommunikationslehre unter Berücksichtigung der Lerntheorie beinhaltet vor allem Kenntnisse über die sogenannten Funktionskreise. Verschiedene Verhaltensweisen, wie das Jagdverhalten, Komfortverhalten, die Nahrungsaufnahme oder das Spielverhalten sind innerhalb mehrerer Kategorien organisiert und können so einfacher beschrieben werden. Spielende Hunde, die sich gegenseitig verfolgen, anspringen, fangen und festhalten, zeigen normalerweise eine deutliche Hemmung für übermäßig hartes Zubeißen. Wird jedoch ein Hase aufgespürt, verfolgt und getötet, sprechen wir vom Beutefangverhalten. Der Hase war Ziel aller aufgezeigten Verhaltensweisen.

Beim Hund liegt die Dramatik in gemischt aufgezeigten Verhaltenskategorien. Immer wieder berichten Zeitungen von blutrünstigen Hunden, die aus heiterem Himmel Kinder anfallen, diese verletzen oder sogar töten. In Wirklichkeit haben solche tragischen Ereignisse nichts mit Mordlust gemein, sondern zeigen nur, daß je nach Umstand insbesondere Kleinkinder als soziale Gefährten oder als Beute angesehen werden. Auch der offensichtlich freundlichste Hund darf deshalb NIEMALS mit einem Kleinkind alleingelassen werden, da ein zum Angriff führender sogenannter Schlüsselreiz nicht hundertprozentig ausgeschlossen werden kann.

Zum motorischen Ablauf kombiniert aufgezeigter Verhaltensweisen gehören auch etwa „böse Huskies", die nach einem Überfall auf Nutztiere nicht nur ein Huhn töten, sondern solange zupacken, bis sich kein „Beutestück" mehr bewegt. Hatten Hunde wiederholt Jagderfolg, steuert die antreibende Motivationskraft immer wieder den gleichen Verhaltensablauf.

Auf die praktische Arbeit bezogen, sollte das Interesse eines Hundes frühzeitig auf ein Ersatzobjekt gerichtet – und das Beutefangverhalten umorientiert werden. Hier bieten sich neuaufzubauende, instrumentelle Lernschritte an (siehe Kapitel 7.7).

Streßbedingt können zwei unterschiedliche Antriebe des Hundes in Konflikt geraten. Reagiert z. B. der angeleinte Hund gegenüber einem Artgenossen aggressiv, kann der Besitzer plötzlich und für ihn überraschend gebissen werden. Wird eine zunächst spezifische Aktivität verhindert, kann dies zu einer sogenannten Übersprungshandlung führen. Da eine Aggression seitens des Hundes durchaus mit einem bestimmten Platz, Person oder Artgenossen verknüpft wird und bei Wiederholung des gleichen Ereignisses noch Verstärkung erfährt, empfiehlt sich zunächst ein solches „Platzlernen" zu vermeiden. Da ein Hund in der Lage ist, über eine veränderte Außenwelt stets neue Verhaltensweisen zu lernen, sollte das Training über neue Signale aufgebaut werden.

Diese neuen Signale müssen einem Hund sorgfältig und geduldig über kleine Konditionierungsschritte angeboten und über Belohnung des erwünschten Verhaltens verstärkt werden. Auf das Beispiel des aggressiven Hundes gegenüber Artgenossen zurückzukommen, kann Akzeptanz erst nach stufenweiser Distanzverminderung erwartet werden. Ist kein Erfolg über positive Konditionierung möglich, beruht das unerwünschte Verhalten des Hundes auf einer ungeklärten Rangordnung, die es zu verändern gilt.

Falsch verknüpfte Reaktionen des Hundes werden gelöscht, indem sie nicht mehr durch Lob und Belohnung einer Verstärkung unterliegen. Statt dessen wird ein gewünschtes Verhalten (Ersatzhandlung) neu aufgebaut.

Beispiel: Das Anspringen einer Person wird bis zur Erlahmung der Motivation völlig ignoriert, bis sich der Hund OHNE Befehlsgebung hinsetzt und diese Ersatzhandlung durch einen Futterbrocken verstärkt werden kann. Motivation stellt die Grundlage jeder Hundeerziehungsstrategie dar und setzt eine gewisse Phantasie des Menschen voraus. Dieser muß im Zusammenleben Möglichkeiten aufzeigen, die den kommunikativen Bereich interessant erscheinen lassen. Auf der anderen Seite ist allerdings auch Geduld und Besonnenheit gefordert, damit der Hund nicht übermotiviert bzw. erregt wird.

Ist ein Tier stark erregt, kann es in einem gestreßten Zustand plötzliche Übersprungshandlungen zeigen, die eine spannungsabbauende Funktion haben. Ohne auf die Konfliktsituation zweier unterschiedlicher Antriebe (z. B. Sexualtrieb bei gleichzeitiger Bewegungseinschränkung) näher einzugehen, kann auch Frustration innerhalb eines instinktiven Verhaltensmusters (z. B. Futteraufnahme unter Hungergefühl) genutzt werden, die Formung eines neuen Verhaltens aufzubauen (siehe Kapitel 3.6).

3.6 Grundregeln zur positiven Verstärkung und der Formung eines Verhaltens

Halter überfordern oft ihre Hunde. So, wie das Endziel dieses Buches – hoffentlich – in seiner Fertigstellung mündet, man sich jedoch Seite für Seite diesem Ziel nähern muß, können von einem Hund nicht sofort komplexe Handlungsketten erlernt werden. Stellt man sich bildlich eine Treppe zum Dachboden eines dreistöckigen Hauses vor, der nur Stufe um Stufe erreichbar ist, sollte auch die Hundeerziehung über den Weg der kleinen Lernschritte definiert werden. Hierbei bedienen wir uns zunächst der positiven Verstärkung.

POSITIVE VERSTÄRKUNG: Eine vom Hund selbständig und vor allem ohne Zwang gezeigte, erwünschte Verhaltensweise wird belohnt. Der Hund soll das richtige und für ihn erfolgreiche, weil belohnte Verhalten durch die ihm eigene Lernmethode von Versuch und Irrtum selbst herausfinden. Positive Verstärkung ist zunächst erst einmal alles, was in Verbindung mit einer Handlung steht und die Wahrscheinlichkeit erhöht, daß diese Handlung wieder gezeigt wird. Am Anfang müssen auch ansatzweise bzw. sporadisch auftretende Reaktionen bestärkt werden. Ein Clicker (siehe Kapitel 7) ist ein solcher positiver Verstärker. Wenn Sie Ihren Hund aus dem Garten hereinrufen, ansatzweises Kommen „anclicken" und seine Ankunft durch einen Futterbrocken belohnen, wird er zukünftig in Erwartung einer von ihm gewollten Annehmlichkeit schneller kommen. Nicht selten kann alleine über die Technik der positiven Verstärkung großer Erfolg in der Hundeerziehung erzielt werden. Selbstverständlich ist das Timing der Schlüssel zum Erfolg. Wird das Clickgeräusch z. B. erst vermittelt, wenn ein Hund schon sitzt, jedoch bereits eine Pfote vom Boden abhebt, erhöht sich die Wahrscheinlichkeit des Personenanspringens!

Ein positiver Verstärker bedeutet also zunächst Information, die weder zu früh noch zu spät angeboten werden darf. Arbeitet man mit Futter, sollte der Brocken so klein wie möglich sein. Die Befriedigung soll für den Hund im Herunterschlucken und nicht im Kauen eines Futterbrockens liegen. Setzt der Hund eine Handlung besonders gut um, also schneller als gewöhnlich, muß die Belohnung um ein vielfaches höher ausfallen. Ist ein bestimmtes Verhalten fest etabliert, sprechen Verhaltensforscher von einer konditionierten Verstärkung. Sie wirkt ungemein kraftvoll, weil die Information „richtig" in sich bereits einen starken Wert bedeutet. Positive Verstärker sind Initialsignale und können in Form einer Bewegung, Geste oder eines Geräusches, Lichtes oder Tones angeboten werden. Praktisches Hundetraining, welches positive Verstärker beinhaltet, sollte grundsätzlich mit der Etablierung der konditionierten Verstärkung eines bestimmten Verhaltens beginnen. Bei Bestätigung über Futterbrocken hört man des öfteren das Argument, daß diese Technik bis zum Lebensende eines Hundes praktiziert werden muß. Diese Aussage ist schlicht und einfach falsch.

Konstante Verstärkung und Bestätigung ist nur mit Beginn des Trainings notwendig. Die Verhaltensforschung weiß nicht erst seit gestern, daß im Anschluß auf einen variablen Zeitplan umzustellen ist. Jedes konditionierte Verhalten braucht eben nicht jedesmal Bestätigung zu erfahren, vielmehr schenkt jeder Hund der anschließend variabel vermittelten Verstärkung sogar erhöhte Aufmerksamkeit. Er ist jederzeit in Erwartung einer Annehmlichkeit! Je zeitunabhängiger und länger eine variable Konditionierungslinie trainiert wird, desto zuverlässiger ist das gezeigte Verhaltensrepertoire des Hundes. Nur Vorsicht: ein womöglich gar nicht mehr bestärktes Verhalten kann zur Auslöschung führen!

Eine Einstellung zur Pauschalisierung ist immer schlecht. Hunde sind Jäger und mitunter auch sexuell erregt gegenüber einem Mensch unaufmerksam, weil sie selbstbelohnenen Handlungsketten folgen. Deshalb muß auch über negative Verstärkung gesprochen werden.

NEGATIVE VERSTÄRKUNG: Zunächst sollte ein Hund diese nicht in Verbindung mit seinem Halter bringen. Negative Verstärkung bedeutet ohnehin, daß ein Hund wiederum ein bestimmtes Signal in Form eines Tones, eines mißbilligenden Ausdrucks usw. lernt, zu vermeiden und somit ein unerwünschtes Verhalten schon im Ansatz stoppt. Man spricht von lusthemmenden Signalen. Will ein Hund z. B. Kühe scheuchen und wird durch negativ vermittelten Kontakt mit einem Elektrozaun bereits am Betreten einer Weide gehindert, lernt er schnell, diese spezielle Kuhherde zu meiden. Negative Verstärkung nennt der Volksmund auch „Strafe aus heiterem Himmel". Eigentlich ist der Begriff Strafe hier nicht angebracht, denn diese erfolgt normalerweise im direkten Anschluß an ein schon gezeigtes Verhalten.

Wirkungsvolle negative Verstärkung ist wiederum von korrektem Timing abhängig, und ein Fehler bringt natürlich kein erwünschtes Resultat. Über Versuch und Irrtum soll der Hund durch Verknüpfung herausfinden, was eine zu unterlassende Handlung bedeutet. Die unsichtbare Einwirkung des Hundehalters muß zeitlich möglichst nah beim Fehlverhalten des Vierbeiners liegen, spätestens eine Sekunde danach, oder sie sollte ganz ausbleiben! Leider bedienen sich viele Hundetrainer auch heute noch mehr oder weniger exklusiv negativer Verstärker, ohne vorher auch nur die Technik der positiven Verstärkung ausprobiert zu haben.

Funktioniert zur Korrigierung eines Verhaltens selbst Strafe nicht, wird ihre Intention verstärkt anstatt zu fragen: wie kann ich gewünschtes Verhalten anders erreichen? Um diese Frage zu beantworten, bietet sich eine andere Technik an.

DIE FORMUNG EINES VERHALTENS: Die Arbeit über positive Verstärkung haben wir hinlänglich besprochen und sie kann nur Verwendung finden, wenn ein erwünschtes Verhalten wenigstens ansatzweise gezeigt wird. Was aber, wenn dieses einfach nicht passiert?

Das Verhaltensrepertoire unserer Hunde ist gottlob sehr variabel, so daß manche Handlungen zu bestimmten Zeiten schwächer oder verstärkt auftreten. So müssen wir zunächst auf eine beliebige Reaktion warten, die wir zum Training der Verhaltensformung als ersten Schritt aufgreifen. Ein definiertes Endziel, also einen komplexen Befehl vor Augen, greifen wir nun eine vom Hund spontan gezeigte Reaktion auf.

Beispiel: Der Hund soll den Befehl „ab ins Körbchen" lernen. Der Hund läuft im Wohnzimmer umher. Eine positive Bestätigung erhält er jedesmal für den Gang in Richtung Körbchen. Das erste Teilziel ist erreicht. Der Hund schnüffelt am Korb und wird wiederum positiv verstärkt. Wenn dieses Verhalten öfter vorkommt, der Hund aber nach dem Beschnüffeln des Korbes weiterläuft, wird der Gang zum Korb und auch das Beschnüffeln des Korbes positiv verstärkt; das eventuelle Vorbeilaufen natürlich nicht. Wir erhöhen das Kriterium und warten, bis sich der Hund eigenständig in den Korb begibt. Positive Bestätigung. Der Hund legt sich irgendwann in den Korb. Positive Bestätigung. Der Hund legt sich zwischenzeitlich neben den Korb. Keine Bestätigung usw. Läuft der Hund letztlich zielstrebig zum Korb und legt sich immer wieder hinein, fügen wir den Befehl hinzu und verstärken nur noch die Endhandlung.

Zur Formung eines Verhaltens gibt es klar umrissene Regeln, derer wir uns zu bedienen haben. Das Regelwerk ist notwendig, um Prinzipien zu folgen, Kontrolle über die Technik zu besitzen und einzelne Kriterien effektiv zu gestalten. Karen Pryor, eine amerikanische Verhaltensspezialistin, hat 10 Grundregeln aufgestellt:

1. Halte ein Trainingskriterium immer so enggefaßt und klar umrissen, daß du auch eine realistische Chance hast, dieses positiv zu verstärken.
2. Trainiere immer ein Kriterium und versuche nicht, zwei Aktionen simultan anzugehen.
3. Zeigt der Hund eine regelmäßige Reaktion auf Verstärkung, arbeite nach einem variablen Zeitplan, bevor ein neues Kriterium hinzugefügt wird.
4. Soll ein neues Kriterium eingeführt werden, können diese – oder das vorherige – schrittweise abgebaut werden.
5. Plane ein komplettes Formungsprogramm, damit ein höher angesetztes Einzelkriterium in Richtung Endziel positive Stärkung erfährt.
6. Man sollte während des Formungsprogrammes keinen Trainerwechsel durchführen, damit jedes Einzelkriterium einer gleichbleibenden Kontrolle unterliegt.
7. Falls ein Formungsprozeß nicht richtig funktioniert, muß nach einem anderen gesucht werden. Es gibt stets unterschiedliche Wege, um ein erwünschtes Verhalten zu etablieren.
8. Eine Trainingseinheit sollte keinesfalls grundlos unterbrochen werden, schon gar nicht durch Strafreize.
9. Sollte sich ein Verhalten sogar verschlechtern, muß in kleinen und einfach zu verstärkenden Schritten der ganze Prozeß nochmals von Anfang an überarbeitet werden.

10. Jede Trainingseinheit muß nach höchster Bereitwilligkeit des Hundes beendet werden. Langweilige Wiederholungen bis zur Motivationslosigkeit des Hundes bringen nichts. Auch die Formung eines Verhaltens muß in kurz-prägnanten Zeitintervallen trainiert werden.

Individualität steht also im Vordergrund der modernen Hundeerziehung und nicht pauschal Strafdressur oder die sanfte Welle. Deshalb möchte ich dem Leser auch die Grundregeln meines über Jahre entworfenen Konzeptes vorstellen.

Die Grundregeln der flexiblen, tierpsychologischen Hundeerziehung ohne Gewalt:

Flexibel: Die Flexibilität in der Erziehung besteht in einer variablen, jedem Hund individuell gerecht werdenden Lehrmethode. Hierzu zählen besonders differenzierte Belohnungs- und Hemmungsmethoden. Da jede Unart des Hundes ihre eigenen Ursache hat, ist die genaue Klassifizierung jeden Problems der erste Schritt in die Richtung der anschließenden Behandlungsmethode.

Tierpsychologisch: Um tierpsychologisch tätig zu sein, muß man weder den Hund auf eine Ledercouch legen, noch dessen Sprache analysieren können. Vielmehr ist die angewandte Tierpsychologie aus der vergleichenden Verhaltensforschung abgeleitet.

Hundeerziehung: Nicht Ausbildung, Abrichten oder Dressur des Hundes steht für die meisten Besitzer als Zielvorstellung, sondern eben die Hundeerziehung. Selbstverständlich ist diese immer in Verbindung der jeweiligen Mensch/Hund-Beziehung zu sehen.

Ohne Gewalt: Kein Hund zeigt ein menschlich verstandenes ethisches Verhalten. Es liegt am Menschen, das höhergestellte, geistige Potential zu nutzen und somit ein guter Lehrmeister zu sein. Gewalt am Tier zeigt nur Unverständnis der hundlichen Verhaltensweisen und ist von emotionaler Einwirkung in Form von Zorn, Rache oder Empörung geprägt.

3.7 Die Motivation als Schlüssel zur Hundeerziehung

Erfolgreiche Hundeerziehung steht in enger Verbindung zu der Frage, wie der Halter Trieb-, Drang- und Stimmungsverhalten eines Hundes zumindest soweit beeinflußt, wie spontane Anteile des Verhaltens reguliert werden müssen. Innere Sinnesreize spielen z. B. für den Funktionskreis der Nahrungs- und Flüssigkeitsaufnahme eine entscheidende Rolle, so daß ein gewisses „Hungergefühl" des Hundes bei gleichzeitigem Futterangebot zum Training gute Voraussetzung schafft, die Motivation lenken zu können.

Vereinfacht ausgedrückt läßt sich sagen, daß Handlungen von der inneren Stimmung/Motivation abhängen. Diese werden vom limbischen System (Verarbeitung von Meldungen über vegetative Zustände wie Stoffwechsel und Hormonhaushalt) gemeldet.

„Die Aktivität des limbischen Systems erlaubt die Unterdrückung traditioneller Reaktionsweisen, um Verhaltensmodifikationen auf der Grundlage körperinterner Informationen (Freude, Lust, Aversion) und auf der Grundlage von Zukunftserwartungen über das Auftreten veränderter Reizbedingungen zu ermöglichen" (D. Müller, 1996).

Die Ansprechbarkeit eines Hundes und dessen Handlungsbereitschaft sowie die Motivation zu einem bestimmten Verhalten sind das Resultat einer Vielzahl äußerer und innerer Faktoren. Je interessanter und abwechslungsreicher es der Mensch versteht, diese Handlungsbereitschaft auf seine Person zu lenken (non-verbale Kommunikation, hohe Tonlage bei der verbalen Kommunikation), desto motivierter wird ihm der Hund Beachtung schenken.

Sichtzeichen, Armbewegungen und SCHNELLES ENTFERNEN des Besitzers bei Unachtsamkeit seines Hundes, gelten bei der modernen Hundeerziehung als hilfreich. Besonders jagdtrieblich motivierte Hunde gilt es umzuorientieren und die Motivation in gemeinsame Beschäftigungsaktivitäten einmünden zu lassen.

Der Funktionskreis der Nahrungsaufnahme ist hier besonders hervorzuheben und auf die elementare Notwendigkeit der bewußten Futterreduzierung zu verweisen. Wohlgenährte bzw. meist sogar überfütterte Hunde sind kaum für einen Belohnungsbrocken empfänglich und der Halter verschenkt die Möglichkeit, eine gute Motivationsgrundlage zum besseren Gehorsam zu nutzen.

„Der Begriff Triebhandlung als Kurzbeschreibung würde besser durch die Bezeichnung aktionsspezifisches Potential ersetzt", „Er weist nämlich wesentlich besser darauf hin, daß die inneren Verhaltensanteile nicht allgemeine Reserven darstellen, sondern daß sie jeweils nur einer bestimmten Verhaltensweise zugeordnet sind", stellt Erich Klinghammer heraus.

Die Motivation zu einer Verhaltensweise ist sowohl von äußeren, als auch von inneren Faktoren abhängig.

Grob umrissen sind nachfolgende Faktoren zusammenfassend aufzulisten:
- Innere Sinnesreize, wahrgenommen über Sinneszellen
- Hormone beeinflussen im erheblichen Ausmaß den sexuellen Bereich
- Innere Zyklen, z. B. allgemeine Aktivitätsverteilung während Tag und Nacht
- Reifezustand, der in verschiedenen Altersgruppen bei denselben Reizen unterschiedliche Reaktionen beinhaltet
- Selbständige Erregungsproduktion im zentralen Nervensystem, die für spontane Verhaltensanteile verantwortlich ist

Oft treten Probleme in der Zuordnung zwischen Verhaltensweise und ihrer zugrundeliegenden Motivation auf. So findet man in vielen Drohgebärden bzw. Stellungen sowohl Angriffs- als auch Fluchtmotivation. In diesen Fällen spricht man von sexuell-aggressiven Mischmotivationen.

Die Mehrzahl der Verhaltensweisen läßt sich vier großen Motivationssystemen zuordnen, die den klassischen Trieben entsprechen:

NAHRUNGSAUFNAHME – FORTPFLANZUNG – ANGRIFF – FLUCHT

Kapitel 4:
Was Hänschen nicht lernt...

Müßte jeder Züchter einen Qualifikationsnachweis erbringen, der u. a. genetische Faktoren, wie Wesensfehler (auffällige Aggression, Scheuheit, rassebedingte Qualzuchten), berücksichtigte und Massenzuchtanlagen unter Strafe stellte, wären viele Hundehalter nicht nach einem Welpenkauf hoffnungslos überfordert.

Zweifellos basieren nicht wenige hundliche Reaktionen auf erlerntem Verhalten und sind sicherlich von genetisch bedingten Störungen schwer zu unterscheiden. Massenzwinger sollten generell gemieden werden, weil die Wahrscheinlichkeit, einen kranken oder gestörten Welpen zu erwerben unverhältnismäßig hoch ist (derzeit negativ auffällig: Golden Retriever, West-Highland-Terrier, Border-Collies, Berner Sennenhunde).

4.1 Der „richtige" Welpe soll gekauft werden

Eine gewisse Gutgläubigkeit vorausgesetzt, hat der Käufer einen Züchter erwischt, der IHM einen Welpen aussucht (gute Züchter wissen um individuelle Charaktere, Temperamente, Mindestanforderungen für „ihre" Rasse und müßten sie mit denen des Kaufinteressenten in Relation stellen) und den Käufer eingehend berät.

Hundeerziehung beginnt ab dem ersten Tag. Der Welpe wird Schritt für Schritt behutsam, aber konsequent innerhalb des neuen Hausstandes eine Tabuwelt kennenlernen müssen!
Foto: Günther Bloch

Mehrere Besuche VOR dem Hundekauf sind von einem guten Züchter erwünscht und u. a. rassespezifische Merkmale deutlich herausgestellt worden. Die Frage Hündin oder Rüde ist meiner Meinung nach letztlich nicht besonders relevant, wenngleich mein Rat an Hundeunerfahrene zur Anschaffung einer Hündin tendiert. Ein Hundewelpe sollte nicht ausnahmslos nach seinem äußeren Erscheinungsbild gekauft werden. Viel wichtiger sind zu erwartende Charaktereigenschaften des zukünftigen Begleiters.

Hat der Züchter Sie darüber informiert, daß der Neufundländer ein Wasserfan ist und später begeistert in jede Pfütze rennen wird?

Hat er Ihnen gesagt, daß „seine" Schäferhunde aus einer Leistungszucht stammen und außer „Mut?", „Härte?" und „Wehrtrieb" sicherlich auch Hüteverhalten zeigen werden?

War der Züchter so ehrlich, beim Kauf eines Dobermanns auf die zu erwartende Nervosität hinzuweisen?

Nochmals: Welpen können, subjektiv betrachtet, noch so schön sein, sie müssen in ihr späteres Umfeld passen. Daher ist die Fragestellung nach dem jeweiligen Beschäftigungsdrang oder nach Bellfreudigkeit einer bestimmten Rasse, um hier nur zwei Kriterien von vielen aufzuzeigen, viel wichtiger, als das Aussehen eines Hundes. Hier sei gleichzeitig darauf hingewiesen, daß ein großer Garten, in dem der Welpe alleine laufen soll, nicht für ausreichende Sozialisierung und spätere Bindung an den Mensch sorgt. Gerade die gemeinsame Beschäftigung mit dem menschlichen Sozialpartner ist für jeden Welpen unverzichtbar und man würde ihn zudem einer seiner größten Freuden berauben, sollte der Auslauf nur meist isoliert im heimischen Garten erfolgen.

Schauen wir uns jetzt zunächst eine typische Welpenentwicklung an, die Ihnen von einem guten Züchter selbstverständlich kurzumrissen geschildert wird:

Hundewelpen kommen schon mit dem Instinkt eines Jägers zur Welt. Natürlich macht erst Übung den Meister, jedoch fangen Welpen schon sehr früh an, spielerisch zu jagen und einzelne Sequenzen aus dem Jagdverhaltensrepertoire zu verbessern. Bereits im Alter von vier bis sechs Wochen zeigen sie großes Interesse an anderen Dingen als an sich selbst oder ihrer Mutter.

Mit unterschiedlichen Rassehunden schuf der Mensch verschiedene, hochspezialisierte Varianten des WOLFES. Vergleichen wir trotzdem verallgemeinert die Frühentwicklung von Wolfs- und Hundewelpen, fällt DER Unterschied krass ins Auge: Wölfe flüchten panisch, Hunde hingegen kontaktieren den Menschen und können sowohl auf ihre eigene Art, als auch auf die des Menschen sozialisiert werden. Erik Zimen führt in seiner Doktorarbeit „Wölfe und Königspudel" sehr anschaulich aus, daß „ein besonders wichtiger Zeitraum für die Entwicklung von Flucht- und Sozialisierungstendenzen in der kritischen Phase zwischen dritter und achter Lebenswoche der Welpen" erkennbar wird. Das sollten sich alle „Hundevermehrer" dieser Welt hinter die Ohren schreiben!

Wolfswelpen lernen sehr schnell, auf was sie in ihrer Umwelt mit Flucht reagieren müssen. Dazu gehört vor allem ihr größter Feind, der Mensch.

Hundewelpen werden im Hausstand geboren, nehmen mehr oder weniger schnell ersten Kontakt zum Menschen auf und integrieren dieses „aufrechtgehende Wesen" alsbald in ihr Umweltschema.

Domestikationsbedingt zeigen Hundewelpen unter NORMALEN Aufzuchtbedingungen nicht nur – wenn überhaupt – stark reduzierte Fluchttendenzen, sondern ebenso eine starke Bereitschaft, sich mit dem Mensch zu sozialisieren.

Obwohl Hundewelpen in den ersten Wochen prozentual sicher wesentlich mehr mit ihrer Mutter und vor allem den Wurfgeschwistern interagieren, reichen meist nur einige positiv erlebte Kontakte mit dem Menschen aus, um den Grundstein zur Sozialisation zu legen. Wie die Konsequenzen einer Sozialisierung zwischen Mensch und Hund aussehen, hängt entscheidend von der Gestaltung der hundlichen Bereitschaft ab. Hunde können Menschen als soziale Kumpanen, aber auch als Rivalen für den sozialen Rang kennenlernen.

Außerdem haben frühkindliche Erfahrungen in Form von Mißhandlungen und traumatischen Ereignissen der Isolation lebenslange Auswirkungen auf das Tier. Deshalb sollte ein Welpe möglichst unterschiedliche Menschengestalten kennenlernen, die auch Tiere gern haben und keine Angst zeigen. Sind die Welpen sechs bis acht Wochen alt, sollte sogar der tägliche Besuch des Postboten einkalkuliert werden, da ansonsten Verhaltensweisen, wie ansatzweises Verbellen, Ängstlichkeit oder Verteidigung schrittweise ausgeprägt werden KÖNNEN. Während „jede sensitive, optimale oder kritische Periode selbst Auswirkungen hat, beeinflussen auch die Erfahrungen der einen Periode oft auch die in der nächsten und damit auch das endgültige Verhalten im Erwachsenenstadium", unterstreicht Erich Klinghammer.

Nun ein Wort zum Umgang mit Kindern. Sie verhalten sich meist aktiver und vor allem ANDERS, als Erwachsene. Rennende und laut schreiende Kinder können schon dem Welpen Reize signalisieren, die Verfolgung oder ansatzweise jagdliche Reaktionen auslösen. Hinzu kommt, daß Babys, Kleinkinder oder Erwachsene allein durch unterschiedliche Körpergröße und Bewegungen vom Welpen optisch unterschiedlich beurteilt werden. Zeigt ein Welpe Bereitschaft zur Verfolgung mit anschließendem Schnappen nach Kleidung oder Körperteilen, ist dieses Verhalten keinesfalls als „lustiges Spiel" zu werten, sondern muß sofort einer wirkungsvollen Korrektur (ruhiges Stehenbleiben, Schnauzgriff, verbal usw.) unterliegen. Züchter müssen bedenken, daß sich in dieser Phase der Gehirnteil besonders schnell entwickelt, welcher für kommunikative Koordination verantwortlich ist. Welpen nehmen z. B. auch Stöcke, Blätter oder Spielzeug auf und lassen sich von ihren Geschwistern jagen. Es bereitet ihnen Spaß und zudem zeigt sich bald, wer seine sensorischen Fähigkeiten schneller entwickelt. „Spielerisch" wird getestet, ob man sich auch im Umgang mit dem Menschen situationsbedingt durchsetzen kann. Welpen spielen enthusiastisch und gern, besonders wenn sie Sicherheit mit der für sie typischen Ortsbindung erreicht haben. In der Natur trägt das Spiel dazu bei, die

Anpassungsfähigkeit an die jeweiligen Umweltbedingungen zu erhöhen. Die Auswirkungen der im Welpenalter gesammelten Erfahrungen, also auch fluchtauslösende Subjekte und Objekte, haben direkten Einfluß auf die Formung von Verhaltensweisen. Deshalb muß diese Art des Lernens vom Züchter genau beobachtet und ggf. kanalisiert werden. Ältere Hunde und deren Verhaltensweisen werden vom Welpen gerne nachgeahmt und nach und nach kopiert. Ist schon die Mutterhündin ängstlich und schreckhaft, wird dieses Verhalten auch für die Welpen bald zum normalen Repertoire gehören. Auch diese Umstände muß der verantwortungsvolle Züchter bedenken.

„Tierliebe" alleine reicht also keinesfalls aus, um der großen Verantwortung gerecht zu werden, dem späteren Käufer einen optimal vorbereiteten Welpen zu übergeben. Deshalb sei nochmals betont: die natürliche Sozialisierungsbereitschaft des Welpen muß rasch genutzt – und über zielgerichteten Kontakt und Spiel gefördert werden.

Jeder Welpe testet über Versuch und Irrtum, welche Verhaltensweisen konkrete Konsequenzen bedeuten. Gemeinsames „Spiel" mit Objekten sollte möglichst unter Kontrolle des Menschen stehen, denn nun gilt es, die Lernleistungen des Welpen konkret aufzugreifen. Welpen sind verspielt, lernfreudig und vor allem vom späteren Käufer formbar.

Die meisten Hundewelpen verlassen den ihnen vertrauten Ort, ihre Mutter und Geschwister im Alter von acht bis zwölf Wochen und gewöhnen sich dann doch recht schnell an ihre neuen Bezugspersonen und deren spezielles Lebensumfeld. Nun liegt es an ihren neuen Sozialpartnern, die angeborenen Instinkte in richtige Bahnen zu lenken, freudigen Kontakt zu pflegen um Vertrauen aufzubauen. Der Züchter hat seine – im Idealfall umfangreiche Arbeit geleistet.

Ich habe meine Ausführungen bewußt detaillierter gestaltet, weil dieser „Idealfall" leider doch selten gegeben ist. Auch der Privat- und Hobbyzüchter sollte nämlich nicht primär auf das äußere Erscheinungsbild, sondern auf das umwelt- und sozialsichere Verhalten seiner Tiere selektieren und den Hundeinteressenten über zu erwartende Verhaltensweisen ehrlich und kritisch informieren. In unserer Schule sieht es leider oft anders aus.

Wir dürfen angstaggressive Schäferhunde und Dobermänner bewundern, die eigentlich gute Familienhunde sein müßten; Hirtenhunde trainieren, die vom Züchter pauschal als ideale Haushunde verkauft wurden und alternative Betätigungsfelder für neurotische Hüte- und Jagdhundeschläge anmahnen. In unserem Land liegt einiges im argen, und von einer vordergründigen Betrachtung hundlicher Verhaltensweisen sind wir noch meilenweit entfernt.

4.2 Der Welpe kommt ins Haus

Der Welpenkäufer hat sich vor dem Kauf bereits über seine Mietrechtslage, Allergieerkrankungen der Familienmitglieder, zu erwartende Kostenfaktoren und die hundlichen Bedürfnisse ausreichend informiert. Nun kann es also losgehen. Es ist genug Zeit eingeplant, den Welpen während der sensiblen Periode mit Konsequenz und Geduld weiterhin auf Menschen (inklusive Kinder) und Artgenossen zu sozialisieren und ihn möglichst vielen visuellen, akustischen und chemischen Reizen auszusetzen. Im Grunde wird nur die Arbeit eines guten Züchters konsequent weitergeführt. Der Lernprozeß der nächsten Wochen beinhaltet vor allem eine behutsame Rangeinweisung, und die Konditionierung auf freudiges Herankommen wird vom ERSTEN TAG an eingeübt.

Der Welpe bekommt dreimal täglich (knapp bemessen) Futter angeboten, welches stets mit der gleichen Geräuschquelle (mehrere Messingschlüssel schütteln, Hundepfeife, Clicker oder freundlicher Ruf inklusive Händeklatschen) kombiniert wird.

Junge Welpen sind besonders offen und zeigen vor allem eins: Neugierde. Um die soziale Beziehung zwischen dem neuen Partner Mensch und Welpe zu festigen, ist vor allem wichtig, seine Bewegungsfreiheit nicht zu abrupt einzuengen, noch auf die Demonstration des Rangunterschiedes gänzlich zu verzichten.

Erinnern wir uns der Wolfswelpen, die schnell lernen, daß Bindungsbereitschaft über relativ langes Parallellaufen zum erwachsenen Wolf Futterbestätigung in Form von vorgewürgter – und später – fester Nahrung bringt. Auch, wenn erwachsene Wölfe im Umgang mit jungen Welpen zumindest während der ersten sechs bis acht Wochen ausgesprochen tolerant sind und viel ignorieren, lernen die Kleinen bald sehr rasch, daß die Ruhe- und Schlafphasen der von der Jagd erschöpften Eltern zu respektieren sind. Sie müssen Individualabstand halten oder werden über den angewandten Schnauzgriff (meist reicht ein drohendes Knurren oder Leerschnappen) an dieses ungeschriebene Gesetz erinnert. Welpen lernen also zusammengefaßt, die Körpersprache der Erwachsenen scharf zu beobachten und bestimmte Gesten und Ausdrücke mit konkreten Handlungsweisen zu verknüpfen. Zwar sind die Welpen äußerst stürmisch und enthusiastisch, wissen natürlich noch nichts von einer Rangordnung, lernen aber mit zunehmendem Alter, was die erwachsenen Wölfe als sehr unerwünscht ansehen. Dazu gehört besonders die überfallartige Annäherung an ruhende Altwölfe und das Zwicken und Schnappen in deren Schwänze oder andere Körperteile. Antwort der Altwölfe: harter Schnauzgriff oder den Welpen zu Boden werfen.

Der anfänglich unbegrenzte Freiraum wird auf diese Weise eingeengt, und die Welpen müssen nicht mehr nur einen Schnauzgriff, sondern in immer häufigerem Maße heftiges Drohen und Herunterdrücken „erdulden". Das ständige Ignorierverhalten auf die Welpenaktionen hat sich verändert. „Unterwerfung" innerhalb eines komplexen Sozialrangordnungssystems ist mehr und mehr angesagt. Bei unseren Hunden ist diese Entwicklung sicherlich nicht anders. Wolfs- wie auch Hundeeltern verhalten sich also ausgesprochen konsequent und je nach Altersentwicklung ihrer Welpen flexibel.

Da spreche noch einmal jemand pauschal von einer hart bzw. sanft umzusetzenden Welpenerziehung! Die Freiräume und Privilegien der heranwachsenden Jungwölfe werden eingeengt? Das haben wir doch schon einmal irgendwo gelesen!

Greifen wir die zuvor schon kurz angerissenen Themen Spiel und Neugierde nochmals auf und bringen sie für die Welpenerziehung in Verbindung. Um eine gewisse Unselbständigkeit des Jägers Hund zu erreichen, bedienen wir uns seiner natürlichen Neugier. Gemeinsames Spiel mit Ersatzbeute lenkt nicht nur sein Jagdverhalten in eine vom Mensch vorgezeichnete Bahn, sondern reduziert durch die häufigen Kontakte zwischen Mensch und Hund außerdem eventuell noch vorhandene Fluchttendenzen.

Spielvorschlag 1

Einige Futterbrocken werden in einer knisternden Plastiktüte aufbewahrt. Gerade wenn der Welpe einmal nicht aufmerksam ist, rennt sein Halter, die knisternde Tüte in der Hand, in die Ecke eines Raumes. Der von Neugierde getriebene, heranlaufende Welpe wird unter verbaler Verstärkung (Oooooh, guck mal hier, hui) und unter Verfolgung des Menschen in eine weitere Zimmerecke gelockt und findet dort „sensationellerweise" einen Futterbrocken. Gegenüber „Alttieren" gezeigte Bindungsbereitschaft wird mit Futter bestätigt. Wenn diese Übung zunächst regelmäßig, anschließend nach einem variablen Zeitplan durchgeführt wird, kann im Außengelände geübt werden. In unserer Hundeschule bestätigt sich, daß diese Taktik mitunter auch zur Kontrolle von unaufmerksamen Althunden erfolgreich angewandt werden kann.

Spielvorschlag 2

Ein Stoffknoten oder anderes Spielzeug wird dem Welpen anfangs nur kurz gezeigt, dann sofort hinter dem Rücken versteckt. Der Halter wiederholt dieses Prozedere einige Male. Die Ersatzbeute nun über den Boden ziehend, versucht der Halter gleichzeitig verbal, typische Beutetiergeräusche (quietschen, fipsen usw.) nachzuahmen. Das Interesse fast jedes Welpen ist geweckt. Nicht nur, daß er Beute nachjagen darf, die sich zwischenzeitlich öfters einmal versteckt, sondern er verknüpft besonders Lernen am Erfolg unter Kontrolle des Menschen. Das Auslassen der Beute muß nämlich ebenso regelmäßig in das Spiel integriert werden. Gemeinsame Zerrspiele sind zu unterlassen. Gibt der Welpe seine „Beute" nicht mehr her, kann je nach Typ ein Schnauzgriff angewandt oder wieder über Neugierde gearbeitet werden. Die dargebotene offene Handfläche zeigt dem Welpen auch unter verbaler Spannung (ooooh) gut sichtbar Futter an. Beim Versuch, das Futter aufzugreifen, wird die Hand wieder geschlossen. Öffnen und Schließen der Hand muß innerhalb einiger Sekunden geschehen, damit der Welpe diese Aktion noch interessant findet. Natürlich erhält er nur einen Futterbrocken, wenn er die im Spiel erworbene Beute in Form eines Kordelknotens ausläßt.

Gemeinsames Spiel zwischen Halter und Welpe fördert die Kommunikation untereinander, zeigt dem Welpen spielerisch Grenzen auf, unterstreicht die Dominanz des Menschen und macht beiden Spaß. Das Spiel wird im Außengelände nahtlos fortgeführt, macht den Hund unselbständig, aber willig für gemeinsame Unternehmungen.

Die Hauptprobleme im Hausstand:

Stubenreinheit:

Der Welpe muß genauer Beobachtung unterliegen (manchmal empfiehlt sich die Hilfe einer Flugtransportbox). Direkt nach dem Aufwachen, nach dem Spielen, einige Minuten nach der Futtergabe oder dem Trinken muß er unter Aufsicht hinausgeführt und das Koten und Urinieren muß abgewartet werden, damit dem gewünschten Verhalten ausgiebiges Lob widerfahren kann.

Zerstören/Beharken:

Das Spielangebot des Welpen wird auf maximal zwei Spielzeuge (z. B. Quietschigel und Kordelknochen) begrenzt. Der Halter sollte Initiator eines Spielbeginns sein und Zerstörungsversuche mit verbalem „Nein" oder angewandtem Schnauzgriff beantworten. Besonders das caniden-typische Beharken von Kleidung, Händen, Armen und Beinen des Hundehalters darf nicht als „amüsierende Spieleinlage" gewertet – sondern muß konsequent und SOFORT unterbunden – werden.

Verteidigungsverhalten:

Manche Hunde „testen" schon sehr früh: knurren oder brummen am Futternapf, bewachen Kauknochen oder Kinderspielzeug (Beantwortung durch Schnauzgriff). Hunde erfahren über viele Interaktionen, daß sie keinen uneingeschränkten Zugang zu bestimmten Objekten (Spielzeug) oder Futter etablieren können, die Sozial- und Futterrangordnung bestimmt der Halter.

Zur Vermeidung des Verteidigungsverhaltens sollte der Halter schnellstmöglich den Befehl „Sitz" etablieren. Hinsetzen = Futternapf oder Knochen.

4.3 Die ersten Lernschritte außerhalb des Hausstandes

Bezüglich der bereits angesprochenen Reizwelt gilt ähnliches: je mehr der Welpe aufnehmen und verarbeiten kann, desto kontaktfreudiger wird er.

Hier empfehlen sich z. B. zunächst kurze Fahrten im Auto, der Besuch von Fußgängerzonen, Tierarztbesuche – zunächst ohne negativ verknüpfende Behandlung, Gewöhnung an Halsband und Leine, der Besuch einer Welpenspielgruppe usw.

Der Halter sollte im Garten – mit dem Welpen über eine lange Leine an seinem Gürtel verbunden – den üblichen Arbeitsgewohnheiten nachgehen, wie z. B. Gartenarbeit, Wäsche auf- und abhängen, Post holen. Über die direkte Leinenverbindung lernt der Welpe automatisch, daß sein Halter AGIERT und keine unsinnigen Kommandos gibt. Gleiches gilt im Park oder auf dem Feldweg: der Welpe kennt noch kein Kommando „Fuß", sondern sollte ohne Befehlsgebung über die lange Leine lernen, sich dem Bewegungsablauf seines Halters anzupassen (reagieren) und ihm Beachtung zu schenken.

Es empfiehlt sich, den Welpen im Freigelände von einer fremden Person festhalten zu lassen. Der Besitzer entfernt sich schnellen Schrittes, bis der festgehaltene Welpe seinem Besitzer hinterherjammert oder strampelt. Genau in diesem Moment läßt der Helfer den Welpen los, so daß dieser sofort zum Besitzer laufen kann und von diesem belohnt wird.

Beim gemeinsamen Spaziergang wird der junge Welpe noch engen Kontakt zu seinem Sozialpartner halten wollen. Er wird durch Spiel oder durch über den Weg rollende, runde Futterbrocken beschäftigt. Ist er unaufmerksam, rufen Sie ihn nicht, sondern laufen Sie sofort in die entgegengesetzte Richtung. Auch mit einem Welpen kann über Clickertraining gearbeitet werden. Ansatzweise gezeigtes Herankommen wird bestätigt (Click) und der Welpe nach Ankunft sofort gestreichelt. War der Jungwelpe hauptsächlich noch ortsbezogen, zeigt der heranwachsende Hund mit ca. fünf Monaten erste feste Bindungsbereitschaft gegenüber seinen Besitzern.

Jungwelpen sind zwar auf Menschen sozialisiert, zeigen nach positiven Erfahrungen diese Freundlichkeit jedoch zunächst personenunabhängig. Der heranwachsende Hund hingegen zeigt einerseits mehr Bindung an Einzelpersonen, mit denen er schließlich auch in einer Rangbeziehung steht, andererseits aber auch immer mehr Selbständigkeit. Diese gilt es zu beeinflussen und zu kanalisieren. Ob das gelingt, hängt sowohl vom Halter, als auch vom Typus Hund ab.

Die Fähigkeit zur Bindung behalten die meisten Hunde ein Leben lang. Diese Tatsache demonstrieren uns täglich Tausende von ehemaligen Tierheimhunden. Natürlich sind Mensch/Hund-Beziehungen individuell zu betrachten und manche von ihnen sind zweifelsohne sehr eng und intensiv. Aber wir kennen auch genügend gegenteilige Beispiele, wo selbst Junghunde schon mehr beim Nachbarn sind, als sich innerhalb eines Hausstandes mit dem langweiligen Halter abzugeben. In diesem Sinne erhalten sich viele Hunde eine gesunde Portion Egoismus. Wie führt Erik Zimen so treffend aus? „Er" (der Hund) bleibt weder treu bis zum Tod, noch opfert er sich in Sorge um den Kamerad Mensch. Vielmehr: wenn er das unserer Ansicht nach Richtige tut, so nur, weil er gelernt hat, sein Verhalten mit dessen lust- oder unlostbetonter Konsequenz zu verknüpfen. Schon E. Trumler sprach vom Egoist Hund. Ich schließe mich bei allem Entsetzen meiner Leser dieser Auffassung an.

4.4 Die Welpenspielstunde

Eigentlich verwundert es nach jahrelangen Weisungen Eberhard Trumlers (erste Buchveröffentlichung schon um 1970), daß Welpenspielgruppen erst jetzt wie Pilze aus dem Boden sprießen. Die als „neue Erfindung" propagierte Notwendigkeit des sozialen Kontaktes mit Artgenossen läßt eher Profilneurosen einiger selbsternannter „Revolutionäre" vermuten, als die Umsetzung bahnbrechender Erkenntnisse.

So dürfen wir ehrfurchtsvoll beobachten, wie innerhalb vieler Spielgruppen achtwöchige Welpen ständiges „Mobbing" durch z. B. sechs Monate alte Junghunde ertragen müssen, nur weil der „Fachleiter" darauf besteht, sich aus „Hundestreitigkeiten" herauszuhalten.

Andere Gruppen werden ohne jegliche Impfkontrolle oder Überprüfung notwendiger Wurmkuren durchgeführt, beinhalten Kombinationen aus aggressiv veranlagten und hochsensiblen Hundetypen. Letztlich gibt es Welpengruppen „zu bestaunen", in denen allen Ernstes innerhalb monotoner Kreisgänge die „Basis der Leinenführigkeit" vermittelt werden soll.

Kurzum, viele – wenn nicht die meisten – Welpenspielstunden werden von miserablen Hundeausbildern begleitet, so daß eine Qualitätsüberprüfung dringend angebracht ist.

Gut organisierte Welpenspielstunden sind streng unterteilt nach Altersgruppen. Es ist eine kleine optische und akustische Reizwelt aufgebaut, z. B. Plastikplanen, Stofftunnel, Flatterbänder, Windmühlen, Radio, diverses Spielzeug, Schirme usw. Hier wird sich in allererster Linie dem gewidmet, was der Name verspricht: Welpen dürfen mit Artgenossen spielen, neue Dinge entdecken und spielerisch lernen.

Dem Halter werden während zusätzlich anberaumter Theoriestunden hundliche Ausdrucksformen und Verhaltensweisen erklärt. Ihm wird das ABC der Welpenerziehung vermittelt und über den „Weg der kleinen Schritte" unkomplizierte „Hausaufgaben" gestellt.

Eine fortschrittlich organisierte Welpenspielgruppe bedient sich der Videotechnik, um dem Halter komplexe Interaktionen detaillierter vermitteln zu können.

4.5 Gibt es einen generellen Welpenschutz?

Unter Haltern ist die Ansicht fest verankert, daß Welpen auch im Umgang mit fremden Hunden uneingeschränkten „Schutz" genießen, da bei jedem erwachsenen Tier eine automatische Beißhemmung „programmiert" ist. Hunde, die diesem ungeschriebenen Gesetz nicht folgen, werden hinlänglich als „verhaltensgestört" angesehen.

In der Regel schützt die Wolfsmutter oder ein Babysitter alle Welpen um Höhlen- und Rendezvousplätze, und kein fremder, dem Rudel nicht zugehöriger Wolf würde es wagen, dem Nachwuchs näherzukommen. Hundemütter verhalten sich ähnlich. Sie können gegenüber dem im gleichen Hausstand lebenden Vater der Welpen zumindest in den ersten Wochen ausgesprochen mißtrauisch, ja sogar aggressiv sein.

Trifft der Welpe z. B. im Park jedoch auf einen (oder gar mehrere) ihm fremde, juvenile Hunde (sogenannte Halbstarke), ist eine oftmals sehr grobe Behandlung KEINESWEGS ausgeschlossen.

Ältere Hunde sind in der Regel ausgesprochen vorsichtig, gehen sehr stürmischen Welpen gerne aus dem Weg. Manch Halter weiß allerdings auch um seinen sehr enthusiastischen und fremde Hunde in Schwanz oder andere Körperteile beißenden Welpen.

Meist warnt der „Belagerte" durch Knurren oder Brummen, wendet den Schnauzgriff an und zieht sich dann zurück. Hat ein erwachsener Hund jedoch eine extrem enge Beziehung zu seinem Halter, kann er gegenüber einem Welpen in unmittelbarer Nähe „seines Sozialpartners" durchaus unwirsch reagieren.

Statt den Begriff der Eifersucht zu diskutieren, sollten wir eine solche Situation doch lieber als Behauptung eines zuvor geschaffenen Sozialstatus innerhalb einer Mensch/Hund-Beziehung sehen, den es im Ernstfall zu verteidigen gilt.

Zusammengefaßt „funktioniert" der Welpenschutz meistens, jedoch längst nicht generell. Ausnahmen bestätigen die Regel. Manchmal muß auch ein Welpe durch Schmerzassoziation die Grenzen seiner eigenen Hemmungslosigkeit zu spüren bekommen.

Kapitel 5:
Grundsätze zur Umsetzung in die praktische Hundeerziehung

Theoretisch leuchtet der überwiegenden Mehrheit der Besitzer ein, daß jeder Hund unabhängig von Rasse und Größe erzogen werden muß. In der Praxis hapert es an der konkreten Umsetzung.

Sind einige Halter noch dazu bereit, innerhalb der Futter- und Sozialrangordnung einen dominanten Status herauszuarbeiten, sehen die meisten heutzutage keine Notwendigkeit für rohe und sinnlose Gewalt. Dennoch wird diese von sogenannten „Hundefachleuten" immernoch praktiziert. Prügel, Tritte, Schläge mit der Leine und Brüllen signalisieren dem Hund nur Unsicherheit und Führungslosigkeit des Halters. Statt zu agieren, Privilegien und Status zu etablieren, reagieren die meisten Besitzer auf Aktionen ihrer Hunde und nehmen dadurch keine autoritäre Idolfunktion ein. Es sei noch einmal deutlich herausgestellt, daß Führung und Aktionen des Halters die gewünschte Dominanzstellung demonstrieren und sich der Hund dadurch zwangsläufig unterzuordnen hat.

Verfechter der „sanften Welle", die jeden Hund als Kumpel und demokratischen Sinnungsgenossen beschreiben, vergessen, daß es viele zielgerichtet nach Dominanz strebende Temperamentsbündel gibt, denen deutlich klare Grenzen aufgezeigt werden müssen.

„Antiautoritär angetatschte" Hundeerzieher haben derzeit in unserem Land Hochkonjunktur und vertreten dabei eine äußerst bedenkliche Einstellung. Antiautoritäre Hundeerziehung ist keinesfalls durchführbar und bleibt eine blödsinnige Vision.

Bei aller Begeisterung für positive Verstärkungspotentiale, die es auszuschöpfen gilt, MUSS Hundeerziehung ohne jegliche Notwendigkeit zur negativen Einwirkung als Illusion bezeichnet werden!

5.1 Die Hundeerziehung – ein erster Überblick

Traditionell lebte die Hundeerziehung lange Zeit von der Vervollkommnung der Strafdressur. Es wurden Starkzwangmethoden in ein impulsives Training eingebettet, um unerwünschte Verhaltensweisen eines Hundes zu stoppen. Die Auslöschung eines nicht geduldeten Verhaltens durch positive Verstärkung des geförderten Aufbaus eines schrittweise neu zu erlernenden Verhaltens hat sich im praktischen Training oft als sehr praktikabel erwiesen.

Das Trainingsprinzip über Verstärkung mittels Belohnung, ein erwünschtes Alternativverhalten zu formen und fest zu etablieren und so eine unerwünschte Reaktion des Hundes auszulöschen, beinhaltet stets auch die Möglichkeit des eventuell stärkeren Triebverhaltens.

Zum besseren Verständnis ein konkretes Beispiel:
Ein stark jagdlich veranlagter Hund hat Beutebestätigung (Hase, Rehkitz usw.) erfahren. Es soll nun versucht werden, die Jagdmotivation (ein ureigener Instinkt

des „Jägers" Hund) so zu beeinflussen, daß er diese Leidenschaft unterläßt. Hier ohne Starkzwangmittel auszukommen, stellt eine Illusion dar, denn Hundeerziehung heißt u. a., sich „AM MACHBAREN" zu orientieren. Entrüstet weist die neue „Hundeerziehungsgeneration" die generelle Notwendigkeit des Einsatzes von Starkzwangmitteln – selbst in einer solchen Extremsituation – zurück. Auf Seminaren wird teilweise stundenlang debattiert, aber außer hochtrabenden Erklärungen keine konkreten Alternativmethoden aufgezeigt.

Nach Beendigung des offiziellen Seminarteils (mit Publikum) und beharrlichem Nachhaken zum heiklen Thema hört man inoffiziell hinter vorgehaltener Hand das Statement der Softies: „Ja, im Ausnahmefall geht es leider nicht ohne Starkzwang".

Die Hundeerziehung hat sich in den letzten Jahren ohne jeglichen Zweifel revolutioniert. Neue Trainingsmethoden geben berechtigte Hoffnung zu einem fairen, den menschlichen Verstand nutzenden und dadurch effektiven Umgang mit unseren Hunden.

Emotionale Übertreibungen führen uns nicht weiter. Hunde kennen keine demokratische Gesinnung, viel wölfisches Blut fließt in ihren Adern, und Führungsschwäche nutzen sie schamlos aus:

„So – und nicht anders – sind sie, die Caniden!"

5.2 Die Einstellung zur Unterordnung

Die Unterordnung des Hundes ist notwendig, weil der Mensch als Superleitwesen anerkannt werden muß. Wohlerzogene Hunde genießen – abgesehen von einem positiven Image in der Öffentlichkeit – vor allem mehr Freiheit. Sie können wesentlich öfter unangeleint laufen, bedenkenlos in Restaurants oder Cafés mitgenommen werden, verursachen kein Verkehrschaos auf der Straße und sind nicht der Schrecken jedes Fahrradfahrers, Spaziergängers oder Joggers. Kurzum, sie können an unserem alltäglichen Leben teilhaben, ohne unangenehm aufzufallen.

Der Begriff „Unterordnung" wird allerdings von vielen Menschen auch mit brutaler Gewalt am Tier, Drillausbildung und Knechtschaft verbunden und deshalb innerlich abgelehnt. Bei intensiven Gesprächen manifestiert sich diese ablehnende Haltung auch in konkreten Aussagen wie z. B. „Ich prügele doch nicht ständig auf meinem Hund herum"; „Ich lehne Unterordnung gefühlsmäßig ab" oder „Ich war anfangs mit meinem Hund auf dem Übungsplatz, aber dieses Gewürge geht mir gegen den Strich".

Nun gibt es sicherlich Dutzende von „Methoden", „Unterordnung" zu lehren. Es ist ein dezenter Unterschied, ob ein Halter mit einem nach Aufmerksamkeit heischenden Golden Retriever oder mit einem 50-kg-Bomber in Form eines nach Dominanz strebenden Riesenschnauzers „Unterordnungsübungen" durchführen will und bei letzterem auch dringend durchführen muß (die Klärung der Rangordnung läßt grüßen)!

Hunde sind Individualisten, Menschen ebenfalls: da gibt es den freiheitsliebenden Menschen, der auch seinem Tier mehr Freiräume zugestehen will; den disziplinierten Halter, für den streng geordnete Verhältnisse geradezu ein „Muß" darstellen oder den stets Schwankenden, der nicht richtig weiß, wie er die Hundeerziehung angehen soll. Es ist beileibe nicht einfach, individuellen Mensch/Hund-Beziehungen beratend gerecht zu werden, insbesondere, wenn der Halter seinen Hund nur während anberaumter Übungsstunden unterordnet, ansonsten jedoch keine Zeit für ihn hat.

Die Lebensgemeinschaft Mensch/Hund muß aber ähnlich dem Wolfsrudel hierarchisch geordnet sein. Jeder Hund ist dauerhaft in eine klar abgegrenzte Tabuwelt einzuweisen.

Nein bedeutet nein und nicht „würdest du es bitte sein lassen". Im Umgang mit Hunden gibt es auch nichts auszudiskutieren frei nach dem Motto: „Das fand ich aber gar nicht gut, muß das denn jetzt sein?" Wölfe wie Hunde richten sich nach Gruppenregeln, sie handeln folgerichtig und vor allem konsequent.

Auf Inkonsequenz basierende „Mißverständnisse" darf sich das Leittier Mensch nicht leisten, denn allzuoft provoziert eine Mißachtung der Grundregeln das Heranwachsen eines unkontrollierten Beißers. Daher muß bereits der Welpe den Lernprozeß zur Entwicklung einer Beißhemmung durchlaufen.

Hunde haben ihren Platz am Ende der hierarchischen Rangordnung einzunehmen und erwarten vom Menschen förmlich klare Einweisung, die nicht mit Gewalt und ständigem Malträtieren des Tieres einhergehen muß. Hunde brauchen Klarheit, einen agierend bestimmenden Chef, aber auch Fürsorge und Verständnis, um sich freudig und unbefangen unterzuordnen.

Seitens der „Supersofties" hört man manchmal den Vorwurf, ein versteckter „Hardliner" zu sein. Ein kurzer Hinweis über die Leine wird als Todsünde empfunden, und das Bestehen auf Konsequenz mit arrogantem Kopfschütteln quittiert. Auffällig ist jedoch, daß deren Hunde 25mal zum Setzen oder Abliegen aufgefordert werden und sich der Erfahrungsschatz in der Hundeerziehung auf einige Vertreter relativ einfach zu beeinflussender Rassen beschränkt. Neben Golden Retriever und Schäferhund soll es jedoch auch noch russische Terrier, Owtscharki, Deutsch Drahthaar oder Huskys geben, so daß man mit einem – zwar unsinnigem – Image als zeitweiliger „Hardliner" leben kann.

Die ausnahmslos angewandte Softmethodik des „zitt, zitt, zitt" sähe ich gern einmal an meinem westsibirischen Laikarüden, einem Extremjagdhund mit wacher Auffassungsgabe und unverfälschtem Jagdinstinkt.

5.3 Wie sage ich's meinem Hund? Erster Lernschritt zur Unterordnung

Die meisten Halter geben an, sich mit ihrem Tier gut zu verstehen, auch wenn der Hund augenscheinig keine Bindung zeigt. Unterordnungskommandos werden zwar für kurze Zeit motorisch befolgt, jedoch vom Hund selbständig wieder aufgelöst.

Der Mensch versucht, in Fragestellungen gekleidete Satzgebilde zu vermitteln: „Habe ich dir nicht ‚sitz' gesagt?" oder „Nein, pfui, aus, Schluß jetzt". Führen diese halbherzigen Versuche zu keinem Erfolg, ist der „dumme" oder aber besonders sture Hund natürlich schuld. „Sehen Sie, wenn er nicht will, ist nichts zu machen". Der einzig treffende Kommentar läge in einer Loriot'schen Beantwortung: „Aha" oder „Ach was".

Die Grundvoraussetzung zum ersten Lernschritt besteht in der absoluten Notwendigkeit, die Aufmerksamkeit des Hundes auf den jeweiligen Halter zu lenken. Hier empfiehlt sich zunächst, eine 5 m lange Feldleine am Halsband des Hundes zu befestigen und sich ohne Kommentar unter Vermeidung direkten Blickkontaktes von Punkt A ca. 50 m auf einen „imaginären" Punkt B zuzubewegen und dort eine Minute stehenzubleiben (kein Kommando, kein Blickkontakt).

Nimmt der Hund zum Halter Kontakt auf oder bewegt sich zumindest in seine Richtung, geht der Halter wiederum ca. 50 m in einem gedachten 90°-Winkel zügigen Schrittes auf einen imaginären Punkt C zu und verhält sich wie an Punkt B (kein Kommando, kein Streicheln, kein Blickkontakt usw.).

Nach ca. einer Minute bewegt sich der Halter kommentarlos zurück in Richtung Ausgangspunkt A, bleibt nun ca. 5 Minuten stehen und lobt den Hund, wenn dieser sich ruhig verhält und Körperkontakt zum Halter aufgenommen hat.

Der Halter wiederholt diese Übung (insgesamt ca. 15 Minuten) möglichst zwei- bis dreimal täglich eine knappe Woche lang, bis der Hund JEDESMAL OHNE KOMMANDOGEBUNG eigenständig Körperkontakt sucht. Diese Übung sollte zunächst OHNE Ablenkung durchgeführt werden, und der Hund darf zwischenzeitlich nicht unangeleint laufen, was sich auch auf den heimischen Garten bezieht.

Sinn und Zweck der Übung war, daß sich der Hund aufgrund langer Leine nicht endlos und eigenständig entfernen konnte, bei Zerren an der Leine nicht mit einer Kombination aus Stehenbleiben und völligem Ignorieren des Halters rechnete, andererseits aber die selbständige Orientierung in Richtung Mensch lernte.

Hätte der Halter – wie herkömmlich praktiziert – Kommandos gegeben, die der Hund noch gar nicht „verstanden" haben kann, würden diese Befehle zwar als verbales „Bla-Bla" registriert, aber keinesfalls mit einer konkreten Handlung verknüpft.

Erste Lernschritte in der Unterordnung gehen oft und fälschlicherweise mit einer sinnlos verbalen Kommunikation einher und sind deshalb unwirksam.

5.4 Wie sage ich's meinem Hund? Zweiter Lernschritt zur Unterordnung

Das während der ersten Übung beschrittene Dreieck im Hinterkopf bewegt sich der Halter, die Endschlaufe der langen Leine rechtshändig fest im Griff, wiederum von Ausgangspunkt A Richtung Punkt B (bis auf 1 m Länge wird die Leine aufgerollt in der linken Hand gehalten).

Der Hund darf nun ziehen, Blickkontakt und Aufmerksamkeit auf Ablenkungen jeglicher Art richten, die allerdings schrittweise zu steigern sind. Sobald der Hund Unaufmerksamkeit zeigt, läßt der Halter – die Endschlaufe weiterhin festhaltend – den aufgerollten Teil der langen Leine auf den Boden fallen und entfernt sich OHNE

Verunsicherung des Hundes über eine 5 m lange Leine. Der Hund lernt durch diese Übung, dem Menschen mehr Aufmerksamkeit zu schenken. Der Clicker oder eine Pfeife bestätigt ansatzweises Herankommen.

Foto: Peter Nawrath

ANZUHALTEN zügigen Schrittes in die entgegengesetzte Richtung. Automatisch erfolgt ein Ruck auf Distanz, der zum Halter verdutzt zurückkehrende Hund wird verbal freundlich empfangen, erfährt ansonsten jedoch keine weitere Belohnung. Bei Wiederholung der Übung benutzt der Halter eine handelsübliche Pfeife just in dem Moment, in dem der Hund sich bereits ANSATZWEISE in Richtung des Halters orientiert (verbales Lob und Streicheln nach Herankommen).

Der Halter pfeift stets nur EINMAL, läuft wie gewohnt in die entgegengesetzte Richtung und bleibt erst stehen, wenn der Hund nur noch 1 bis 2 m entfernt ist. Die entgegengestreckte Hand signalisiert dem Hund zu erwartende Annehmlichkeit (Streicheleinheiten, aber noch kein Futter) und verhindert das Anspringen der Person.

Bei starker Verunsicherung z. B. eines extrem sensiblen Tieres hockt sich der Halter neben den herangekommenen Hund und legt seinen Arm um ihn.

„Verunsicherung auf Distanz" muß vom Hund mit dem Lernziel der absoluten Sicherheit in unmittelbarer Nähe zum Halter verknüpft werden. Hat ein Hund dieses Grundprinzip gelernt, ist späterhin eine Art „unsichtbare Leine" Bindeglied zu bedingungslosem Vertrauen. Die Orientierung wird auf den Halter gerichtet, weil die Vertrauensbildung über direkten Körperkontakt verstärkt wurde.

Der Halter wiederholt diese Übung (insgesamt ca. 15 Minuten) möglichst zwei- bis dreimal täglich eine knappe Woche lang. Die Ablenkungen müssen gesteigert werden, bis der Hund JEDESMAL eigenständig und sofort auf den ersten Pfiff zurückkommt. Der Hund darf wiederum zwischenzeitlich nicht unangeleint laufen, was sich auch wieder auf den heimischen Garten bezieht.

Strengste Beachtung finden sollte, daß zur beschriebenen Übung KEIN Stachel-, Korallen- oder Würgehalsband verwandt wird, vielmehr sollen ausnahmslos möglichst breite Leder- bzw. Stoffhalsbänder Verwendung finden!

Sinn und Zweck der Übung war, den Hund IN DER DISTANZ zu verunsichern, ihm jedoch Sicherheit nach Kontaktaufnahme zum Halter zu vermitteln. Es wurde eine Bindung geschaffen, die dem Hund wichtiger erschien, als eine Orientierung durch Ablenkungen.

Es sei nochmals betont, daß der Schwierigkeitsgrad der Ablenkung langsamer Steigerung bedarf (andere Hunde in Entfernung, Jogger, Fahrradfahrer, Spaziergänger, Enten, Schwäne, Kaninchen, Rehwild usw.), bis der Hund auf Körperhaltung und -bewegungen achtet und bereits jede ansatzweise Kehrtwendung des Halters nachvollzieht.

5.5 Wie sage ich's meinem Hund? Dritter Lernschritt zur Unterordnung

Der Hund hat gelernt, der Führung des Halters Beachtung zu schenken und ist auf eine Pfeife KONDITIONIERT. Das wichtigste Ziel ist erreicht, und es gilt nun, vom Halter interessante Aktionen ausgehen zu lassen. Vor Nutzung eines „Clickers" (Kinderspielzeug: z. B. ein Clickgeräusch verursachender Frosch) wartet der Halter auf ein erwünschtes, seitens des Hundes EIGENSTÄNDIG aufgezeigtes Verhalten, deren Ansatzhandlung durch das Klickgeräusch verstärkt und nach Ausführung mit Futterbrocken bestätigt wird.

Beispiel: Hund ist im Begriff, sich zu setzen (clicken), Futterbestätigung für Hinsetzen. Hund ist im Begriff, sich zu legen (clicken), Futterbestätigung für Hinlegen, usw. Zur schnelleren Verknüpfung empfiehlt sich die Integration von zunächst grob vermittelten Sichtzeichen: Arm heben = Sitz, Arm ausgestreckt nach unten = Platz, usw. Unter Verwendung der langen Leine geht der Halter in einer zügigen Gangart. Am Körper angelegter Arm und Futterbrocken umschließende Hand veranlassen den Hund, „bei Fuß" zu bleiben.

Der Halter wiederholt diese Übungen (insgesamt 20–25 Minuten) möglichst zwei- bis dreimal täglich mindestens drei Wochen lang, bis der Hund relativ zuverlässig sitzt, abliegt und bei Fuß geht.

Sinn und Zweck der Übungen war, bestimmte Handlungen des Hundes mit emotionslosen Konditionierungsgeräuschen (Clicker und Pfeife) zu verknüpfen. Mit Erlernung konkreter und erwünschter Handlungsabläufe flechtet der Halter verbale Kommandos ein, die gleichbleibend kurz, leise aber betont vermittelt werden.

5.6 Wie sage ich's meinem Hund? Vierter Lernschritt zur Unterordnung

Der Hund kommuniziert nun mit einem interessanten, Sicherheit ausstrahlenden und seine Handlungen positiv verstärkenden „Super-Leittier" und achtet sehr differenziert auf die Signale der menschlichen Körpersprache. Der Hund hat mittlerweile zuverlässigen Gehorsam gelernt, Kommandos werden willig und freudig befolgt, und die richtige Rangordnung ist eingeleitet worden.

Neben ausgiebigen Spaziergängen, Jogging oder Fahrradbegleitung (körperliche Auslastung) müssen verschiedene alternative Übungen nun zu einer „geistig-reizspezifischen" Ermüdung führen:

Der in Blickrichtung Hauswand (ca. 50 cm Abstand) ein Bein ausstreckende und somit die Wand kontaktierende Halter verteilt links/rechts abwechselnd Futterbrocken und läßt den Hund unter verbalem Kommando „Hopp" über das Bein springen.

Dieses „Hindernis" kann schrittweise erhöht oder abgesenkt werden, so daß der Hund entweder über das Bein springen oder darunter herkriechen muß (Kommando „drunter" erst nach zuverlässiger Ausführung).

Der Halter verwendet zur besseren Verknüpfung klar abgegrenzte Sichtzeichen. Er baut vor Überspringen des Beines das Kommando Sitz und flechtet darunter zwischenzeitlich das Kommando Platz ein.

Der Weg der kleinen Schritte zur erfolgreichen Hundeerziehung bleibt in Erinnerung, so daß in der Konsequenz auf präzise Ausführung und saubere Verknüpfung jedes einzelnen Kommandos zu achten ist. Der Halter legt nun einen durch die Hand abgedeckten Futterbrocken auf sein Knie = automatisches Hinsetzen des Hundes. Die Belohnung erfolgt ausnahmslos auf das neu verwandte Kommando „Nimm's".

Manche Hunde reagieren auf ein Futterangebot zu gierig. Ein schnell ausgeführter, „gezielter Klaps unter die Kinnlade" schafft klare Verhältnisse.

Der Vorteil dieser möglichst zwei bis dreimal täglich durchzuführenden Unterordnungsübungen liegt u. a. darin, daß der Halter keinen Hundeplatz aufsuchen muß. Er hat zeitlich flexibel spontane Alternativen und kann ersatzweise andere Familienmitglieder in diese Trainingsmethodik einbeziehen.

Der Phantasie sind hierbei keine Grenzen gesetzt. So können z. B. Kommandos zeitlich verlängert und Apportierübungen eingebaut werden. Ferner bietet sich an, den Hund über den Arm, die vorgezogene Schulter oder in beide ausgestreckten Arme springen zu lassen und neue Befehle wie „Gib Laut" o. ä. einzubauen.

Der Hundebesitzer faßte die Unterordnung als negativ auf? Er verband sie mit lautem Schreien und ständigem Einsatz von Starkzwangmitteln sowie überwiegendem Einsatz von Strafreizen und Knechtschaft des Hundes? Ihm war die stupide „Arbeit am Mann" zuwider, der Hund „funktionierte" nicht in praxisbezogener Umgebung, sondern gegenteilig nur auf dem Übungsplatz?

Für die meisten Verhaltensweisen sogenannter „Problemhunde" stellt ein kombiniertes Unterordnungs- und Beschäftigungsangebot den Weg dar, den der einfache Haus- und Familienhundebesitzer nachvollziehen kann und gerne bereit ist umzusetzen.

5.7 Der Hund als Jäger

Auch wenn bei vielen Hunden im Gegensatz zum zielgerichteten Jagdverhalten der Wölfe Endhandlungen wie Packen, Schütteln und Töten nach dem Scheuchen eines Beutetieres relativ selten vorkommen, haben viele Menschen trotz Einübung oben beschriebener Unterordnung ein Hauptproblem:

Der Besitzer hält den jagenden Hund für schwer einschätzbar. Dies bestätigt sich bei Beratungsgesprächen immer wieder. „Er läuft plötzlich ohne erkennbaren Grund los, dann kann ich rufen, pfeifen oder brüllen – es nutzt gar nichts mehr." Nun weiß der „Fachmann" natürlich Rat: mit Hilfe eines Elektroschockgerätes bekommt man jedes unerwünschte Verhalten in den Griff.

„Knöpfchen statt Köpfchen", pflegte Eberhard Trumler zu sagen. Die Unfähigkeit des Hundehalters in den Vordergrund der Betrachtung zu stellen, erweist sich stets als kontraproduktiv. Die individuelle Persönlichkeit und das Verhalten des Hundes, die optische Kommunikation mit dem Halter, dessen erfolglos durchgeführte Beeinflussungsmaßnahmen und die Einstellung zur Beseitigung von Fehlerquellen müssen aufgezeigt und sachlich analysiert werden.

Der Hund als Jäger (Hier: Hunde sind im Gegensatz zu Katzen Hetzjäger).

Foto: Peter Nawrath

Nicht selten führt eine unverhältnismäßige Anwendungsmethode zur Problemverschlimmerung, so daß nicht der Halter, sondern die Methode verantwortlich gemacht werden muß. Ein Beispiel hierfür ist panikartiges Entfernen eines Hundes nach unsachgemäßem Elektroschockeinsatz durch den „Ausbildungsfachmann".

Zunächst muß dem Halter eine genau differenzierte Beschreibung aller Jagdverhaltenssequenzen vermittelt werden, damit er die dazu gezeigte Gestik und Mimik seines Hundes besser einschätzen kann:

ORIENTIERUNGSHALTUNG <---> BLICKKONTAKT <---> ANPIRSCHEN <---> JAGEN/SCHEUCHEN <---> ZUPACKEN <---> TÖTUNG/TOTSCHÜTTELN <---> (ZERLEGEN/KONSUMIEREN)

Hundeverhaltensberater erklären äußerst selten, daß angeborene Instinkthandlungen INNERLICH motiviert sind und somit die Entfaltung einer solchen Handlungskette SELBSTBELOHNEND ist.

Orientierungshaltung eines Hundes vor einem Kaninchenbau.
Foto: Günther Bloch

Blickkontakt mit abgeduckter Körperhaltung vor der „Beute" Schaf.
Foto: Raymond Coppinger

Hetzen eines Schafes kurz vor dem Packen und eventuellen Schütteln der „Beute".

Foto: Peter Nawrath

Für Schlittenhunde ist das Rennen, für Retriever das Apportieren, für Hirtenhunde das Beschützen, für manche Hütehunde Blickkontakt/Körperabducken und damit der bloße Akt der Ausführung bereits selbstbelohnend und bedarf keineswegs weiterer Verstärkung/Belohnung durch den Menschen.

Auf die jagdliche Motivation des Hundes zurückkommend ist die triebliche Veranlagung an sich nicht zu verleugnen. Es stellt sich vielmehr die Frage, wie stark der jeweilige Hund jagdlich motiviert ist und wo innerhalb der Handlungskette eine konkrete Beeinflussung seitens des Menschen sinnvoll ist, bzw. stattfinden muß.

Selbst geübte Hundetrainer begehen oft den Fehler, die Verhaltenssequenz jagen/scheuchen beeinflussen zu wollen, anstatt den Sequenzen Orientierungsverhalten/Blickkontakt, allerspätestens jedoch dem Körperabducken/Anpirschhaltung

Packen und Schütteln einer „Ersatzbeute".

Foto: Günther Bloch

die gebührende Beachtung zu schenken. Es sei nochmals an die dringend notwendige optische Kommunikationsfähigkeit des Menschen (Notwendigkeit der Früherkennung) und an die von Hunden sehr unterschiedlich kombiniert aufgezeigten Sequenzelemente verwiesen (Vorstehhunde winkeln als Endhandlung einen Vorderlauf an, Schweißhunde setzen ihre Nase auf eine Spur, Sichtjäger stellen sich in Positur und recken ihre Nasen in Windrichtung usw.).

Ein systematischer Aufbau zur Beeinflussung des Jagdverhaltens sollte konsequent erfolgen durch:

a) genaue Beobachtung des hundlichen Ausdrucksverhaltens
b) einzuleitende Aktion des Halters (z. B. Hervorziehen einer knisternden Plastiktüte, eines Balls, Stocks, Quietschigels, Futterbrockens, Futterwürfels usw.) spätestens nach Feststellung der zweiten Jagdverhaltenssequenz – oder Verhaltensabbrechung (Benutzung von Knallerbsen, Wasserpistole, Dog-Stop, Schütteln der Wurfkette/Disc-Scheiben oder Handschleuder mit Erbsen usw.)
c) nach hundlicher Beachtung Aufbau eines Alternativverhaltens (Herankommen, Absitzen, schneller Gangart des Menschen folgen usw.)
d) positive Verstärkung des erwünschten Verhaltens (verbales Lob, Streicheln, Futterbrocken, Ball, Stock usw.).

Ist innerhalb des Unterordnungsprogrammes auf ein zuverlässiges (reflexartig aufgezeigtes) Abliegen gearbeitet worden, können viele Hunde selbst auf Distanz beeinflußt und vom momentanen Jagdverhalten abgebracht werden.

Eine andere Strategie besteht darin, den Hund während des Spazierganges visuell und/oder geruchlich auf Hilfsmittel zu konzentrieren. Dies kann z. B. geschehen durch das Rollen runder Futterbrocken über die Erde, Füllen von Tabaklederbeuteln mit Leckerlies, Hartplastikwürfel oder -kugeln mit Futterbrocken füllen usw.

Und dennoch – wie schwer es ist, eine selbstbelohnende und zudem oft vorkommende Handlungskette zu beeinflussen, zeigt gerade mein Laikarüde „Jasper", der im Wohnzimmer Fliegen fängt und nicht durch knisternde Plastiktüte, Futter oder Ball DAUERHAFT davon abzubringen ist.

Viele Hundebesitzer kennen das Problem, wenn sich in den Sommermonaten auf dem Balkon ganze Wespenhorden um den Frühstückstisch versammeln. Alleine das Fluggeräusch, abgesehen vom optischen Reiz, reicht aus, den Hund hochgradig zu motivieren, dem Insekt nachzustellen.

Zum Schluß sollte noch die Vermeidungstaktik angesprochen werden. Die Jagdmotivation ist logischerweise dann am höchsten, wenn Rehwild, Hasen und Katzen in den frühen Morgenstunden bzw. in der Abenddämmerung aktiv sind. Der Halter sollte sich also fragen, zu welcher Tageszeit der Hund ausgeführt wird.

Einige jagdtrieblich veranlagten Tiere bellen bereits in erwartender Vorfreude, so daß der Halter hier zur Vermeidung eines Verstärkungseffektes den Hund KEINESFALLS streicheln oder mit ihm sprechen sollte, bevor er ihn ableint. Hunde bleiben Jäger, aufmerksame Halter können ihr Verhalten jedoch beeinflussen.

Kapitel 6:
Lob und Tadel in der Hundeerziehung

6.1 Lob und unangemessene Belohnung

Häufig entstehen bei Hunden nur deshalb Verhaltensauffälligkeiten, weil sie unabsichtlich falsch oder verborgen belohnt werden. Der Halter verbindet diesen Umstand nicht selten mit Moralvorstellungen, wie Erpressung, Bestechung, Eifersucht oder Charakterlosigkeit.

Jede Situation braucht eine sinnvolle, ihr angepaßte und somit wirksame Belohnung (Lob) als Verstärkung, wenn diese auch tatsächlich ANGEBRACHT ist.

Manche Hunde, besonders wenn sie hyperaktiv sind, fassen sogar verbal-geäußerten Tadel und die damit erreichte Aufmerksamkeit als Verstärkung auf. Sie bellen noch intensiver, obwohl sie der Halter eigentlich zu tadeln glaubte.

Manchmal reicht schon eine verbal geäußerte Stimmung aus, den Hund in Erwartung eines aufregenden Zieles trotz relativ langer Autofahrt zum notorischen Kläffer werden zu lassen: „Ja, Bobby, fahren wir wieder zur Hundewiese und treffen dort die nette Anja?"

Wird ein Hund nur unregelmäßig oder nur von einer der zum Mittagessen versammelten Personen vom Tisch gefüttert, stellt er sicherlich nicht sein generelles Bettelverhalten um.

Beruhigungsversuche, um etwa Aggressionsverhalten gegenüber Artgenossen zu unterbinden, werden als Aufforderung zu gesteigertem Verhalten verstanden. Übermäßiges Brüllen, vom Halter eigentlich als Strafe gedacht, kommt oft beim Hund nach dem Motto an: „Der Halter bellt mit, vertreiben wir den Rivalen gemeinsam."

Wird der Ist-Zustand (Status und Privilegien) eines Hundes unbewußt verändert, etwa weil der derzeit kranke, zweite Hund mehr Streicheleinheiten erhält, kann der nun weniger Beachtete über den Bevorzugten herfallen und ihn sogar beißen: „Unser Hund ist plötzlich so eifersüchtig."

Ein weiteres Beispiel für „Eifersucht":

Gerade ist ein zusätzliches Familienmitglied (Baby) in die Lebensgemeinschaft aufgenommen worden. Die nun beschäftigten Halter versuchen, ihrem Hund immer dann viel Zuwendung (Streicheleinheiten, Spiel) zu geben, wenn das Baby schläft. Ist der Nachwuchs jedoch munter, erhält der Hund keinerlei Aufmerksamkeit. Diese Situation kann durchaus zu ernsten Konflikten führen, die angebliche Eifersucht ist in Wahrheit eine drastische Veränderung des hundlichen Sozialstatus.

Wie also setzt der Halter Aufmerksamkeit, Lob und Belohnung richtig ein?

Zunächst ist der Zeitpunkt entscheidend. Ein Lob muß ohne Verzögerung, gleichzeitig mit der beabsichtigten Verhaltensweise, spätestens jedoch unmittelbar nach Erkennung des erwünschten Verhaltens erfolgen. Manchmal ist es ratsam, nicht auf

Die Auslöschung eines Verhaltens:

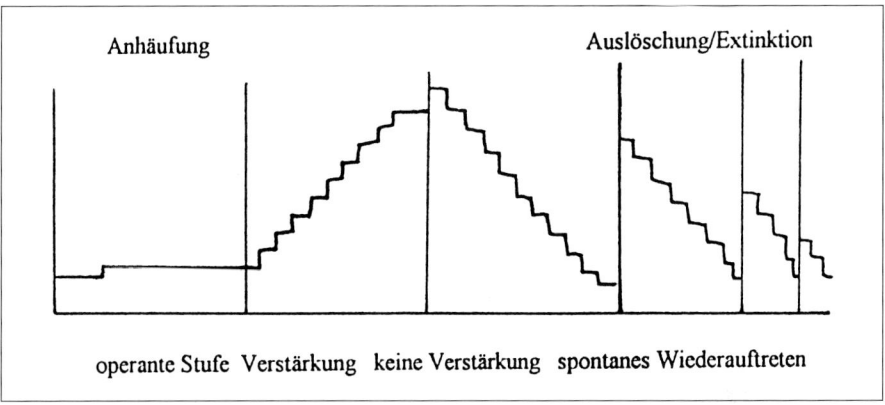

Quelle: Erich Klinghammer, 1994

ein Verhalten des Hundes einzugehen, sondern es bis zur tatsächlich festgestellten AUSLÖSCHUNG zu ignorieren.

Wird eine hundliche Reaktion, z. B. bellen oder jammern am Mittagstisch, NIE bestätigt und somit nicht belohnt, bleibt sie – schrittweise reduziert – letztendlich ganz aus. Ignorieren setzt oft Beharrlichkeit des Hundehalters voraus, denn zuvor bestätigte und plötzlich nicht mehr verstärkte Reaktionen kommen zunächst oft häufiger vor, bleiben aber dann allmählich ganz aus. Diese Gegebenheit entmutigt viele Halter, die durch zwischenzeitliches Weglassen einer Belohnung eigentlich erreichen wollten, dem Hund eine unerwünschte Handlung (z. B. Betteln am Tisch) abzugewöhnen.

Um einseitiges Lob und die Belästigung des Halters zu vermeiden, müssen differenzierte Belohnungsarten verwendet werden. Es empfiehlt sich z. B. die Verwendung von Streicheleinheiten, verbalem Lob, Körperkontakt, Spiel oder Futter. Die Variabilität macht wiederum den Halter wesentlich interessanter, was dem Gehorsam des Hundes unbedingt förderlich ist.

Zusammengefaßt darf ein Hund nur dann gelobt werden (oder eine Belohnung erhalten), wenn er sich entweder ruhig verhält, oder sonst gerade etwas tut, was das Wohlgefallen des Halters findet.

6.1.1 Tadel oder Strafe

Der jenseits von Gut und Böse lebende Hund kann keine Bestrafung im menschlich verstandenen Sinne erfahren.

Der vom Menschen verwandte Begriff „Strafe" sollte sinngemäß in der Hemmung oder Tabuisierung einer unerwünschten Handlung verstanden werden. Unerwünschte Verhaltensweisen bestraft der Halter nicht selten in maßloser Weise, weil augenscheinlich zunächst direkter Erfolg eintritt. Bei näherer Betrachtung stellt sich heraus, daß ein Verhalten oft jedoch nur zeitweise unterdrückt wird, anstatt die Ursache an der Wurzel zu packen.

Generell muß zunächst festgehalten werden: Handlungen bzw. Reaktionen, die auf Angst begründet sind, dürfen nicht bestraft werden. Menschliche Emotionen wie Rache, aufgestaute Aggressionen, Streß, übertriebener Zorn oder eigene Unsicherheit gegenüber dem Hund lassen eine Bestrafung unwirksam, unsachgemäß und somit falsch erscheinen. Die Intensität der Bestrafung muß dem jeweiligen Vergehen angepaßt sein, unmittelbar auf die Missetat erfolgen, konsequent durchgeführt und nur mit einem unerwünschten Verhalten des Hundes verbunden sein.

Strafe sollte möglichst selten erfolgen, damit keine Gewöhnung eintritt und der Prüfung ihrer Motivation unterliegen.

6.1.2 Die Strafe „aus heiterem Himmel"

Anstatt eine Bestrafung mit dem Sozialpartner Mensch in Verbindung zu bringen, die beim Hund oft mit Furcht vor diesem einhergehen kann, sollte eine unerwünschte Handlung bzw. Reaktion (unauffällig und diskret) durch plötzlich eingesetzte Geräusche abgebrochen werden (Dog-Stop, schottergefüllte Blechdosen, Wurfkette).

Das Prinzip der Objektverknüpfung kann außerdem sehr wirksam sein durch Einsatz von:

Mausefallen; mit Cheyennepfeffer-, Essigessenz, Myhrretinktur, Bitterapfel oder scharfem Senf präparierte Futterbrocken; mit doppelseitigem Klebeband versehene Möbelsitzflächen, aufgeblasene Luftballons in Mülleimern usw.

Objektverknüpfung heißt „Bestrafung durch höhere Gewalt", zu deren Umsetzung an die geistige Überlegenheit des Menschen appelliert werden muß. Sie bedarf der Phantasie, Geschicklichkeit und Vorplanung, ohne jedoch bei jeder Kleinigkeit Rassel-, Klapper-, Pfeif- und Scheppergeräuschkulissen zu verwenden.

Abgebrochene Reaktionen sollten sofort in alternative Verhaltensweisen umgeleitet werden:

Die Objekte Mofa, Fahrrad oder PKW führen zunächst „die Bestrafung" aus, indem der jeweilige Fahrer kurz vor Ankunft eines Hundes diesem Blechdosen entgegenwirft, Ultraschall- oder Preßluftgeräte verwendet oder ein in der Ladeklappe des Autos versteckter Helfer einen Eimer Wasser über den verdutzten Hund gießt. Wirkt die negative Verknüpfung (unterbleibt die Missetat), muß sofort das ansatzweise eingeleitete GEWÜNSCHTE Verhalten verstärkt werden (in die Hände klatschen, verbal freundliche Stimmung: Hund kommt heran = überschwengliches Lob bzw. Belohnung).

Das „Objekt" bestraft (verunsichert den Hund in der Distanz). Der Halter vermittelt dem frustriert zurückkommenden Hund Sicherheit und Schutz. Die tiefere Erkenntnis für den Hund: Zuruf bzw. Pfiff müssen möglichst schnell befolgt werden.

6.2 Agieren und Reagieren

Halter REAGIEREN vornehmlich auf hundliche Verhaltensweisen, statt im Sinne eines hohen Sozialstatus zu AGIEREN. So ist es völlig sinnlos, einen knurrenden Hund unter Sofa, Schrank oder Bett hervorziehen zu wollen, um ihn zu bestrafen.

Situationsbedingt kann IGNORIEREN bei anschließendem AGIEREN wesentlich effektiver sein und verhilft dem Halter über Umwege wieder zu mehr Autorität (der knurrende Hund wird unter der „Ersatzhöhle Sofa" ignoriert, zum sich auf einen Stuhl setzenden Halter herangerufen und für das Kommen und Setzen belohnt).

Drohen sich Halter und Hund gegenseitig, sowohl akustisch, als auch durch entsprechende Körperhaltung, ergeben sich (basierend auf einem Remis 1:1) für den beherzten Halter folgende Möglichkeiten:

a) er wendet den sogenannten Schnauzgriff an,
b) er gibt einen schnellen und überzeugenden Klaps unter die Kinnlade,
c) er schiebt eine geballte Faust in den Rachen bei gleichzeitigem Gegendruck mit der anderen Hand (im Nacken des Hundes),
d) er wendet blitzschnell den sogenannten Alphawurf an und wirft den Hund auf den Rücken, bis dieser erkennbar Demutshaltung einnimmt.

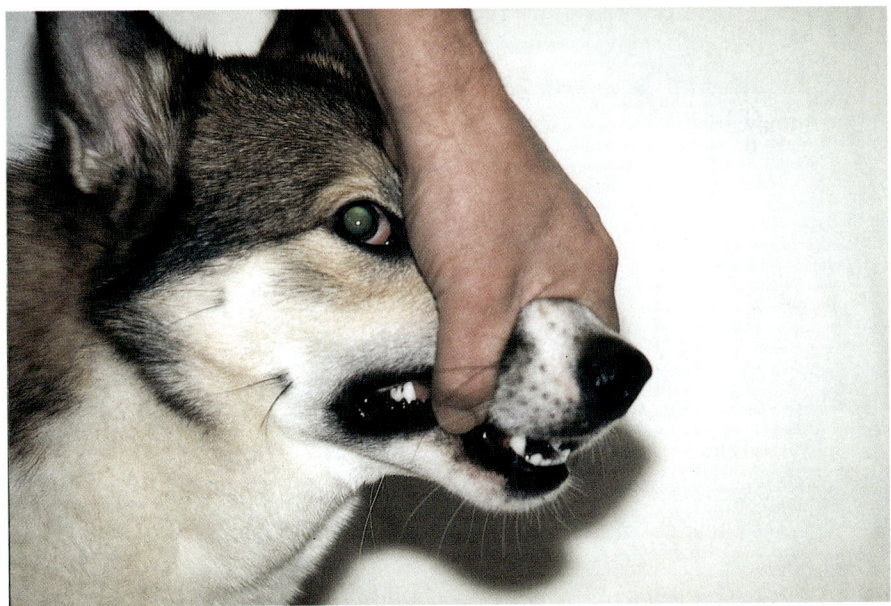

Bei korrekter Anwendung des Schnauzgriffs werden die Lefzen mittels Daumen und Mittelfinger hinter die Fangzähne des Hundes gedrückt. Foto: Peter Nawrath

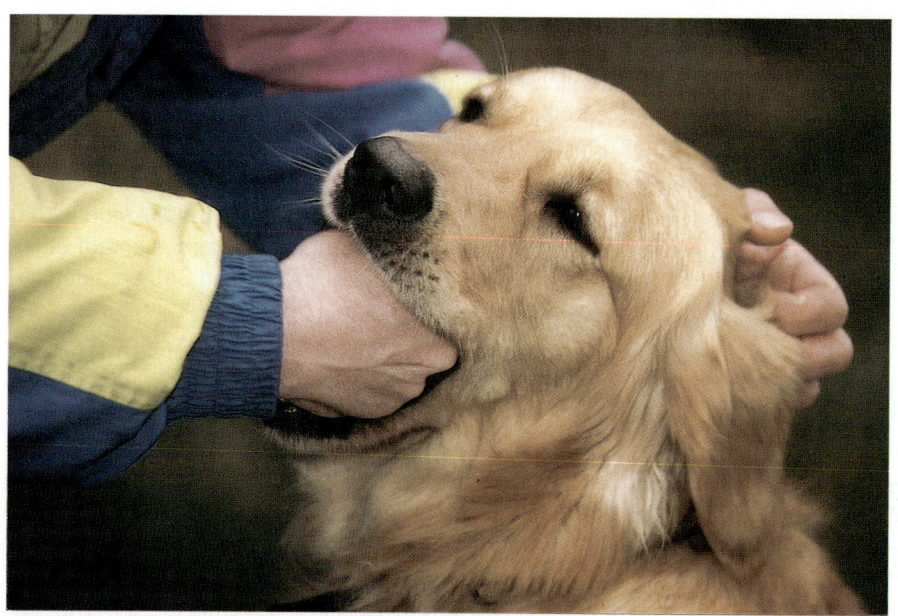

Wenn der Halter dazu in der Lage ist, empfiehlt sich – allerdings nur bei massiven Dominanzproblemen – eine geballte Faust in den Rachen des Hundes zu schieben.

Foto: Peter Nawrath

Bild 1: Linke Hand auf das Schulterblatt des Hundes, rechte Hand auf das obere Bein.

Bild 2: Linke Hand drückt nach rechts, während die rechte Hand nach links drückt.

Bild 3: Nachdem der Hund das Gleichgewicht verloren hat, erfolgt durch den dominierenden Menschen Druck nach unten.

Viele Hundehalter sind zu keiner der unter a bis d aufgeführten Handlungen in der Lage, weshalb sie sich Autorität und höchste soziale Rangstellung über gezielte Vorlebensweisen erarbeiten müssen. Nochmals auf die AGIERENDE Rolle eines ranghöchsten Wolfes verwiesen, sollten unsichere Halter die Schieflage in der Sozial- und Futterrangordnung analysieren und sofort bestimmte Handlungen einleiten. Dem Hund wird strikt untersagt:

a) sich auf Sofa oder Sessel zu legen und das Schlafzimmer zu betreten,
b) vor dem Halter durch Eingangstür und Türöffnungen zu gehen, die Küche zu betreten; vor dem Halter den PKW zu besteigen,
c) Zerrspiele (Beutestreitigkeiten) bzw. generell Spiele mit dem Halter einzuleiten,
d) die Unterlassung eines Futterangebotes (Napf usw.) vor Beendigung jeweiliger Mahlzeiten des Halters zu akzeptieren.

Um den Menschen fast automatisch in eine dominante Rangordnungsposition zu bringen, sind Idolfunktion und Führungsqualitäten notwendig. Ständige Bestrafung ersetzt keineswegs Erziehung.

6.3 Zusammenfassung

Hunde gelten als domestizierte Wölfe. Sie sind weitestgehend sozial, territorial und Jäger. In Lebensgemeinschaft mit dem Mensch folgen sie einer Sozial- und Futterrangordnung (Wölfe folgen keiner strikten Futterrangordnung) und fügen sich nach konsequenter Einweisung ausgesprochen flexibel in den jeweiligen Hausstand ein.

Antiautoritäre Hundeerziehung ist schon begrifflich unlogisch und zudem nicht hundegerecht. Bereits dem Welpen muß eine klar abgegrenzte Tabuwelt vermittelt werden, um nicht führungslos nach unkontrollierbarer Orientierung suchen zu müssen.

Die moderne Hundeerziehung beschränkt sich keinesfalls mehr auf eine pauschal angewandte Strafdressur, sondern stellt vielmehr Verhaltensweisen in den Vordergrund der Betrachtung.

DIE Hundeerziehungsmethode ist eine Illusion, statt dessen analysiert der verantwortliche Hundetrainer jede Mensch/Hund-Beziehung individuell.

Kapitel 7
Hilfsmittel in der Hundeerziehung

7.1 Futtergaben

Oft wird der Sinn der Verwendung von Hilfsmitteln in der Hundeerziehung bestritten. Wie bereits ausgeführt, lernen Wolfswelpen recht früh, daß Folgebereitschaft mit Nahrungsbestätigung verbunden ist. Diese Bestätigung erfahren Wolfswelpen zumindest über mehrere Monate, und selbst juvenile Babysitter dürfen nach aktiv aufgezeigtem Futterbettelverhalten noch einen Teil der zum Höhlenkomplex gebrachten Nahrung in Anspruch nehmen.

Hunde leben innerhalb eines Hausstandes und werden durch den Menschen meist mehr als ausreichend versorgt. Die Folgebereitschaft eines Welpen ist jedoch außerordentlich groß, wenn im Anschluß einer Geräuschkonditionierung (Kapitel 4) Futterbestätigung erwartet wird. Neben einer intensiven Bindungsmöglichkeit muß hier auch auf viele Resultate aus der praktischen Hundeerziehung verwiesen werden:

Die ausnahmslose Handfütterung „aufmüpfiger" Hunde und/oder die Formung eines neuen Verhaltens durch Unterstützung von Futtergaben. Natürlich gibt es den penetranten „Bettler", jedoch sollten Futtergaben nach Etablierung eines gewünschten Verhaltens ohnehin reduziert und schließlich nur noch sporadisch angeboten werden. Letztlich reicht die Erwartung des Hundes als Motivationsträger. Dies ist einleuchtender, als die Illusion vieler Halter, ihr Hund gehorche unter Freilandbedingungen aus Gründen der Treue und Selbstaufopferung.

7.2 Sichtzeichen

Eigentlich ist hier nur auf Kapitel 3.3 zu verweisen und vielleicht noch hinzuzufügen, daß Begleithundeprüfungen mit einem Verbot von Sichtzeichen elementar gegen jede Regel einer non-verbalen Kommunikation verstoßen. Der oft zitierte „treue Schäferhund" reagiert meist wie ein mechanischer Roboter und den ihn deklassierenden „Feldwebel des Hundeplatzes" interessiert außer verbalem Kasernenhofton ohnehin keine höhere Kommunikationsebene.

7.3 Das Kopfhalfter

Noch immer herrschen widersprüchliche Ansichten hinsichtlich der Effektivität des „Haltis" als Erziehungshilfe. Wir ziehen Bilanz aus über zehn Jahren Trainingserfahrung mit Kopfhalftern:

Es ist wie bei einem Fußballspiel. Millionen „Experten" sitzen beim wohlverdienten Bierchen und einigen Knabbereien vor dem Fernseher. Sie kommentieren die Aufstellung der Mannschaft, wissen selbstverständlich alles besser als der verantwortliche Profi-Trainer. Der hat nämlich keine Ahnung. Auch im Hundetrainingsbereich tummeln sich Massen von Wochenendfachleuten, welche nun schon seit Jahrzehnten den korrekt auszuführenden Rück über Halsband und Leine vermitteln.

Durch ein Kopfhalfter kann der Blickkontakt jederzeit auf den Menschen gelenkt werden, um eine intensive Kommunikationsbasis aufzubauen.

Foto: Peter Nawrath

Der einfache und zudem oft gestreßte Hundehalter bringt es nicht übers Herz, seinen Vierbeiner alle paar Minuten per Leinenruck zu korrigieren. Statt dessen versucht man, den durch Stachelhalsband oder diverse Endlos -bzw. Gliederketten mit Stopp strangulierten Hund verbal zu beruhigen. Bringt die anfangs vielleicht noch konsequent umgesetzte Ruckerei keinen dauerhaften Erfolg (besonders nicht, wenn die Ablenkung in Form des Todfeindes naht!), wird entweder bitterböse „geschimpft", oder aber der Trainer bewundert, unter dessen Fittichen der unerzogene Hund nach einem zumeist völlig unverhältnismäßig angewandten scharfen Ruck in Demut „funktioniert". Der beeindruckte Hundehalter ist halt zu tierlieb und hat Probleme mit der Alpha-Stellung. So einfach ist das: Wer nicht wie ein Alpha-Wolf rütteln und schütteln kann, sinnbildlich also nicht seine Zähne im Halsbereich seines Hundes vergräbt, bleibt auf der Strecke. Pech gehabt. Andere Hilfsmittel einsetzen? Auf keinen Fall, der Hund hat gefälligst zu gehorchen, wenn man es sagt.

Leider kommen einem sehr regelmäßig der nicht geduldete Artgenosse, die Katze, der Jogger oder Fahrradfahrer, das zu enthusiastische Kind, der mit Wanderstab ausgestattete Frührentner oder andere Zeitgenossen entgegen. Entweder verunsichern diese unseren sensiblen Vierbeiner oder reizen ihn durch bloße Gegenwart bis aufs Messer. Es wäre zu schön, könnte man im rechten Moment den alles entscheidenden Blickkontakt auf die eigene Person lenken und somit ein Alternativverhalten positiv verstärken. Aber positive Verstärkung und die vorherige Anwendung eines Hilfsmittels (Kopfhalfter) sind ja dummes Geschwätz. Außerdem: Ein Hund hat in ewiger Treue zum Menschen zu gehorchen, so die landläufige Meinung, deshalb bestechen wir ihn weder mittels Futterbrocken, noch kommt uns ein solch abenteuerliches Instrument in Form eines Kopfhalfters ins Haus. Nein, wir rucken lieber am Hund rum, denn das haben wir ja schon immer so gemacht. Einmal Innovationen ausprobieren? Alternativen schaffen? Den canidentypischen Schnauzgriff simulieren? Blickkontakt herstellen? Nein, Kopfhalfter sind Unsinn und werden unsachgemäß verwandt. Stachel- und Kettenwürger: Da weiß man, was man hat, zumal Mißbrauch mit diesen klassischen Erziehungshilfen wenigstens nur in Ausnahmefällen vorkommt!??

Außerdem hat man seinerzeit im Fachhandel sowieso schon einmal ein Halti gekauft, dem Hund umgeschnallt und dabei postwendend dessen Unwilligkeit, dieses merkwürdige Gebilde zu akzeptieren, geradezu plastisch vor Augen geführt bekommen.

Ja, deshalb weiß man es ganz genau: Ein Halti ist einem Hund nicht zuzumuten. Dabei interessiert auch nicht, daß Kamele, Pferde, Dromedare, Ziegen und andere Tiere mit Kopfhalftern geführt werden, denn die haben mit Hunden nichts gemein.

Wir ignorieren auch oft vorkommende Konstellationen „starker Hund/schwacher Mensch", die über Kopfhalftertraining die alles entscheidende psychologische Hilfe erhielten, endlich einmal unbeschadet am kläffenden Nachbarshund vorbeikommen zu sein. Schwächlinge, deren Unfähigkeit es zu belächeln gilt. Behinderte Menschen, die – selbst wenn sie wollten – gar keinen Leinenruck vermitteln können, fallen ohnehin durchs Raster. Wir sind die Alphas und haben alles im Griff. Ende der Diskussion, differenzierte Argumente liegen uns nicht so...

Kopfhalfter sind lediglich als Erziehungshilfe und nicht etwa zum Dauergebrauch vorgesehen. Sie sind keine Wunderwaffen, jedoch eine echte Alternative zu herkömmlichen Erziehungshilfen. Sie sind auch keine Neuentwicklung irgendwelcher Spinner oder Phantasten, wie alte Zeichnungen und Drucke demonstrieren: Karrenziehende Hunde trugen bereits im vorigen Jahrhundert aus Leder hergestellte Kopfhalfter. Diese Idee erneut aufgreifend, entstand das aus Stoff gefertigte „Comealong" in den USA. Die Erfinderin verfügte leider nicht über die notwendigen Mittel für eine Patentfinanzierung, so daß ihre Entwicklung keine weitere Verbreitung fand. Heute sind Kopfhalfter namens Halti oder Gentle-Leader fast überall erhältlich, basieren jedoch alle auf dem Grundprinzip des Comealong.

Wir alle wissen, daß Ängstlichkeit, Temperament oder Führigkeit eines Hundes sehr deutlich variieren können. Die Frage nach einem generellen Kopfhaltereinsatz stellt sich somit erst gar nicht. Sinnvoller erscheint eine hundliche Typenbeschreibung nach Iwan Pawlow (siehe Seite 49):

Typ 1: Bei diesem Hundetyp empfehlen wir Kopfhalfter.
Typ 2: Hier erübrigt sich diese Erziehungshilfe fast immer.
Typ 3: Die Besitzer sind meist froh, daß es Kopfhalfter gibt.
Typ 4: Manchmal vermittelt die Führung über Halti Sicherheit.

Zwangsläufig ist die stets erforderliche Gewöhnung über positive Verstärkung (Futtergaben, Wasser, Spieleinlagen, Massage bzw. Tellington TTouch um die Schnauzenregion) unterschiedlich lang. Die wenigsten Hunde akzeptieren Kopfhalfter sofort (Welpen akzeptieren oft auch nicht pauschal Halsbänder), sondern müssen umsichtig und behutsam über kleine Duldungsschritte mit diesem Gebilde vertraut sein, BEVOR das erste Training beginnt! Neben der Gewöhnung ist die richtige Paßform von entscheidender Bedeutung. Kopfhalfter dürfen weder ständig in Richtung Augenregion rutschen noch über die Nasenwurzel ziehbar sein. Da im Fachhandel keine Zwischengrößen erhältlich sind (wohl aber Spezialanfertigungen für kurzschnauzige Rassen wie Boxer), empfehlen wir, die Seitenteile des Halfters etwa ein bis zwei Zentimeter umzunähen. Ist bei einem Hund trotz fachlich korrekt durchgeführter Gewöhnungsphase selbst nach über einer Woche immer noch keine dauerhafte Duldung erkennbar, muß vom weiteren Gebrauch eines Kopfhalfters dringend abgeraten werden.

Hunde sollten grundsätzlich per Doppelleine (leichter Haken am Halti, schwerer Haken am Leder- oder Stoffhalsband befestigt) geführt werden. Von der Führung über eine vorschnellende Flexileine ist meist abzuraten, um (zumindest nicht auszuschließende) Halswirbelverletzungen zu vermeiden. Unter Aufsicht eines mit dem System vertrauten Profis erhält der Hundehalter Sicherheit im Handling, lernt den Kopf je nach Temperament des Hundes sehr sanft oder aber energischer (keinesfalls rucken) in Richtung Kommunikationsaufbau zum Menschen zu lenken. Das Halti ist eine ideale Hilfe, um die mangelhafte Kommunikationsbasis deutlich zu verbessern.

Dem Hund wurde sorgsam über mehrerer Tage sowohl Futter- als auch Trinknapf bereitgestellt, nachdem er das Kopfhalfter umgelegt bekam. Nach dieser positiven Gewöhnung wird erstmalig eine Doppelleine verwandt, dem Hund werden Futterbrocken vor die Nase gehalten und die ersten Bewegungsschritte eingeleitet. Versucht der Hund, sich das Halfter abzustreifen, wird er mittels hoher Stimmlage abgelenkt und erhält nach Akzeptanz eine Futterbelohnung. Runde Futterbrocken werden über die Erde gerollt, so daß der Hund diese unter Duldung des Halfters erjagen kann. Bei den ersten Übungen ist darauf zu achten, daß Ziehen an der Leine nur über das Kopfhalfter (den Kopf herumführen, keinesfalls rucken) korrigiert wird. Der am Halsband befestigte Teil darf nicht auf Spannung gehalten werden, der am Halfter befestigte Teil der Leine hängt locker durch, soweit kurzfristig keine Korrektur erfolgt. In das Leinenführigkeitstraining sollten Links- und Rechtskreise eingebaut sein, um dem Hund verschiedene Bewegungsabläufe des Menschen verständlich zu machen. Der Hund wird also über technisches Handling und nicht über Kraftaufwand geführt. Der Hund sollte zunächst regelmäßig einen Ball o. ä. tragen dürfen – ein weiterer Schritt in Richtung dauerhafter Akzeptanz. Jegliches Training beginnt anfänglich ohne Ablenkungen, die später allmählich zu steigern sind. Den Kopf des Hundes in Richtung Halter führend, sollten nun Sichtzeichen angeboten werden.

Jeder Hund lernt sehr schnell, Blickkontakt zum Halter aufzunehmen, klar umrissenen Sichtzeichen die gebührende Beachtung zu schenken und dafür Belohnung zu erfahren. Sind diese Sichtzeichen (wahlweise auch Hörzeichen) mit konkreten Handlungen zuverlässig verknüpft worden, hat die Erziehungshilfe Kopfhalfter ihre Schuldigkeit in den allermeisten Fällen getan.

Es sei nochmals betont, daß besonders schwache Menschen mitunter langfristig die Hilfe von Kopfhalftern in Anspruch nehmen müssen. Diese Phase kann deutlich verkürzt werden, wenn der Halter gelernt hat, in einer brenzligen Situation (aggressives Verhalten gegenüber anderem Hund, Jogger, Fahrradfahrer) mit dem Hund kommentarlos eine Kehrtwendung zu vollziehen, um dann sofort jeweilige Alternativhandlungen (Sitz, Steh, Platz) einzuleiten und positiv zu verstärken. Der Vorteil dieses Systems: Ohne Ruck und harte Korrektur wird der Kopf des Hundes automatisch der eingeschlagenen Gehrichtung folgen und der alles entscheidende Blickkontakt umgeleitet. Wie wichtig gerade diese Maßnahme ist, zeigen mannigfaltige Beispiele.

Reflexartig, aber ohne Kopfhalfter trainierte Hunde führen einen gegebenen Befehl zwar aus, halten ihre Sicht jedoch aufrecht (in Richtung „Feind") und reagieren weiterhin aggressiv. Kopfhalftergeführte Hunde reagieren aber auf den agierenden Menschen und zeigen somit zwangsläufig mehr Interesse für den Initiatoren. Der Mensch führt, anstatt ständig nur zu reagieren.

Monatelanges Training über Leinenruck bringt oft nicht den erwünschten Erfolg, weil mechanisch einstudierte Kommandos ohne Beeinflussung des Blickkontaktes nur Symptomdokterei bedeuten. Die Wurzel des Übels bleibt, weil in einer Streßsituation keine Kommunikation möglich ist.

Was sind also die unbestreitbaren Vorteile eines Kopfhalftertrainings?

1. Nicht bzw. schlecht umgesetzte Kommunikation zwischen Mensch und Hund kann auf die Beachtung von Sicht und/oder Hörzeichen umgeleitet werden.
2. Der Blickkontakt des Hundes kann gerade bei starker Ablenkung jederzeit verändert werden. Ohne Ablenkung hängt die Leine locker durch, so daß jeder Hund ganz normal hecheln und sogar Ball, Stock und ähnliches tragen kann.
3. Caniden wenden untereinander den sogenannten Schnauzgriff an. Kopfhalftertraining bedeutet also: Signalgebung über die Schnauzenregion, der herkömmliche und zudem oft halswirbelschädigende Ruck per Starkzwangmittel entfällt.
4. Ängstlichen Hunden kann mehr Selbstsicherheit vermittelt werden, sie fühlen sich geführt.
5. Ängstlichen Hundebesitzern vermittelt Kopfhalftertraining nach kurzer Zeit jene psychologische Brücke, die zum selbstsicheren AHA-Effekt führt: Man kommt an einem anderen Hund vorbei, ohne das etwas passiert. Warum? Weil das Nasentier Hund bei souveräner Führung geruchlich keine Unsicherheit, Panik oder Angst feststellen kann.
6. Jagdlich motivierte Hunde zeigen nach gezieltem Kopfhalftertraining auch ohne Leine mitunter gehemmte Weglauftendenzen.

Fazit: Nachdem wir nunmehr seit über zehn Jahren mit Kopfhalftern arbeiten, ist die quantitative Beurteilung einer Effektivität möglich. Insgesamt trainierten wir bis heute (1997) 3822 Hunde bzw. unterrichteten die Hundebesitzer, wie mit Halftern korrekt umgegangen werden muß. Zunächst ausgesprochen skeptisch, waren die meisten Halter froh, endlich einen langfristig funktionierenden Kommunikationsaufbau gelernt zu haben. Über 70% der Hunde schenkten den zunächst über Kopfhalfter vermittelten Sichtzeichen hohe Aufmerksamkeit. 95% der Halter gaben an, daß sie zuvor bereits lange Zeit mit diversen Halsbändern und Leinenruck gearbeitet hätten, ein dauerhafter Erfolg jedoch nicht erkennbar war. Mit Ausnahme der bereits erwähnten Konstellation schwacher Mensch/starker Hund benötigten 85% der Halter nach maximal zwei Monaten intensivem Training kein Kopfhalfter mehr. Solche Aussagen widersprechen den Argumenten Kopfhalfter ablehnenden Trainer, die sich ohnehin fast nie auf umfangreiches – und somit aussagekräftiges Datenmaterial stützen können. Pauschalisierung ist stets ein schlechter Ratgeber, so daß wir keinesfalls jeden Hund mit Kopfhalfter trainieren müssen (siehe Einteilung von Hundetypen nach I. Pawlow). Langjähriges Halftertraining zeigt auch, daß die meisten Hundehalter von herkömmlichen Erziehungshilfen enttäuscht sind, weil sie den Leinenruck innerlich ablehnen. Als wir vor zehn Jahren den alternativen Gebrauch von Kopfhalftern propagierten, verwechselten die meisten Hundebesitzer Haltis mit Maulkörben.

Erste Übungen im Stadtbereich offenbarten zunächst ein großes Problem, denn man wurde auf der Straße oft angesprochen: „Ist das ein Maulkorb?" oder „Warum muß der arme Hund ein solches Ding da tragen?" In jenen Tagen bestand das Haltisortiment nur aus schwarzen Halftern. Die Zeiten haben sich geändert, so daß heute braune, rote, weiße und lila Exemplare erhältlich sind. Bunte Halfter sehen keineswegs mehr gefährlich aus und bewirken beim Anblick gerade sogenannter „Kampfhunderassen" sogar eher eine gewisse Belustigung. Unsere Erfahrungen der letzten Jahre bestätigen eindeutig die Tendenz, daß farbige Haltis fast nie mit Maulkörben verwechselt werden. Natürlich lernt der halfterführende Hundebesitzer mit Hilfe eines professionellen Trainers auch, lästige Kommentare entweder fachlich zu kommentieren oder aber einfach zu ignorieren. Ranghoch zu sein beinhaltet, sich Ignoranz leisten zu können. Immer wieder fällt auf, daß unsachgemäße Kommentare über Kopfhalfter von Menschen vorgetragen werden, die völlig unerzogene Hunde führen (meist mit Stachelhalsbändern), nichts im Griff haben, aber schlaue Ratschläge abgeben. Die Situation hat sich imagemäßig so verändert, daß Hundebesitzer seit mehreren Jahren unsere Hilfe in Anspruch nehmen, WEIL wir Kopfhalftertraining durchführen. Wie sieht es bundesweit aus?

Um diese Frage zu beantworten, haben wir bei professionellen Kollegen nachgefragt:

Brigitte Balzereit (Wagenfeld) sagt: „Die Umstellung ist für den Kunden anfänglich schwierig, auf fachliche Beratung folgt jedoch bald Einsicht." Michael und Bettina Bannes-Grewe (Bad Bramstedt): „Wir arbeiten seit mehreren Jahren u. a. mit Kopfhalftern und haben keine Probleme." Perdita Lübbe (Gundernhausen): „Haltis sind für meine Schüler eine hervorragende Erziehungshilfe." Elke Müller (Nienburg): „Ich bekomme aus ganz Niedersachsen Problemhunde, die innerhalb kleiner Gruppen mit Halfter geführt werden. Die Erfolgsquoten sind sehr hoch." Dr. Gabi Niepel (Bielefeld): „Im therapeutischen Bereich sind mir Haltis stets eine große Hilfe." Wolfgang Seitle (Neuburg): „Halfter können wir in der Blindenhundführung leider nicht einsetzen, im Haus- und Familienhundebereich bewirken sie jedoch nicht selten wahre Wunder." Auf Nachfrage antwortet die Canidenforscherin Dr. Feddersen-

Petersen (Kiel): „Mir sind bisher keine negativen Berichte bekannt. Selbstverständlich sind Hunde individuell zu beurteilen, so daß eine solide Beratung gegeben sein muß."

Leider sind Kopfhalfter überall erhältlich, eine gute Beratung ist daher oft reine Glückssache. Der Gebrauch von Haltis sollte keine Weltanschauung bedeuten, sondern individuell einsetzbares Hilfsmittel sein. Halftertraining muß dringend unter Leitung systemvertrauter Profis durchgeführt werden, um Fehlverhalten des Hundehalters auszuschließen, denn mit jeder Erziehungshilfe kann Mißbrauch betrieben werden. Haltis haben nichts mit Maulkörben gemein. Diese Mißdeutung sollte nicht zum Anlaß genommen werden, generell auf eine sinnvolle Erziehungshilfe zu verzichten, die den kommunikativen Aufbau zwischen Mensch und Hund

Nur eine längere Arbeit mit der langen Leine führt über den Weg der kleinen Erziehungsschritte zum Erfolg. Zum Schluß verbleibt ein ca. 30 cm langes „Reststück" Leine, an das eine Feder befestigt wird. Dieser Trick hindert viele Hunde an der Auslebung des Jagdverhaltens.

Foto: Peter Nawrath

fördert. Negative Verstärkungspotentiale in Form von Stachelhalsbändern haben bei uns in Bad Münstereifel längst ausgedient. Halftergegner sollten dieses Hilfsmittel erst einmal vermehrt einsetzen, bevor sie es beurteilen. Leider fällt es gerade den Deutschen oft schwer, alte Zöpfe abzuschneiden...

7.4 Die lange Leine

Klassische Verwendung findet die lange Leine zur Distanzverunsicherung des Hundes (Kapitel 5). Der Hund lernt innerhalb eines eingeschränkten Radius zuverlässigen Gehorsam und steht unter Kontrolle des Halters. Ist dieses „Muß" als Vorstufe in der Hundeerziehung erreicht, wird die zuvor z. B. 10 m lange Leine schrittweise um einen Meter pro Woche unter regelmäßig bleibendem Training reduziert. Diese Reduzierung wird von einem Helfer durchgeführt, der jeweils ein Stück Leine abschneidet, wenn der Hund den Blickkontakt auf seinen Halter gerichtet hat. Das „Unterordnungsprogramm" und die damit verbundene Leinenreduzierung darf keinesfalls vor Erreichung bestimmter Endhandlungen des Hundes vorgenommen werden.

Es hat sich als guter „Trick" erwiesen, letztlich ein ca. 30 cm langes Leinenreststück am Halsband des Hundes zu belassen, so daß dieser zwar einerseits frei laufen kann, andererseits ein kleines Hindernis verspürt. Beim Haustraining empfiehlt es sich, ersatzweise eine Kurzleine (Haken mit Handschlaufe) zu verwenden, so daß der Halter jederzeit überraschend schnell zupacken und die hundliche Verhaltensweise beeinflussen kann.

Zur Vermeidung von Verbrennungen der Handfläche darf die lange Leine entweder NUR an der Endschlaufe gehalten oder zur eventuell notwendigen Distanzverkürzung unter einem Schuh hergleiten.

Die Nutzung der langen Leine hat noch einen anderen entscheidenden Vorteil: der Hund soll nicht zu fremden Personen laufen und diese eventuell belästigen, aber auch auf die Befehle aller Familienmitglieder folgsam reagieren. Um dieses Ziel zu erreichen, bedarf es des sogenannten „Rundumruf-Trainings".

Hierfür stellt sich die ganze Familie im Kreis auf und hält eine Individualdistanz von knapp 10 m ein. Die Handschlaufe der langen Leine wird durch einen größeren Stein, eine Metallplatte oder ein Holzstück beschwert und das Leinenende (Haken) wie sonst auch am Halsband des Hundes befestigt.

Nun wirft der Halter die beschwerte Endschlaufe dem nächsten im Kreis stehenden Familienmitglied zu. Dieser fängt die Leine auf und ruft den Hund heran, welcher nach korrektem Absitzen mit einem Futterbrocken belohnt wird. Rundum wird in gleicher Weise unter Einbeziehung aller Familienmitglieder fortgefahren. Diese Übung sollte regelmäßig (mindestens einmal täglich) eine Woche lang beibehalten werden, bis der Hund freudig auf einmaligen Zuruf (Pfiff) zu jeder einzelnen Person kommt.

7.5 Geräuschquellen

Wie abrupt eine ungewohnte Geräuschquelle bestimmte Handlungsweisen unterbrechen kann, zeigen die scheuen Wölfe, welche schon auf einen knackenden Zweig, auf das Zoomen einer Kamera oder etwa menschliche Schritte äußerst sensibel reagieren und ihr Verhalten daraufhin sofort umstellen.

Schottergefüllte Blechdosen, Ultraschallgeräte, Wurfketten (Rasselgeräusch), gas- oder preßluftgefüllte Geräte oder einfache Knallerbsen können mitunter geeignete Hilfsmittel sein, eine unerwünschte Reaktion des Hundes sehr wirkungsvoll abzubrechen. Diese Mittel finden in der Hundeerziehung immer mehr Verwendung, müssen aber VORAUSSCHAUEND und VERHÄLTNISMÄSSIG benutzt werden, um nicht an Wirkung zu verlieren oder bei einem zu sensiblen Hund Ängstlichkeit zu schüren.

Zur Vermeidung emotionalen Gebrauchs muß die Kontaktierung eines SACHKUNDIGEN Hundeerzieher- und Verhaltensberaters angeraten werden. Mit Hilfe eines Fachmanns sind die Ergebnisse oft sehr erstaunlich. Sie versetzen den Hundehalter in die Lage, freundlicher Sozialpartner zu bleiben und die Einwirkung aus „heiterem Himmel" für sich arbeiten zu lassen.

7.6 Disc-Scheiben

Seit einiger Zeit gilt Disc-Training als Geheimtip. Hundeausbilder bedienen sich dieser Methode, manche Verhaltenstherapeuten „programmieren" Hunde, und das Augenmerk des einfachen Hundehalters wird per Anzeigenwerbung auf die neue Wunderwaffe gerichtet. Die Werbung verspricht in gerade enthusiastischer Weise eine pauschal anwendbare Trainingsmethode für alle Hunde dieser Welt.

Die Hundeausbildung über Disc-Scheiben wurde aus England importiert. Hier hatte der leider kürzlich an einem Gehirntumor verstorbene Hundetrainer John Fischer die Idee, bewußt Frustrationsverhalten des Hundes in ein Erziehungskonzept einzubinden. Zunächst sorgte das Disc-Training in England und den USA für Furore, bis es dann – wie eigentlich immer – mit mehreren Jahren Verspätung auch in Deutschland Einzug hielt. Die heimische Hundeartikelbedarfsindustrie witterte eine willkommene Chance zur Umsatzsteigerung. Seit neuestem klappert und schüttelt der Hundebesitzer also nun mit Disc-Scheiben, immer in der Hoffnung, jetzt endlich das pauschal anwendbare Hilfsmittel gefunden zu haben. Es ist eine traurige Tatsache, daß viele Hundebesitzer immer wieder glauben, irgendein Hund könne tatsächlich „wie auf Knopfdruck" zeitlebens „funktionieren".

Was bedeutet Disc? Das englische Wort steht für Scheibe. Fünf flache, nach innen gehöhlte Scheiben sind an einer Art Schlüsselbund aufgereiht und verursachen beim Schütteln bzw. Auf-den-Boden-Werfen des gesamten Bundes jenes unverwechselbare Geräusch, das sich dem Hundehirn markant einprägt. Zur Einführung der Disc-Scheiben braucht man nur noch kleine Futterbrocken, da die Befriedigung für den Hund nicht in überlangem Kauen, sondern im Herunterschlucken des Futters liegen soll. Eigentlich gibt es für die Verwendung von Disc-Scheiben zwei Trainingsmethoden, wobei wir erstere nur kurz ausprobierten:

1. Wie in der offiziellen Gebrauchsanleitung empfohlen, führt der Hundebesitzer das Disc-Training selbständig durch.
2. Das Disc-Training wird einem Hund über eine Fremdperson vermittelt.

Unabhängig des Trainingsbeginns über Hundebesitzer oder Fremdperson ist die Einführung der Disc-Scheiben zunächst einmal gleich: Dem Hund werden mehrfach hintereinander Futterbrocken in Verbindung mit dem Verbalbefehl „Nimm's" angeboten. Danach wird ein Futterbrocken unter Vermeidung eines Verbalbefehls ansatzweise auf den Boden gelegt, so daß der Hund im Normalfall beginnt, die Erde schnüffelnd abzusuchen. Die in der zweiten Hand gehaltenen Disc-Scheiben werden nun geschüttelt. Der Hund wird diesem Geräusch zunächst keine Beachtung schenken. Nun legt man einen Futterbrocken zu Boden und läßt die Disc-Scheiben just in dem Moment fallen, in dem der Hund versucht, den Futterbrocken aufzunehmen. Auch hier wird wieder kein verbales Kommando gegeben. Über Wiederholungen lernt ein Hund, eine von ihm gestartete Handlung (Futter aufnehmen) abzubrechen. Langsam verknüpft er diesen Handlungsabbruch mit dem Disc-Geräusch und versucht nicht mehr, Futter vom Boden aufzunehmen. Er hat gelernt, eine Aktion abrupt zu unterbrechen und reagiert daraufhin normalerweise mit Frustration. Der Ausdruck von Frustration äußert sich von Hund zu Hund völlig unterschiedlich: Blickkontakt vermeiden, gähnen, kratzen, jammern oder bellen, der Versuch, über Umwege das Futter aufzugreifen oder pföteln.

Genau an diesem Punkt möchten wir die Aufmerksamkeit noch einmal auf die beiden oben kurz skizzierten Anwendungstechniken lenken. Da der Hund ohne jeden Zweifel über Disc-Training vor allem psychische Beeinflussung erfährt, kann seine Bindung zum Sozialpartner Mensch gestört werden, wenn es nicht zur Auflösung des gezeigten Frustrationsverhaltens kommt. Besonders sensible oder geräuschempfindliche Hunde verstecken sich unter einem Möbelstück und kommen dann selbst auf freundliches Heranrufen zumindest eine Zeitlang nicht mehr zu ihren Besitzern. Sie verbinden starkes Meideverhalten mit selbständig ausgeführten Fluchttendenzen. Das Vertrauensverhältnis zum Besitzer kann deutlichen Schaden nehmen. Führt eine Fremdperson durch das Trainingsprogramm, baut der Hund jeglichen Frust beim Besitzer ab, in dem er von diesem überschwenglich empfangen und gestreichelt wird.

Unabhängig einer Rassezugehörigkeit wurden 240 Hunde in einen Langzeittest einbezogen. Der Test begann im Frühsommer 1994. Um quantitatives Datenmaterial zu erhalten, schlossen wir diesen Test erst im Frühsommer 1997 ab und können nun auf einigermaßen repräsentative Resultate zurückblicken. Entgegen der Empfehlung testeten wir den Gebrauch der Disc-Scheiben nur zur Beseitigung von maximal zwei unerwünschten Verhaltensweisen. Es hatte sich nämlich zuvor schnell herausgestellt, daß ein pauschaler Disc-Gebrauch zur Unterbrechung aller möglichen Verhaltensauffälligkeiten völlig unrealistisch war.

Ein Vertrauensverlust zum Besitzer sollte niemals Basis einer Erziehungsmethode sein. Nach ersten negativen Erfahrungen mit Methode 1 wurde fortan eine Fremdperson in das Training involviert. Ohne jegliche Störung durch irgendwelche Ablenkungen starteten wir das Disc-Training in einem Raum, wobei sowohl Hundebesitzer als auch die handelnde Fremdperson in einem Abstand von zirka fünf Metern unter jeweiligem Blickkontakt zum anderen auf einem zuvor aufgestellten Stuhl Platz nahmen.

Der Einführungsprozeß wurde durch die Fremdperson gestartet: Also Futtergaben verbunden mit dem Nimmbefehl; Futter auf den Boden legen; Einsatz der Disc-Scheiben usw. Zeigte der Hund Frustration, erfuhr er nach selbständiger Kontaktaufnahme mit seinem Besitzer unmittelbaren Schutz und Geborgenheit.

Das Frustrationsverhalten wurde also durch Streicheleinheiten wieder abgebaut, und der jeweilige Hund lernte nach einem zunächst gezeigten Meideverhalten ein keinesfalls getrübtes Vertrauensverhältnis kennen. Der beabsichtigte Lerneffekt, nämlich seine Handlung durch die Geräuschkulisse der Disc-Scheiben abzubrechen, war trotzdem erreicht. Einige Hunde reagierten gegenüber dem Schüttelgeräusch der Discs ausgesprochen aggressiv und wollten uns sogar angreifen. Selbstverständlich stellten sowohl der aggressive Angriff als auch das Verkriechen unter Möbeln extreme Reaktionen dar, finden aber in der offiziellen Gebrauchsanleitung noch nicht einmal als mögliche Reaktion eines Hundes grundsätzliche Erwähnung.

Das gesammelte Datenmaterial zeigt sehr anschaulich, daß die Effektivität der Disc-Scheiben auch von einzelnen Hundetypen abhängig ist. Viele Herdenschutzhunde reagierten aufgrund ihrer allseits bekannten Eigenständigkeit überhaupt nicht „gefrustet", sondern legten sich ohne Kontaktaufnahme zum Hundebesitzer hin und schliefen nach einer Weile. Unserem Podhalanski-Mixrüden, in der Slowakei zur Bewachung von Schafen eingesetzt, konnte wiederum ansatzweise begonnenes Schafehetzen erfolgreich abgewöhnt werden. Einigen Hunden mußte ihre tägliche Nahrungsration vor jeglichem Disc-Training um 10 bis 25 % reduziert werden, weil sie ohnehin grundsätzlich keinerlei Interesse an Futterbrocken zeigten. Eine Shiba-Inu-Hündin und mein eigener Laika-Rüde griffen den ersten Futterbrocken auf, bevor die Trainingsausführende in der Lage war, die Disc-Scheiben fallen zu lassen. Danach war das Prozedere für sie abgeschlossen. Effektivität gleich null.

Für uns ist selbstverständlich, daß die Hundeerziehung nicht aus Beseitigung von Symptomen besteht, sondern daß nach der Frage, warum ein Hund bestimmte Verhaltensweisen zeigt, zunächst versucht wird, die Wurzel des Übels zu definieren. Für uns ist weiterhin selbstverständlich, daß eine Arbeit über positive Verstärkung und die Formung eines Alternativverhaltens jedem Disc-Training vorgeschaltet wird. Das „Problemverhalten" 120 zusätzlicher Hunde, die ursprünglich in den Test einbezogen werden sollten, verschwand nur mit Hilfe einer Konditionierung auf „Clicker" oder „Pfeife" komplett. Wir verwenden positive Verstärkung seit Jahren sehr erfolgreich und minimieren somit die Arbeit über negative Verstärkung.

Die Fragestellung nach der Effektivität nochmals aufgreifend, interessierte uns, ob der Einsatz von Disc-Scheiben bei Hunden eine nachhaltig gewünschte Wirkung hinterläßt. Bei den 240 in den Test involvierten Hunden war eine konstante Effektivität sogar noch nach einem Monat (1 Monat formulierten wir als unser Beurteilungskriterium) bei 80 Tieren, also bei 30%, feststellbar. Die Einführung der Disc-Scheiben wurde – vom jeweiligen Hundetyp abhängig – innerhalb dieses Monats entweder täglich oder wöchentlich wiederholt. Weitere 25%, also 60 Hunde, reagierten auf den Disc-Gebrauch nur noch, wenn dieser innerhalb eines Radius von zwei Metern Verwendung fand. Die verbleibenden 45% der Hunde ignorierten die Disc-Geräuschkulisse entweder völlig oder zeigten nur ganz kurzfristig Meideverhalten, ohne dabei die als unerwünscht formulierte Verhaltensweise abzubrechen. Besonders bei dem Versuch, Aggressionsverhalten gegenüber Artgenossen zu reduzieren (Leine), konnte eine Effektivität über Discs nur bei sensiblen, angstaggressiven Hunden nachgewiesen werden. Konditionierte, also an konkrete Personen, Hunde und Orte gebundene Aggression war kaum zu unterbrechen. Die weitverbreitete Untugend, jeglichen Müll von der Straße aufzunehmen, gewöhnten wir sogar den als besonders verfressen geltenden Beagle-Hunden in 14 von 16 Fällen erfolgreich ab.

36 Tiere bellten vor dem Test Hunde, Jogger oder Fahrradfahrer aus einem PKW heraus an. Bei 18 Hunden, also in 50% der Fälle, verschwand diese Unart langfristig. Unter Voraussetzung einer genauen Beobachtung des Hundes waren wir immerhin in zwölf von 25 Fällen hinsichtlich einer Kontrolle des Jagdverhaltens erfolgreich. In diesem Zusammenhang muß allerdings deutliche Betonung finden, daß kein Hund im Hetzverhalten, sondern nur während der typischen Orientierungsphase beeinflußbar war. Wir alle wissen, daß Hunde mitunter blitzartig von der Orientierungsphase in das Hetzverhalten übergehen. Hundebesitzer sind gerade hinsichtlich des Hetzverhaltens völlig überfordert.

Unsere Untersuchungen ergaben eindeutig, daß eine Kombination aus Disc-Gebrauch und dem Einsatz eines sogenannten Master-Plus-Geräts in den allermeisten Fällen zum Erfolg führt.

Das Master-Plus-System besteht aus einem speziellen Halsband und einem Sender und kann bis zu einer Reichweite von 100 Metern aktiviert werden. Sobald ein Hund zum Hetzen ansetzt, kann dieses Verhalten durch Aktivierung des Halsbandes abgebrochen werden. Das Halsband arbeitet über einen Zerstäuber, der eine geruchlose und für den Hund völlig unschädliche Spraywolke abgibt. Der Ansatz der hundlichen Aktivität wird also, wie wir bereits gelernt haben, negativ verstärkt. Nun muß der Hundehalter wiederum eine Alternativhandlung (Kommen, Sitzen, Stehen) einleiten und diese als erwünscht definierte Reaktion positiv verstärken (Belohnung). Weder Discs noch Master-Plus fügen dem Hund Schmerzen zu, sondern überraschen und beeindrucken ihn. Der Einsatz eines Elektroschockgerätes wird bis auf die unter Kapitel 7.9 klar definierte Ausnahmesituation überflüssig.

Kommen wir zurück zum Disc-Training. Bei Hausbesuchen vor Ort waren wir in der Lage, 11 von 15 futterverteidigenden Hunden von diesem Verhalten abzubringen. Bei der Beeinflussung von aufdringlichem Betteln am Tisch oder aber ständigem Bedrängen von Besuch war die Erfolgsquote mit 58% am höchsten, wobei die Hunde während des Tests auf einen festen Platz verwiesen wurden (Alternativhandlung). Letztlich untersuchten wir, ob extrem territoriales Verhalten reduziert werden kann. Ergebnis: In nur 25% der Fälle war ein langfristiger Erfolg möglich.

Disc-Scheiben sind also entgegen der oft propagierten Meinung KEINE Wunderwaffe. Auch wenn die Ausführungen der Gebrauchsanleitung suggestieren, Discs für die Beachtung der Befehle „Sitz", „Platz" und „Bei Fuß" einzusetzen, halten wir eine solch verkaufstaktische Pauschalbeschreibung für sehr bedenklich! Auch eine „Programmierung" des Hundes quasi im lockeren Vorbeigehen bestätigt unserer Meinung nach nur die Faulheit mancher Menschen, Verhaltensauffälligkeiten korrekt zu analysieren. Wir sehen es als gefährlich an, daß Hundebesitzer ohne Hilfe selbständig zur Disc-Scheibe greifen, um ein Problem in „den Griff zu bekommen", besonders ohne vorher positive Verstärkungspotentiale ausgeschöpft zu haben. Discs sind kein Spielzeug, sondern beeinflussen einen Hund auf psychologische Weise. Disc-Training ist deshalb auch keine Variante zum Gebrauch von Wurfketten, weil diese Schreck oder Schmerz verursachen und eine unerwünschte Handlung eines Hundes nicht über Frustrationsaufbau unterbrechen. Der Einsatz von Discs ist für Kinder und verantwortungslose, also ständig mit Discs schüttelnde Hundebesitzer nicht geeignet. Der Hundebesitzer sollte das Schüttelgeräusch bzw. das Werfen der Disc-Scheiben ohnehin erst nach Einführung durch Fremdpersonen nutzen. Hierbei muß auch darauf verwiesen werden, daß die erste Einführung der Discs nur unter Federführung einer mit dieser Trainingsart vertrauten Person stattfinden sollte.

Disc-Scheiben sollten möglichst nur zur Beseitigung eines klar definierten Hauptproblems Verwendung finden. Die Effektivität ist je nach Hundetyp und Verhaltensauffälligkeit sehr unterschiedlich. Eine generelle Lösung stellen Disc-Scheiben, wie von uns schon vor Testbeginn angenommen, keinesfalls dar.

Wir kommen zu dem Schluß, daß die Wirkung des Disc-Geräusches doch bei vielen Hunden relativ schnell verflogen ist. Da Disc-Scheiben mittlerweile fast überall im Handel erhältlich sind, waren wir der Meinung, daß eine Aufklärung über das Für und Wider dringend geboten war. Disc-Scheiben können für die Hundeerziehung eine sinnvolle Ergänzung sein, genauso aber auch – wie alle Hilfsmittel – mißbraucht werden.

7.7 Click and Treat

Instrumentelles Lernen (operante Konditionierung) ist der Basisgedanke dieses von der Delphintrainerin Karen Pryor/USA angebotenen Trainings. Bei „Click and Treat" handelt es sich um eine ganze Lernphilosophie, wobei man zunächst nur einen Clickfrosch (Kinderspielzeug) und eine ca. 1 m lange und teilbare Zeltstange benötigt.

Erster Lernschritt:

Dem Hund wird dieser Stab in einigen Zentimetern Abstand vor die Schnauze gehalten, bis er mit seiner Nase über zufällig angezeigte EIGENLEISTUNG die Stabspitze berührt. Der Clicker bestätigt die Handlung (Geräusch), und der Hund erhält sofort eine Futterbelohnung.

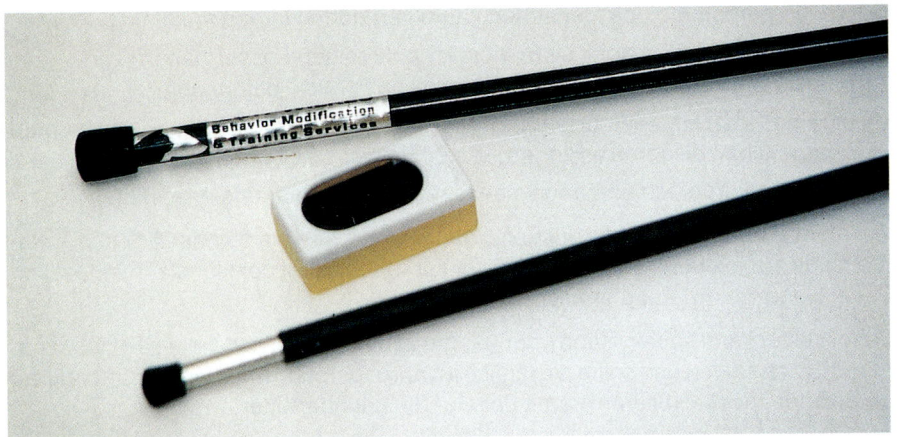

Die Lehrphilosophie der operanten Konditionierung basiert auf der Erkenntnis, daß der Mensch beim Hund über primäre und sekundäre Verstärkung neue Verhaltensweisen formen kann. Instrumenteller Lernaufbau muß eine aufeinanderfolgende Annäherung über kleine und fest zu etablierende Einzelschritte beinhalten.

Foto: Peter Nawrath

Zweiter Lernschritt:

Hat der Hund das Clickgeräusch und die Futterbelohnung mit der zuvorigen Berührung der Stabspitze verknüpft, kann der Abstand schrittweise (Stab links oder rechts bis zur Berührungsaufnahme anbieten/Click/Belohnung) vergrößert werden. Später kann der Hund Handlungen, wie Bewegungen nach oben (Sitz/Click/Futter), unten (Platz/Click/Futter) oder den in Fortbewegung befindlichen Menschen mit geradegehaltenem Stab (Fuß/Click/Futter) verknüpfen.

Der Clicker dient bei jeder KORREKTEN Nasenberührung mit der Stabspitze als akustischer, emotionsloser Verstärker zur Futterbelohnung.

Dritter Lernschritt:

Ist eine zuverlässige Verknüpfung erreicht, benutzt der Halter bei Nasenkontakt mit der Stabspitze fortan den Verbal-Befehl „Touch". Der Stab kann jetzt über schrittweise Distanzvergrößerungen, z. B. in den Boden gesteckt (Vorausschicken des Hundes/Nasenkontakt/Click/Belohnung nach Zurückkommen) oder auf den Boden gelegt werden (längeres Abliegen/Click/Belohnung).

Warum ein solcher Aufwand? Anfangs ausgesprochen skeptisch, sind heute viele moderne Hundeerzieher- und Verhaltensberater Anhänger dieser Trainingsmethode, weil:

a) operante Konditionierung mit positiver Bestärkung zu erstaunlichem Trainingserfolg führt,

b) Freifolge selbst mit kleinwüchsigen Hunderassen durch den „verlängerten Arm" möglich ist,

c) die Körperhaltung des Menschen kaum verändert werden muß,
d) eine Möglichkeit besteht, sich ängstlichen Hunden besser nähern zu können (mittels Stab zunächst auf Abstand streicheln/Click/Belohnung),
e) ein Hund über konzentrierten Nasenkontakt führiger ist für Agility, Rettungshundearbeit, bzw. allgemein Hindernisse selbstsicherer bewältigt,
f) ein Hund körperlich und geistig reizspezifische Ermüdung erfährt.

Zusammengefaßt sollten die ausgeführten Gründe zum Start eines Click and Treat-Trainings ausreichend sein. Ist kein Erfolg erkennbar, hat der Hund zumindest keinerlei Negativeinwirkung erdulden müssen.

Jeder Halter kann seinen Hund unabhängig von Alter oder jeweiligem Erziehungsstand beschäftigen und sollte die tägliche Nahrungsration (2–3 Übungsintervalle à 15 Minuten) gut kalkulieren, damit der Hund nicht überfüttert wird.

Voraussetzung für das mit Stab durchgeführte Training ist zunächst eine korrekt aufgebaute Konditionierungsarbeit mit dem Clicker. In der normalen Haus- und Familienhundeerziehung reicht das Clickertraining ohne Einsatz des Stabes völlig aus. Gerade bei Hunden, die auf verbalvermittelte Kommandos weder regelmäßig, noch freudig reagieren, empfiehlt sich ein Neuanfang unter Zuhilfenahme eines „emotionslosen" Clickgeräusches.

Vor dem Versuch, ein unerwünschtes „Problemverhalten" über welche Maßnahme auch immer zu korrigieren, arbeite ich persönlich seit nunmehr zwei Jahren mit dem Clicker. Seither konnte so manches Problem über positive Verstärkung eines neu zu etablierenden Verhaltens gelöst werden. Clickertraining hat sich unter fortschrittlichen Hundeerziehern bereits durchgesetzt.

Selbstverständlich gibt es bestimmte Regeln für den korrekten Einsatz des Clickers:

1. Durch Drücken verursacht der Clicker einen zweifachen Ton.
2. Richtiges Timing ist unerläßlich. Clicken Sie grundsätzlich nur, wenn Ihr Hund im Begriff ist, ein erwünschtes Verhalten zu zeigen: ansatzweises Setzen, Legen, Kommen, ruhiges Stehen usw. Geben Sie einen Futterbrocken oder streicheln Sie den Hund, nachdem er das erwünschte Verhalten abgeschlossen hat.
3. Clicken Sie, wenn der Hund zufälligerweise eigenständiges Verhalten zeigt, z. B. dicht neben ihnen hergeht, einen Stock aufnimmt, Ihre Hand mit der Nase berührt usw.
4. Grundsätzlich unabhängig vom gezeigten Verhalten nur einmal clicken, ansatzweises Setzen (1 x click), Legen (1 x) usw.
5. Halten Sie jeden Übungsintervall möglichst kurz! Es ist besser, 3 x 5 Minuten zu trainieren, als über Stunden Langeweile aufkommen zu lassen.
6. Korrigieren Sie unerwünschtes Verhalten, indem Sie Erwünschtes durch Clicken bestätigen, z. B. Leinenziehen ignorieren, bei durchhängender Leine clicken.

7. Wann immer möglich, ohne Leine trainieren. Aus Sicherheitsgründen können Sie die Leine natürlich um den Arm hängen oder um Ihren Bauch spannen.
8. Perfektion kann nur ein Endziel sein. Definieren Sie dieses Ziel zunächst nur gedanklich und clicken alles an, was in die richtige Richtung führt, z. B. wenn Ihr Hund einige Schritte in Ihre Richtung läuft oder die Hinterläufe erkennbar zum Hinsetzen einknickt.
9. Sobald Ihr Hund ein Verhalten beherrscht, können Sie Ihr zuvor definiertes Ziel höher ansetzen, z. B. längere Zeit hinsetzen, hinlegen usw.
10. Wenn Ihr Hund ein bestimmtes Verhalten gelernt hat, wird er dieses spontan zeigen in der Hoffnung, daß Sie clicken. Nun können Sie das Clicken mit verbalen Kommandos oder Sichtzeichen kombiniert anbieten.
11. Kommandieren Sie Ihren Hund nicht herum. Clickertraining hat nichts mit Befehlen zu tun. Wenn Ihr Hund auf ein Zeichen nicht reagiert, bedeutet dies nicht automatischen Ungehorsam. Er hat das erwünschte Verhalten noch nicht korrekt verknüpft. Stellen Sie Ihrem Hund wieder leichtere Aufgaben und clicken dafür öfter.
12. Einmal mit dem Training begonnen, sollten Sie Ihren Clicker immer zur Hand haben. Haben Sie mehrere Hunde, müssen diese zunächst getrennt trainiert werden.
13. Haben Sie einen schlechten Tag erwischt, verzichten Sie auf das Clickertraining. Es wäre schlimm, wenn Ihr Hund wegen einer auffallend negativ vermittelten Kommunikation das Vertrauen in den Clicker verlieren würde, z. B. wenn Sie nach Ärger, Zorn oder Ungeduld riechen.
14. Denken Sie an das richtige Timing. Wenn Sie mit dem Training nicht vorankommen, clicken Sie unter Umständen vielleicht zu spät! Lassen Sie zur Überprüfung eine neutrale, mit diesem System vertraute Person zuschauen oder für Sie clicken.
15. Haben Sie Geduld. Gehen Sie nur den Weg der kleinen Lernschritte und verstärken Sie somit das positive Verhältnis zu Ihrem Hund.

Unabhängig seines genetischen, also angeborenen Verhaltensanteils lernt jeder Hund ständig über Signale seiner Umwelt etwas Neues. Erinnern wir uns angesichts des Clickertrainings noch einmal der Grundprinzipien des Lernverhaltens: damit irgendein Verhalten überhaupt zum Ausdruck gebracht werden kann, bedarf es einer antreibenden Kraft, die wir Motivation nennen. Es bedarf eines Auslösers. Über den Anreiz in Form eines Clickers lernt der Hund schnell, eine Verbindung zwischen diesem speziellen Signalgeber und einem selbständig aufgezeigten, bestimmten Verhalten herzustellen. Voraussetzung ist, daß dieses Verhalten – zumindest anfänglich – gleichbleibende Belohnung erfährt. Durch den zuvor wiederholt angebotenen Reiz, auch Stimulus genannt (Clicker), wird das damit verknüpfte Verhalten bald etabliert. Es tritt eine Gewöhnung ein. Um eine Verbindung zwischen konditioniertem Stimulus (Clickgeräusch) und unkonditioniertem Reiz (Futterbrocken) zu lernen, wird von diversen Verhaltensforschern eine Zeitspanne von 0,5 bis 1 Sekunde als optimal angesehen. Über Clickertraining wird sehr schnell und nachhaltig die gewünschte konditionierte Reaktion erreicht.

Das Training mit Stab und Clicker verlangt vom Hund einen gewissen Denkprozeß, der zunächst mehr zufällig eingeleitet wird. Die auf operanter Konditionierung basierende Technik muß bei Interesse nochmals unter Kapitel 3.5 nachgelesen werden.

7.8 Andere Hilfsmittel

Zur Korrektur eines unerwünschten Verhaltens können Feuchtigkeitsbestäuber für Blumen oder Kinder-Wasserspielzeugpistolen hilfreich sein. Das Zitronenduft versprühende Aboistop-Halsband darf nur bei Anwesenheit des Menschen Anwendung finden, so z. B. wenn der Hund einen Besucher im Hauseingangsbereich verbellt. Ruhiges Alternativverhalten wie Sitz, erfährt eine Belohnung. Viele Hunde zeigen kombiniertes Jagd-Bell-Verhalten: bellend losrennen/Aboistopaktivierung/Zurückkommen erfährt Belohnung.

Leider besteht stets die Gefahr, daß eine an sich gute Idee mißbraucht wird, so daß auch vor diesem Training ein wirklicher Experte konsultiert werden muß.

7.9 Elektroschockgeräte

Jeglicher Gebrauch selbstauslösender Geräte, z. B. Bellex, ist strikt abzulehnen, weil Handlungsweisen vom Hund völlig falsch verknüpft werden können.

Senderbetriebene Schockgeräte, wie Tele-Takt, Tri-Tronic oder Free-Spirit, sind in den Händen eines Hundehalters strikt abzulehnen, weil emotionsloses Handeln von ihm nicht erwartet werden kann, wenn sein Hund wegläuft.

Viele selbsternannte Fachleute kennen noch nicht einmal Basisregeln einer korrekt durchgeführten Konditionierung, so daß ein gesetzlicher Qualifikationsnachweis anzumahnen ist. Elektroschockgeräte dürfen nur dann eingesetzt werden, wenn ein Hund bereits BEUTEBESTÄTIGUNG (Schaf, Hase, Kaninchen, Katze, Rehkitz) erfahren hat und alle alternativen Trainingsmethoden zu keinem Erfolg geführt haben. Ansonsten sind Elektroschockgeräte, insbesondere auch zur „Verbesserung" der Unterordnung, als tierschutzrelevant anzusehen.

ZUR KENNTNISNAHME: der Mißbrauch vieler Hilfsmittel aus der Hundeerziehung kann eindeutig zur Schädigung eines Hundes führen, andererseits ist eine Verheimlichung offiziell auf dem Markt angebotener Hilfsmittel wohl kaum möglich. Totschweigen anstelle fachlicher Beratung sollte nach Meinung verantwortungsvoller Hundeerzieher nicht in Betracht kommen, weil der einfache Hundehalter dann ausnahmslos durch eine geschickt werbende PR informiert würde.

Oft ist der Gebrauch eines korrekt angewandten Hilfsmittels gefahrmindernd oder lebensrettend. Ehrliche und offene Aufklärung ist besser als unbedarfter Umgang mit „Wunderwaffen".

7.10 Das Dogmaster-Lernsystem

Konditionierung mittels ultraschallerzeugender Wurfketten als Hilfe bei der Hundeerziehung

Zum besseren Verständnis sei erwähnt, daß die obere Hörgrenze des Menschen zwischen 16 000 und 20 000 -, die des Hundes aber bei etwa 30 000 bis 40 000 Hertz liegt. Töne und Geräusche an der oberen Hörgrenze des Hundes liegen für den Menschen daher im bereits unhörbaren, sogen. Ultraschallbereich. Viele Versuche haben ergeben, daß Hunde im Bereich von 30 bis 40 Hertz mit deutlicher Aufmerksamkeit, aber auch gelegentlicher Unruhe reagieren. Aus den genannten Tatsachen läßt sich unter Beachtung einiger bestimmter Lerngesetzlichkeiten als Nutzanwendung eine Methode zur Erziehung von (selbst schwierigen) Hunden ohne Zwang ableiten.

Es ist der Verdienst des Amerikaners Dare Miller vom Canine Behavior Institut/Kalifornien, als erster eine derartige Lehrtechnik unter Anwendung dieser ultraschallerzeugenden Wurfketten ausgearbeitet zu haben. Die Verwendung der Wurfkette, die beim Schütteln oder Werfen außer dem hörbaren Rasselgeräusch auch noch Ultraschall ertönen läßt, weicht deshalb von der herkömmlichen Anwendungsart von normalen Wurfketten als Hilfsmittel in der Hundeerziehung (Strafreiz) ab.

Vorstellung der diversen Wurfketten und deren Einsatzgebiete:

a) Das M 1-Instrument

Dieses kleine Kettchen sollte beim Training immer in der Hand oder zumindest griffbereit in der Tasche sein. Dieses Kettchen wird beim Training am häufigsten gebraucht. M 1 ist für den Einsatz von kurzen Wurfdistanzen gedacht, für den Einsatz innerhalb des Hauses und um das Haus herum und arbeitet am besten in niedriger Höhe und bei relativ hoher Luftfeuchtigkeit.

b) Das M 2-Instrument

Dieses Kettchen wurde für den Gebrauch inner- und außerhalb des Hauses, aber auch für die Anwendung in der Stadt konzipiert. M 2 ist am resistentesten gegen Einflüsse von Lärm und Krach. Da der Aktionsradius ungefähr doppelt so groß ist wie bei M 1 und auch das Auftreten von Echos mit diesem Instrument gemeistert werden kann, ist der Einsatz von M 2 bei Tonstörungen als optimal anzusehen. Im Außengelände mit hügeligen Abschnitten, auf unebenem Terrain und auf harten Belägen, aber auch bei Eisbildung, kann dieses Instrument gut eingesetzt werden. Es arbeitet am besten bei niedriger Höhe und höherer Luftfeuchtigkeit.

c) Das M 3-Instrument

Unter idealen Bedingungen sollte dieses Kettchen besonders für größere Distanzen benutzt werden. Das M 3 kommt dann zum Einsatz, wenn ein Hund im offenen Gelände schnell läuft. Wenn ein Hund zum Streunen und Stöbern neigt, wird dieses Instrument vornehmlich in Berglandschaften und hohen Regionen zum Einsatz gebracht. In Gebieten mit atmosphärischen Störungen ist das Kettchen nicht so effektiv. Das M 3 sollte bei niedriger Luftfeuchtigkeit verwendet werden.

d) Das M 4-Instrument

Dieses Kettchen ist praktisch das Allroundgerät und somit am vielfältigsten zu verwenden. Das M 4 verbindet die besten Eigenschaften von M 2 und M 3, es kann bei jeder Bodenbeschaffenheit und Luftfeuchtigkeit zum Einsatz kommen. Es wird dann bevorzugt, wenn man die Trainingsbedingungen vorher nicht kennt. Der Distanz-Einsatzbereich ist etwas größer als bei M 2, jedoch auch nicht ganz so groß wie bei M 3. Dieses Kettchen kann auch auf dem Wasser, also z. B. in einem Boot verwendet werden. M 4 ist geschaffen worden, um mit gemischten Trainingsbedingungen fertigzuwerden.

Der Gebrauch des „Dogmaster-Lernsystems":

Das ganze System ist auf einer sogenannten mentalen Kommunikationsannäherung aufgebaut. Bildlich gesprochen stellt man sich am besten eine Spezial-Glocke vor, eine Bewegung läßt sie ertönen.

a) Das Kettchen außerhalb des Trainings niemals in Gegenwart des Hundes benutzen!

b) Das Kettchen stets sauber halten! Ein schmutziges Instrument vermittelt nicht den richtigen Ton! Das Kettchen unter heißem Wasser säubern und anschließend zwischen Tüchern trocknen. Bei hartnäckiger Verschmutzung z. B. Zitrone oder Zahnpasta zur Reinigung verwenden.

c) Vor dem Trainingsbeginn das richtige Kettchen zum Gelände wählen!

d) Das Masterdog-Lernsystem ist keine reine Strafdressur, sondern wird in Gebots- und Verbotstechniken unterteilt!
Die ultraschallerzeugenden Wurfketten sind wesentlich variabler einsetzbar, als das herkömmlich bekannte Wurfkettchen in der Strafdressur.

e) Beim Training mit dem Lernsystem ist sowohl auf die Körperhaltung des Hundes, als auch auf die des Menschen zu achten!

Die Verbots-Technik:

Das Rasseln bzw. Schütteln des Kettchens muß OHNE zusätzliche Kommandogebung erfolgen. Zeigt der Hund die geringste positive Regung bzw. den Ansatz des vom Halter gewünschten Verhaltens, muß bereits verbal gelobt werden.

Das Rasseln bzw. Schütteln des Kettchens hat dann zu erfolgen, wenn der Hund anfängt etwas Falsches zu tun. Genau zu diesem Zeitpunkt muß der Dogmaster ertönen.

Um zu Beginn des Trainings im richtigen Moment den Dogmaster einzusetzen, ist eine genaue Beobachtung der Gestik und Mimik des Hundes erforderlich!

Die Gebots-Technik:

Das Training des Hundes startet grundsätzlich mit dem Kommando „Komm". Hierzu wird eine rhythmische Konditionierungstechnik angewandt, um eine gewisse „hypnotisierende" Wirkung zu erreichen. Innerhalb von fünf Sekunden wird z. B. das Kommando „Rex komm" gegeben.

Der erste Ruf erfolgt ohne den Dogmaster, der zweite Ruf mit gleichzeitigem Schütteln des Kettchens exakt beim Kommando „Komm". Der dritte Ruf erfolgt wiederum ohne Kettchen.

Der vierte Ruf erfolgt, indem man bei „Rex" (oder jedem anderen Hundenamen) das Kettchen in Richtung des Hundes wirft. Trifft das Kettchen auf dem Boden auf, wird das Wort „Komm" gegeben. Der fünfte Ruf erfolgt wieder ohne Kettchen!

Auch hier gilt: bei der kleinsten Regung des Hundes bereits loben! Nicht erst, wenn sich der Hund bereits in Bewegung setzt zu kommen.

Man muß auf die eigene Körperhaltung achten! Bevor das Kettchen geworfen wird, muß man gerade stehen, danach in die Hocke gehen und während des Lobens in die Hände klatschen. Der Dogmaster muß immer so eingesetzt werden, daß er zwar in Richtung des Hundes geworfen wird, den Hund aber möglichst nicht trifft.

Wichtig ist, daß das Training zunächst in der gleichen Umgebung durchgeführt wird. Wenn der Hund das Kommando Schritt für Schritt später in vier verschiedenen Umgebungen und Situationen einwandfrei befolgt, kann man davon ausgehen, daß er es gelernt hat.

Konditionierung auf das Dogmaster-Lernsystem:

Die meisten Menschen machen den Fehler, beim Umgang mit ihrem Hund Symptome zu bekämpfen und nicht den Ursprung eines Fehlverhaltens zu erkennen. Fehlverhalten beim Hund entstehen jedoch sehr oft aus Angst. Das Training mit dem Dogmaster-Lernsystem vermittelt dem Hund die gewünschte Sicherheit.

Kapitel 8
Verhaltensbeobachtungen an gemischten Hundegruppen

8.1 Verhaltensbeobachtungen innerhalb eines Freilaufgeländes

Beobachtungen an Hunden, welche als hochsoziale Lebewesen ein sehr differenziertes Ausdrucksverhalten zeigen, gestalten sich aufgrund eines weiten Spektrums an Rassen und Mischlingen mit zum Teil erheblicher Variation verschiedenster Merkmale als sehr komplex und somit schwierig.

Im Gegensatz zu der Bezeichnung HUNDERUDEL, bei dem von einem gewachsenen und durch verwandtschaftliche Beziehungen gekennzeichneten Verbund ausgegangen wird, kommen seit nunmehr fast 20 Jahren gemischte Hundegruppen während der Pensionszeit zum gemeinsamen Freilauf. Den täglichen Freigang der Hunde und den damit verbundenen größeren Arbeitsaufwand in bezug auf Reinigung des Hundehauses, Begleitung der freilaufenden Tiere, Instandhaltung der Einrichtung und höheren Futterbedarf sahen wir immer mit dem Vorteil verbunden, viel Kontakt mit den Hunden zu haben und zudem die Eigenschaften jedes einzelnen Pensionstieres besser kennenzulernen.

Auch bei einer gemeinsamen Unterbringung größerer Hundegruppen (jeweils maximal 12 Tiere) muß davon ausgegangen werden, daß jedes Tier für sein Wohlbefinden neben einem Leben mit Artgenossen auch den Kontakt zum Menschen braucht. Ständige Einzelhaltung im Zwinger, sei dieser auch noch so aufwendig hergerichtet, wird dem sehr ausgeprägten Gemeinschaftsbedürfnis eines Hundes nicht gerecht, besonders wenn dieser gerade von seinem Besitzer getrennt wurde. Eine dauerhafte Unterbringung (z. B. in vielen Tierheimen) in extrem reizarmen Beton-Drahtzwingern mit betoniertem Auslauf entzieht dem Lauftier Hund nicht nur sein Bedürfnis nach ausreichender Bewegung, sondern befriedigt zudem keine Verhaltensansprüche, wie artgerechtes Scharren, Koten, Aufnehmen und Vergraben von Gegenständen usw.

Ein Feriengast muß, besonders bei erstmaliger Unterbringung, seine Lebensgewohnheiten umstellen. Außerdem ist der Trennungsschmerz von seinem gewohnten Sozialpartner zu berücksichtigen, und zu Beginn sind neue visuelle, akustische und geruchliche Reize zu verarbeiten. Zur Vermeidung möglicherweise daraus resultierender erhöhter Aggression, Ängstlichkeit oder aber Zerstörungswut empfiehlt sich zunächst eine Aufnahme auf Probe z. B. für ein verlängertes Wochenende.

Gerade weil gemischte Hundegruppen während der Urlaubszeit durch häufige Zu- und Abgänge verändert werden müssen, sollten sie stets einer strengen Kontrolle – durch bestens ausgebildetes Fachpersonal – unterliegen. Durch intensive Verhaltensbeobachtungen der Gestik und Mimik und damit verbundener Erfahrung wurde das System der Gruppenhaltung (Gruppen bis 12 Tiere im Haus, zwei Gruppen im Freilaufgelände) hier über die Jahre so entwickelt, daß sich die Hundezahl pro Gruppe immer umfangreicher gestalten ließ. Die Freilaufgruppen werden je nach Umfang von ein bis zwei Personen – die Gruppen im Haus durch eine Kamera – bewacht.

Beobachtungsgebiet und -methodik:
Unser Freilaufgelände umfaßt ein komplett 2 m hoch eingezäuntes, zusammenhängendes und ca. 10 000 m² großes Areal. Vor einem 3 m breiten Bepflanzungsring ist ein zusätzlicher Zaun (1 m hoch) installiert, der auch als Sichtschutz dient. Das Gelände ist naturbelassen und besteht zu etwa einem Drittel aus gemischtem Buchen/Eichenwald mit einem Bachlauf. Grasland mit Buschwerk machen demnach zwei Drittel des ansteigenden Terrains aus. Alle Hunde müssen eine schlauchartige Öffnung/Tor passieren, um auf das Freilaufgelände zu gelangen.

Alle Pensionshunde kommen dreimal täglich zu festen Tageszeiten jeweils eine Stunde in gemischten Gruppen zum Freilauf, auffällig aggressive Tiere werden nur paarweise ausgeführt.

Zur grundsätzlichen Vermeidung nahrungsbedingter Rangkämpfe werden alle Hunde im Haus getrennt gefüttert. Es erfolgt keine Aufnahme von läufigen Hündinnen, damit sich Rüden gegenüber Geschlechtsrivalen nicht übermäßig aggressiv und angriffslustig zeigen können. Regelmäßig kommen Hunde unterschiedlichen Alters, beiden Geschlechts und auch sterilisierte bzw. kastrierte Tiere gemeinsam zum Auslauf. Alle Hunde werden zuerst mittels des Zentralkommandos „Guck mal hier" (verbunden mit dem Namen) futterkonditioniert, um u. a. die Gruppe problemlos und ohne Zwang in das Hundehaus zurückführen zu können.

Kleinhunde mit Widerristhöhe bis zu 35 cm werden zur Vermeidung einer Meuteaggression (Mobbing) von jagdlich motivierten großen Hunden auf flüchtende Tiere in separaten Mischgruppen zusammengestellt.

Zwischen den einzelnen Freilaufintervallen und somit den hauptsächlichen Aktivitätsphasen dösen, rasten oder schlafen die Hunde bei paarweiser oder Gruppenunterbringung.

Resultate:
Ausgehend von der Erkenntnis, daß es weder DAS Hundeverhalten, noch DIE Sozialverträglichkeit geben kann, kennen die meisten Pensionshunde den allgemeinen Tagesablauf doch recht schnell und lassen sich – insbesondere wenn bereits eine sozial sichere und ausgeglichen auftretende Kerngruppe von Stammgästen vorhanden ist – relativ problemlos integrieren. Auch wenn die Hunde bei uns im Schnitt nur zwei bis vier Wochen untergebracht werden und der Besatz der Gruppen ständig wechselt, kommt es zwar hin und wieder zu kleinen Rangeleien, jedoch ausgesprochen selten zu ernsthaften Beißereien. Neuankömmlinge zeigten in der Tendenz gegenüber einer sozial sicheren, Nasen- oder Analschnupperkontakt aufnehmenden Gruppe zunächst oft unsicheres und untergeordnetes Verhalten (75% der Neuankömmlinge, 500 Hunde = 100%).

Das weitläufige Gelände schaffte genügend Ausweichmöglichkeiten, so daß die „Neuen" beschriebenes Verhalten zu 85% vor dem Eingang des Auslauftores zeigten. Die Mehrheit (80%) der von ihren Besitzern als allgemein sozial unsicher oder aggressiv bezeichneten Hunde (200 Hundebesitzer + Hunde = 100%) lernten mit den Ausdrucksmitteln hundlicher Kommunikation und unter Führung von Personal zunächst schrittweise den Umgang mit Artgenossen. Sie konnten innerhalb einer Hundegruppe resozialisiert und integriert werden, solange keine Besitzer anwesend waren.

Aus gleicher Quelle (200 Besitzer) ging hervor, daß 50% der Hundebesitzer zuvor aus Angst vor der Konfrontation ihren Hunden keinen Kontakt zu Artgenossen gestatteten, 20% nur an der Leine, und 15% ließen nur Kontakt zu gleichgeschlechtlichen Tieren zu. Insgesamt 15% der Befragten gaben an, daß sie überhaupt nicht wüßten, ob ihr Hund verträglich ist.

Ein Teil sogenannter Angstbeißer (40% von 100 Hunden) wurde als erster Schritt an einen leichten Maulkorb gewöhnt und begegnete nach ersten positiven Erfahrungen (Lerneffekt in der Gruppe durch Kontakte ohne Aggressionen) anderen Hunden ohne Angst. Selbstverständlich nicht pauschal, zeigten die verbleibenden 60% der Angstbeißer in den ersten ein bis zwei Wochen der Aufenthaltszeit in der Tendenz häufiges Abwehrschnappen, was aber von den sozial sicheren Hunden der Gruppen meistens ignoriert wurde (70% bei 1000 direkten Kontakten).

Um eigene Sicherheit im Umgang mit ihren Hunden und eine dauerhafte Verbesserung des Sozialverhaltens zu erreichen, mußten 35% der Hundebesitzer nach der Pensionszeit durch angebotenes Haustraining in heimischer Umgebung nachgeschult werden (teilweise unter Einsatz von Bachblüten o. ä.), um ihren Hunden regelmäßigen Kontakt zu Artgenossen (ohne Leine) zu gewähren.

Für die Auswertung langjähriger Statistiken ist das Verhalten der Hunde untereinander, aber auch gegenüber den Menschen wichtigstes Beurteilungskriterium. Es zeigt sich, daß eine Gruppenhaltung von Pensionshunden mit der Zielsetzung einer Resozialisierung nicht nur möglich ist, sondern viele „Verhaltensstörungen" im Bereich des Sozialverhaltens positiv beeinflußbar, wenn nicht sogar gänzlich zu beheben sind. Voraussetzung ist die Anerkennung der ranghöchsten Stellung des Menschen, also seine Idolfunktion im Sinne einer Führungsrolle.

Wichtig für eine Hundegruppe ist vor allem ein dominantes Auftreten der möglichst gleichen Aufsichtspersonen, die wiederum keinen der Hunde bevorzugt behandeln darf, um keine Gruppenaggression aufkommen zu lassen. So wird z. B. zwingend vermieden, Stöcke zu werfen. Futterreste in Form von alten Kauknochen, Hundekuchen usw. werden regelmäßig eingesammelt und aus dem Freilaufgelände entfernt.

Stammgäste bilden in den Hauptferienzeiten oft den sozial sicheren Kern einer Hundegruppe, der für die Eingliederung von Neuzugängen (besonders jungen Hunden) eine wichtige Funktion beim Aufbau und späteren Zusammenhalt einer größeren Gruppe erfüllt. Über die Jahre bestätigte sich zu 75% die offensichtliche Führung (Personal ausgenommen) durch eine ältere, verträgliche Hündin großer Rasse, welche für Ordnung sorgt. Unvergessen bleibt uns die inzwischen verstorbene Doggenhündin Ondra, die besonders rangniedrige Tiere, offenbar ohne äußeren Anlaß, durch aktive Unterwerfungsgesten kontaktierten und dann häufig in ausgelassener Weise mit ihr spielten.

Auf insgesamt über 1000 Hundegruppen zurückblickend, scheinen bestimmte Tiere regelrechte Freundschaften einzugehen. Dies ist bei der Beobachtung des Spiels oder auch der Pflegehandlungen, die ein Hund am anderen vornimmt, klar zu erkennen.

Erkennbare Trends:

Natürlich lassen Beobachtungen, selbst an über 1000 Freilaufgruppen aufgrund unterschiedlichen Besatzes, nur grobe Schlußfolgerungen zu. Diese Haltungsform wirkt jedoch eindeutig aggressionshemmend, da Konflikte im direkten Kontakt mit Hilfe sozialer Kommunikation gelöst werden können.

Eine Bestätigung sahen wir oft darin, daß die Mehrzahl der auf dem Freilaufgelände sozial verträglich eingestellten Hunde durch trennende Absperrungen hindurch Neuzugänge aggressiv anbellten, knurrend am Zaun entlang auf- und ab liefen, später jedoch – beim gemeinsamen Auslauf nach erstem Analschnupperkontakt – zusammen spielten.

Es zeigte sich unabhängig von Jahreszeiten, Wetterbedingungen, individuellen Erfahrungen und des Gehorsamsstandes in Gruppen zusammengefaßter Hunde bis zum Alter von einem Jahr ein Trend zu Verfolgungsspielen ohne aggressives Verhalten bei folgenden Rassen: Beagle, Labrador- und Golden Retriever, Setter, Schäferhund, Husky und Boxer; Hirtenhundeschläge (z. B. Pyrenäen), Neufundländer, Bernhardiner und andere schwere Rassen nahmen an derartigen Aktionen wesentlich seltener teil und hielten mehr „Individualdistanz" ein.

Bei einer Zusammenstellung von Kleinhundegruppen des gleichen Alters zeigt sich – wohl bedingt durch den ursprünglichen Nutzungszweck (keine Unterwerfungsgesten gegenüber Füchsen und Dachsen, Rattenjäger usw.) ein gesteigertes Aggressionsverhalten bei Fox-, Welsh-, Cairn-, West-Highland- und anderen Terriern; Kleinpudel- und Dackelrüden mußten überdurchschnittlich oft in ihrem „Aufreitverhalten" korrigiert werden. Rasseunabhängig fand eine erhöhte Aufreitbereitschaft gegenüber kastrierten Tieren beiden Geschlechts statt (80% von 100 kastrierten Hunden wurden regelmäßig bestiegen).

Bei Verhaltensbeobachtungen an älteren Tieren fiel tendenziell eine rassespezifisch soziale Verträglichkeit unter Beagle, Labrador- und Golden-Retriever, Setter, Boxer, Spaniel, Windhunden und schweren Rassen, mit Ausnahme von Hirtenhunden, auf.

Deutlich eingeschränkt galt gleiches für Schäferhund-, Rottweiler-, Husky-, Doggen- und Schnauzerrüden. Nicht unerwähnt bleiben sollten diverse Jagdhunderassen, welche innerhalb des Funktionskreises „soziales Verhalten" zu Droh-, Imponier- und Aggressionsverhalten neigten (wiederum verstärkt bei Rüden), und neben Beißspielen auch wüste Rennspiele vortrugen.

Hütehundschläge zeigten sich während der juvenilen Phase sehr an Initialspielen interessiert, entwickelten mit zunehmendem Alter aber die deutliche Tendenz, bei anderen Hunden durch zielgerichteten Blickkontakt, Abducken des Körpers, schnelles Vorpreschen usw. zuerst Fluchtstimmung auszulösen und diese anschließend zu überrennen oder auf den Boden zu drücken.

Etwas präziser kann die verhaltensbiologische Bindung des Hundes an Menschen, im speziellen sogar die Bevorzugung des Menschen vor dem Artgenossen, beschrieben werden, welche z. B. Konrad Lorenz in folgendem begründet sah:

„Zum einen in der Bindung junger Wildcaniden an ihre Eltern, welche beim Haustier als Teilerscheinung einer allgemeinen Verjugendlichung dauernd erhalten bleibe" und des weiteren „in der Gefolgschaftstreue, mit welcher der Hund an der Person des Rudelleiters hänge".

Zweiwöchiger Test unter konstanten Bedingungen:

Als Zielsetzung stand die Frage an, ob sich die Hunde pro Tag zu mehr als 80% (also 144 Minuten pro 3 Stunden Freilauf) in der Nähe des Menschen aufhielten oder nicht. Eine Hundegruppe wurde stets mit denselben 15 Tieren* besetzt und während des Freilaufs nicht durch Futtergaben angelockt. Zwei Aufsichtspersonen (A) bewegten sich konstant zwischen den Punkten (Y) und (Z), somit also innerhalb ca. 60% des Freilaufgeländes. Als optische Abgrenzung zu den verbleibenden 40% des Geländes wurde ein weißes Plastikband auf den Boden gelegt. Die Hundegruppe wurde 3 mal täglich jeweils exakt eine Stunde über einen Zeitraum von 14 Tagen beobachtet. Bei der Grafik steht eine Ziffer für den entsprechenden Hund pro Tag (also 15 Hunde mal 14 Tage = 210 Ziffern insgesamt).

```
                                        (A)   1 3 (Y)   4 6 7 10 11 14 15
 5 12 13              2 8                      1 3 4 6 7 10 11 14 15   (G)
 5 12 13    (W)       2 8                        1 3 4 6 7 10 11 14 15
 5 12 13              2 8                        1 3 4 6 7 10 11 14 15
 5 12 13              2 8                        1 3 4 6 7 10 11 14 15
 5 12 13              2 8                        1 3 4 (A) 6 7 10 11 14 15
 5 12 13              2 8                        1 3 4 6 7 10 11 14 15
 2 12 13              2 8                          1 3 4 6 7 10 11 14 15
 8 8 8                                           1 3 4 6 7 10 11 14 15
                              2 5 5 5 5          1 3 4 6 7 10 11 (Z) 14 15
 2 2 2                                           1 3 4 6 7 10 11 14 15
 2 5 8 9 12 12 12 12 12 13 8 5                   1 3 4 6 7 10 11 14 15
 2 5 8 9 12 13 12 13 13 13 8 5                   1 3 4 6 7 10 11 14 15
 9 9 9 9 9 9 9 9 9 9 13 13
                   (B)
```

(W) = Wald; (B) = Buschwerk; (G) = Grasland; 2 mal (A) = jeweilige Aufsichtsperson

---

* die gemischte Hundegruppe bestand aus: dem 3jährigen Retrievermix-Rüden Barclay (1), dem 1jährigen Bullterriermix-Rüden Paule (2), dem 5jährigen Hovawart-Rüden Ben (3), dem 4jährigen AC-weißen Schäferhundrüden Apollo (4), dem 2jährigen Deutsch Drahthaar-Rüden Cliff (5), dem 2jährigen Schäferhund-Rüden Arco (6), dem 7jährigen Retrievermix-Rüden Rex (7), dem 3jährigen Airdaleterrier-Rüden Harry (8), dem 2jährigen Jagdhundmix-Rüden Dino (9), der 5jährigen Beagle-Hündin Lonka (10), der 5jährigen Dobermann-Hündin Briska (11), der 4jährigen Border-Collie-Hündin Nicki (12), der 2jährigen Husky-Hündin Anuschka (13), der 5jährigen Dogenhündin Ondra (14) und der 5monatigen Golden-Retriever-Hündin Anja (15).

Freilaufgelände (10 000 m^2): gemischte Hundegruppe (1–15).

Ergebnis:

Interessanterweise bezeichneten alle Besitzer den Gehorsamszustand ihrer Hunde vor Abgabe in die Pension als „ihrer Meinung nach gut". Nach 14tägiger Beobachtung war diese pauschale Aussage bei den Rüden Barclay (1), Ben (3), Apollo (4), Arco (6), Rex (7) und den Hündinnen Lonka (10), Briska (11), Ondra (14) und Anja (15) auch nachvollziehbar, weil diese hauptsächlich in Sichtweite des Aufsichtspersonals zusammen spielten und sich letztlich auch an den Bewegungen der Menschen orientierten.

Sowohl die Rüden Paule (2), Cliff (5), Harry (8) und Dino (9), als auch die Hündinnen Nicki (12) und Anuschka (13) interessierten sich allenfalls sporadisch für das Aufsichtspersonal und hielten sich überwiegend im Wald oder innerhalb des durchsichtigen Buschwerkes auf. Pauschal betrachtet bevorzugte die Mehrheit (60%) der Hunde bei dreimal täglichem Auslauf über 14 Tage die Nähe des Menschen, wenngleich die Minderheit (40%) bei näherer Betrachtung ausnahmslos aus jagdlich motivierten Hunden bestand. Bei Abholung relativierten die Besitzer der unfolgsamen Hunde den zuvor geäußerten „guten Gehorsamszustand" durch den Zusatz: „an der Leine".

Zusammenfassung:

Aufgrund der zum großen Teil mittels Videotechnik durchgeführten Beobachtungen bleibt festzuhalten, daß sicherlich die meisten Hunde für einen gemeinsamen Freilauf geeignet erscheinen, wenn sie von erfahrenem und vertrauenserwecken-

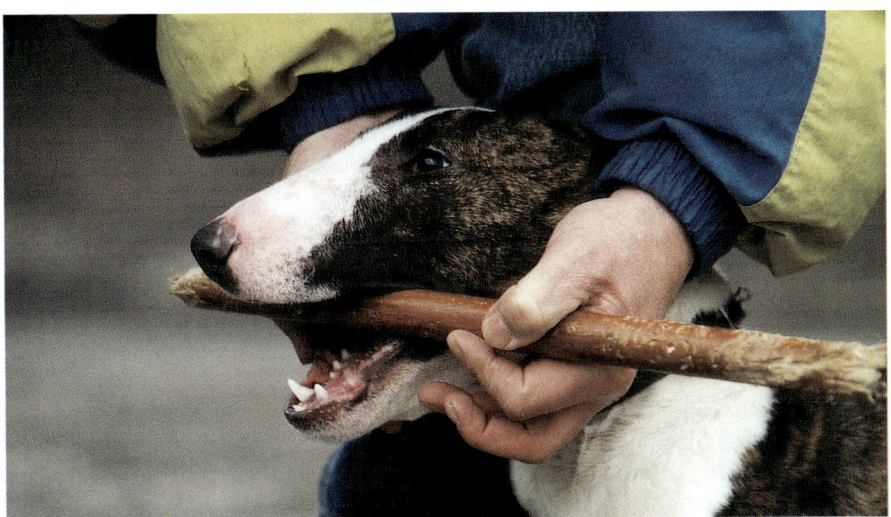

Selbst bei massivsten Beissereien kann mit einem Beißstock das Gebiß des angreifenden Hundes ausgehebelt werden. Seitlich in den Rachen eines Hundes geschoben besteht der Vorteil, daß ein mechanisch aufgezeigtes Beißverhalten auf den Stock umgeleitet wird.   Foto: Peter Nawrath dem Personal beaufsichtigt werden. Haltungsbedingte Verhaltensstörungen können durch regelmäßigen Gruppenfreilauf zumindest positiv beeinflußt, wenn nicht gar behoben werden, so daß diese art- und verhaltensgerechte Form besonders auch für Pensionshunde der einfachen Zwingerhaltung vorgezogen werden muß.

Basierend auf den Erkenntnissen der modernen Verhaltensforschung, muß die Schuld an hundlichem Fehlverhalten dem Menschen zugeordnet werden.

Eberhard Trumler schrieb: „Jeder erwachsene Hund ist das Ergebnis des Zusammenwirkens von angeborenen Anlagen und den auf diese Anlagen einwirkenden Umwelteinflüssen". Der entscheidende Umwelteinfluß für den Hund ist der Sozialpartner Mensch.

8.2 Verhaltensbeobachtungen an gemischten Hundegruppen ohne Präsenz des Menschen

In der Zeit vom 10. bis 22. Oktober 1996 und vom 21. Dezember 1996 bis zum 6. Januar 1997 wurde das Verhalten einer gemischten Hundegruppe (11 Tiere) im Hundehaus über ein Observationssystem aufgelistet. Die konstanten Beobachtungen fanden täglich von 13.00 bis 16.00 Uhr statt. Die Hundegruppe hatte unter Führung von Fachpersonal (wie unter 8.1 beschrieben) vor 13.00 Uhr ausreichenden Freilauf und wurde bis zum nächsten Ausgang um 16.00 Uhr alleine gelassen.

Der Gruppe stand neben einem ca. 13 m² großen, zentral beheiztem Aufenthaltsraum ein separat eingezäunter Auslauf von ca. 300 m² permanent zur Verfügung, zu erreichen durch eine geöffnete Klappe.

Die Beobachtungen standen unter der Prämisse, wie sich die gemischte Hundegruppe ohne menschliche Aufsicht verhält. Die hier zusammengefaßte Darstellung beschreibt festgehaltenes Aktivitäts-, bzw. Ruheverhalten. Nach dem gemeinsamen Freilauf betraten die Hunde den beschriebenen Raum. Während sich die meisten Hunde sofort auf die verschiedenen Decken verteilten, liefen einige in den zu 1/3 überdachten Auslauf und legten sich dort nieder. Zuvor hatte kein Hund einen festen Platz zugewiesen bekommen.

Dominantere Tiere wählten einen bestimmten Platz aus, den sie während der kompletten Observationszeit immer wieder einnahmen. Junge Hunde unter einem Jahr lagen beieinander und gestatteten – im Gegensatz zu den Dominanten – auch Kontaktliegen.

Die im Auslauf ruhenden Hunde (erwachsene Neufundländer, Huskies, Samojeden) suchten sich stets einen bevorzugten Platz und duldeten ebenfalls kein Kontaktliegen. Bei Annäherung ignorierten sie dieses Verhalten oder brummten mit gleichzeitigem Anheben der Lefzen.

Nach ca. einer Stunde wurden einige Hunde schon wieder aktiv. Sie erkundeten das Freilaufgelände, kauten auf diversen Stöcken oder urinierten nach Geruchsaufnahme an bestimmten Stellen. Liefen zunächst nur einzelne Tiere umher, begannen im Haus nun immer mehr, den Raum zu erkunden. Jagdhunde bellten, sobald sie durch die großen Fenster entweder Vögel oder andere beweglichen Außenreize aufnahmen.

Die übrigen Hunde ließen sich nur zum Mitbellen animieren, wenn sie vom Freilauf aus Menschen oder andere Hunde sahen. Startete ein Tier zielgerichtetes Bellen, stimmten die meisten mit ein und bellten sich dann auch teilweise gegenseitig an. Zu direkten, interaktiven Auseinandersetzungen kam es nie. Sobald sich eines der Tiere abwendete und dadurch jeglicher Blickkontakt unterbrochen worden war, löste sich der Pulk rasch wieder auf. An diesen „Bellgefechten" waren immer dieselben NICHT dominanten Hunde beteiligt.

Die im Raum auf bestimmte Plätze fixierten, dominanten Hunde standen nur auf, wenn ein regelrechtes Chorbellen stattfand. Meistens stand die dominanteste Hündin in der Klappenöffnung zum Freilauf und verwehrte den zuvor bellenden Hunden jeglichen Eintritt zum Raum. Erst nachdem die Lage beruhigt schien, legte sie sich auf ihren Platz, und andere Hunde betraten nach und nach den Raum. Nach diesen Aktivitätsphasen gab es immer wieder allgemeine Ruhepausen. Die Tiere dösten, schliefen oder schnarchten teilweise sogar. Im Freilauf schlafende Hunde rollten sich hauptsächlich zusammen, während die Tiere im Raum vornehmlich in Brustlage oder gestreckter Seitenlage beobachtet wurden. Kontaktliegen wurde auch nach Aktivitätsphasen nur bei jungen Hunden festgestellt.

Mit fortschreitender Dauer und in Richtung nachmittäglichem Geländegang um 16.00 Uhr wurden die Ruhephasen stets kürzer, bis schließlich nur noch einzelne Hunde, wie schwerfällige Neufundländer, Landseer oder Rottweiler auf ihren Plätzen liegenblieben.

Kündete das Türöffnungsgeräusch des Hundehauses die Ankunft des Personals an, lief die komplette Gruppe bellend, fiepend und heul-jaulend in Richtung Raumeingang.

Nach Öffnen der Tür konnte kein geordnetes Entweichen festgestellt werden, vielmehr drängten sich alle Hunde gleichzeitig nach draußen.

Einen neuankommenden Hund in die gemischte Gruppe zu integrieren, bedurfte der klugen Voraussicht. Jeder Neuling wurde zuerst während des Geländeganges mitgeführt und erst dann mit allen anderen Hunden in den Gemeinschaftsraum gebracht. Manchmal bestanden die Tiere auf festen Plätzen, so daß neue Hunde vom Personal auf die noch freien Schlafstellen verteilt wurden. Da einige Tiere ihre Schlafstelle ohnehin von Tag zu Tag wechselten, gab es hinsichtlich einer schnellen Integration keine ernsthaften Probleme.

Auseinandersetzungen um Futter voraussetzend, wurden alle Hunde zunächst grundsätzlich getrennt und bekamen ihren Napf vorgesetzt. Vor Einsammlung aller Futterschüsseln wurden die Hunde nicht zueinandergelassen. Eine Husky-Hündin war so futteraggressiv, daß sie schon einige Minuten vor der jeweiligen Fütterungszeit separiert werden mußte. Nach der Fütterung folgte im Normalfall eine ausgiebige Ruhephase. Ab dem Spätnachmittag konnten aufgrund der Lichtverhältnisse keine weiteren Beobachtungen durchgeführt werden.

Eine zusammenfassende Beurteilung hat ergeben, daß gemischte Hundegruppen ohne menschliche Präsenz recht unauffällig zusammenleben. Dominantere Tiere schafften sich zwar bestimmte Privilegien, wie z. B. feste Schlafplätze und keine Duldung eines Kontaktliegens, spektakuläre Auseinandersetzungen fanden jedoch keinesfalls statt. Während des Geländeganges orientierten sich viele Hunde hingegen am Personal und versuchten, sich in der Mensch/Hund-Beziehung einen Status zu erarbeiten.

Bestimmte Hunde schmiegten sich eng an eine Person und verteidigten diesen Standort durch Knurren, Brummen, Zähneblecken und gelegentliches Schnappen. Das Personal war aufgefordert, eine solche Situation mit schnellem Entfernen und Ignorieren der hundlichen Verhaltensweisen zu beantworten. Je länger die gemischte Hundegruppe in einem Gemeinschaftsraum untergebracht war, desto einfacher war die Führung während des Geländeganges.

Zur Vermeidung caniden-typischen „Mobbings" fand kein Integrationsversuch extrem sozial unsicherer Hunde statt. Die Zusammensetzung der Gruppe bestand aus etwa gleichgroßen Tieren mit ca. 50 bis 70 cm Widerristhöhe völlig unterschiedlichen Alters (1 – 7 Jahre). Kleinwüchsige Hunde wurden ebenfalls in einer elf Tiere umfassenden Gruppe zusammengestellt, jedoch nicht kontinuierlich beobachtet. Massive Auseinandersetzungen konnten auch hier nie festgestellt werden, so daß insgesamt eine Isolationshaltung vieler Tierheime, mit einem ständigen Zu- und Abgang von Hunden begründet, nicht nachvollziehbar erscheint.

Selbstverständlich müssen auffällig aggressive Hunde separat oder im Normalfall paarweise untergebracht werden. Insgesamt bleibt jedoch festzuhalten, daß die Tiere innerhalb gemischter Gruppen wesentlich unproblematischer zusammenleben, als gemeinhin angenommen.

Diese Tatsache bestätigen auch meine Bad Bramstedter Kollegen Bettina und Michael Bannes-Grewe, die auch bereits seit geraumer Zeit Pensionshunde in Gruppen halten.

Nennenswerte Zwischenfälle – Fehlanzeige.

Kapitel 9
Die Beseitigung einiger Problemhundeverhalten

9.1 Problemhundeverhalten im Haus

Das Trennungsheulen junger Wolfswelpen ist weithin hörbar, wenn sie am Höhlenkomplex zurückgelassen werden.

Wölfe, wie Hunde, gelten als Rudeltiere, die oft instinktiv erregt werden, wenn sich Teile oder gar das übrige Restrudel von ihnen trennt oder nur Anstalten macht, sich trennen zu wollen (hundespezifisch). Heulen oder bellen heißt Aufmerksamkeit erhalten. Wird diese nicht erreicht, können streßbedingte Übersprungshandlungen, wie beharken, zerkratzen und zerstören von Gegenständen, aber auch das Absetzen von Kot und/oder Urin diese Trennungsangst begleiten. In Erinnerung bleibt der 1995 allein geborene Wolfswelpe, der zurückgelassen erbärmlich heulte, dann aber nach einigen Minuten einen Knochen beharkte. Wolfswelpen lernen schon sehr früh, immer wieder einmal schrittweise und über verschiedene Zeitintervalle ohne Erwachsene auskommen zu müssen.

Hundewelpen, wie auch erwachsene Hunde, die nie an ein Alleinebleiben gewöhnt wurden, haben die Gabe, sich lautstark bemerkbar machen zu wollen. Oft sind es gerade ausgesprochen unsichere Tiere, die ihren Haltern in jedes Zimmer, Keller oder in das Bad folgen und dann natürlich übertrieben reagieren, wenn der Halter den Hausstand verlassen will. Ohne auf jedes einzelne Anzeichen einzugehen (die Summe aller Anzeichen verursacht beim Hund Trennungsangst), sollten hier einige Grundsatzregeln helfen, Heulverhalten bzw. Zerstörungswut zu beeinflussen oder gar nicht erst aufkommen zu lassen:

Welpen müssen über KLEINE Zeitintervalle daran gewöhnt werden, alleine zu bleiben. Es empfiehlt sich, sie zunächst nur KURZ nach Schließung der Tür in einem Zimmer zurückzulassen. Viele Erfahrungen bestätigen eindeutig eine positive Unterstützung durch Flugtransportboxen, an die ein Welpe vom ersten Tag gewöhnt wird. Eine solche Transportbox bietet ängstlichen Tieren eine Art „Ersatzhöhle", in die sie sich zurückziehen können.

Um eine zu enge Mensch/Hund-Beziehung zu vermeiden, sollte dem Hund ein fester Platz, wie z. B. eine Decke oder ein Körbchen, zugewiesen werden. Dieser sollte erst einmal mit Annehmlichkeiten für den Hund, wie Spielzeug oder Kauknochen verbunden werden. Reagiert der Hund extrem unruhig auf Schlüsselgeräusche oder Kleiderwechsel (Konditionierung: Spazierengehen), kann dieser Kreislauf unterbrochen werden. Hierzu wird das Schlüsselbund hin und wieder ohne direkten Bezug aufgenommen und abgelegt, die Jacke – oder nur eine Weste – an- und ausgezogen.

Der Halter sollte ein ausgesuchtes Lieblingsspielzeug des Hundes bereits mehrere Stunden vor Verlassen des Hauses auf der Garderobe plazieren, es kurz vor Verlassen aufnehmen und einige kurze Unterordnungsübungen durchführen. Das besagte Spielzeug wird dem Hund auf seinem festen Ruheplatz angeboten, und der Halter läßt ihn nun OHNE VERABSCHIEDUNG alleine. Nach Rückkehr ist eine Begrüßungszeremonie strikt zu unterlassen, statt dessen muß der Hund völlig ignoriert werden.

Erst nach klar erkennbarer BERUHIGUNG sollte der Hund herangerufen werden (agieren) und der Halter dann zur Belohnung für RUHIGES VERHALTEN mit ihm spielen.

Welpen und Junghunde, die Tapeten und Gips von der Wand reißen, zeigen ein solches Verhalten oft aus Kalkmangel. Es nutzt überhaupt nichts, den Hund für Zerstörungen zu bestrafen, die er in Abwesenheit des Besitzers (oft liegt dieses Verhalten schon einige Zeit zurück) angerichtet hat. Es besteht für den Hund KEIN Zusammenhang mehr zwischen „Tat" und Bestrafung.

Läßt der Halter seinen unterbeschäftigten und unausgelasteten Hund regelmäßig alleine, kann er Gegenstände aus purer Langeweile zerstören und nicht – wie oft angenommen – aus Boshaftigkeit oder gar Rache. Nochmals auf die Körperhaltung in Verbindung mit geruchlicher Kommunikation zurückkommend, lernt ein Hund oft in der Wohnung allgemein verstreute, ZUVOR zerstörte Gegenstände mit einer anschließenden Körperhaltung und -ausstrahlung zu verbinden. Die eigentliche Handlung des Zerstörens verknüpft er keinesfalls, seine Gesten der Unterwerfung, Angst oder entsprechender Mimik haben deshalb auch nichts mit einem schlechten Gewissen gemein.

Hunde beschlagnahmen gerne Sofa oder Sessel während der Abwesenheit ihrer Halter. Sie öffnen Türen oder zerkratzen die Rahmen beim Versuch, diese zu öffnen. Vorausgesetzt, diese Verhaltensweisen werden nicht schon bei Anwesenheit geduldet (oder nichts Entscheidendes dagegen unternommen), empfiehlt sich unter Berücksichtigung der Objektverknüpfung der Gebrauch von doppelseitigem Teppichklebeband, Besenstielen oder die Verwendung eines selbstaktivierenden TattleTale-Gerätes. Letzteres sendet bei leichter Berührung einen unangenehmen Pfeifton aus. Das Ausräumen von Abfalleimern und Mülltonnen kann verhindert werden, wenn ein darin gezielt plazierter Luftballon platzt.

9.2 Aggressives Verhalten gegenüber Fremden oder Besuch

Einleitend sei nochmals auf die sinnvolle Einwirkungsmöglichkeit über die Kurzleine verwiesen, wodurch ein Hund rasch kontrollierbar wird. Zunächst bedarf es der Klärung, ob sich ein Hund generell territorial-aggressiv verhält oder nur eine bestimmte Person des jeweiligen Hausstandes extrem „beschützen" will. Oft reagieren Hunde auch aggressiv, weil sie im Hauseingangsbereich oder der unmittelbar in diesem Bereich liegenden Küche gefüttert werden. Dann müssen Futterplatz und -gewohnheit geändert werden.

In Einzelfällen verteidigen Hunde ganze Zimmer oder Hausbereiche, nur weil Futter in einem bestimmten Schrank oder einer Schublade aufbewahrt wird. Dann sollten Futtertüten, Kauknochen o. ä. z. B. in den Keller verlegt werden. Sind optische oder akustische Außenreize Auslöser extremen Bell- oder Aggressionsverhaltens, sollten konkrete Maßnahmen ergriffen werden. So können z. B. durchsichtige Eingangstüren visuell durch einen Vorhang, dunkle Sichtblenden oder Klebefolie verändert oder auch der Türklingelton ausgetauscht werden.

Manchmal hilft es schon, wenn ein Helfer läutet, bei Öffnung aber keiner vor der Tür steht. Ist der Hund an einen festen Platz gewöhnt, wird er unmittelbar nach dem Klingeln dorthin geschickt, die „Platz-Bleib"-Ausführung belohnt (ggf. über Kurzleine eingewirkt), bevor der Halter die Eingangstür öffnet. Um die allgemeine Dominanz zu reduzieren, sollte jeglicher Besuch die Aufforderung erhalten, den Hund absolut zu ignorieren. Verhält sich der Hund, der sich z. B. im Körbchen befindet, ruhig, erhält er eine Belohnung.

Ängstliche Hunde hingegen sollten über einen gewissen Zeitraum nur noch vom Besuch gefüttert, ggf. auch spazierengeführt, werden. Ansonsten muß der Halter darauf achten, daß seine Aufmerksamkeit (Hunde verbal beruhigen oder strafen) den Hund nicht erregt oder von ihm als Belohnung aufgefaßt wird.

Zeigt der Hund bei Anwesenheit von Besuch streßbedingte Übersprungshandlungen, wie Zeitung oder Teppich zerreißen, muß dieses Verhalten ignoriert und der Hund auf den ihm bekannten festen Platz verwiesen- oder nötigenfalls kurzfristig in ein anderes Zimmer geschickt werden, bis er sich sichtlich beruhigt hat. Dafür erhält der Hund dann eine Belohnung. Hunden ist zu vermitteln, daß Besuch als vorübergehend neue Rudelmitglieder zu akzeptieren sind, ohne daß sich dadurch große Veränderungen in ihrem Sozialstatus ergeben. Die gewohnten Spaziergänge und Fütterungszeiten, Spieleinheiten, gleiche Schlaf- und Ruheplätze müssen weiterhin eingehalten werden.

Manche Menschen sind allerdings innerlich von der gezeigten Aggression eher begeistert. Sie sehen im Verhalten ihres Hundes eine Aufwertung des eigenen schwachen Egos und lassen dadurch Souveränität und Führungsanspruch vermissen. Oft stellen sich in unserem Büro mehrere Familienmitglieder vor, deren unterschiedliche Einstellung zum Verhalten ihres Hundes Ursache des Problems mit Besuchern darstellt. So schürt z. B. inkonsequente Vorbildfunktion des Hundehalters die Erregbarkeit bzw. Ängstlichkeit des Hundes. Dieser Umstand muß deutlich betont werden, da heilloser Zuordnungsstreit während eines Gespräches leider oft typisch ist und der Berater als gerichtliche „Schiedsstelle" angesehen wird. Von einer ungeheuren Themenkomplexität ausgehend, konnten hier nur einige grobe Maßnahmebeschreibungen abgegeben werden, so daß eine komplette Beseitigung eventuell ängstlichen Verhaltens nur durch individuelle Therapie durchgeführt werden kann. Diese sollte in dem systematischen Aufbau einer Desensibilisierung bestehen. Manchmal empfiehlt sich in diesem Zusammenhang der Gebrauch eines leichten Plastikmaulkorbs (Baskerville), durch den u. a. Futterbrocken gereicht werden können.

Aggressives Verhalten, neben Fremden durchaus auch gegen den menschlichen Sozialpartner oder dessen Kinder gerichtet, muß nicht unbedingt angstmotiviert sein. Überhaupt sprechen viele Menschen über Hundeverhalten, als ob es eine konkrete Einheit darstellen würde. Dem ist natürlich nicht so. Aggressionen können durch eine Reihe innerer Stimuli sowie äußerer Reize aus der Umwelt motiviert sein. Hunde zeigen aggressives Verhalten, um Nahrungsressourcen zu sichern oder um sexuelle Ansprüche durchzusetzen. Viele Hunde, z. B. Herdenschutzhunde, reagieren ab der Dämmerung wesentlich aggressiver als während des Tages, das heißt, nur eine Veränderung der Lichtverhältnisse kann ausgesprochen entscheidend sein. Neben den bereits erwähnten Stimuli sind Hunde je nach Rasse rein anatomisch sehr unterschiedlich aufgebaut, was wiederum einen Effekt auf ihr rassespezifisches Verhalten hat.

Sowohl den Hundehalter, als auch den Besucher oder eine fremde Person interessiert vor allem eine entscheidende Frage: warum und aufgrund welcher Gegebenheiten beißen Hunde überhaupt Menschen?

Um diese komplexe Frage wenigstens einigermaßen verständlich zu beantworten, schauen wir uns nun einmal an, worauf zumindest die meisten Aggressionen und Angriffe auf Menschen zurückzuführen sind. Da, wie wir schon besprochen haben, bei unseren Hunden oft eine Überlagerung unterschiedlicher Funktionskreise (Beutefangverhalten in Verbindung mit Spiel) für das letztlich aufgezeigte Verhalten verantwortlich ist, stellt der schnell vorbeilaufende Jogger oder uns plötzlich passierende Fahrradfahrer einen beim Hund jagdauslösenden Schlüsselreiz dar. Aus dem Spiel heraus nimmt er die Verfolgung auf und schnappt manchmal in das sich bewegende Ziel. Angriffe auf Menschen sind also oft jagdlich motiviert, müssen es allerdings nicht zwangsläufig sein. Dem Angegriffenen nutzt die Erkenntnis herzlich wenig, jedoch ist abruptes Stehenbleiben die einzig sinnvolle Lösung des Problems. Da es bei Hunden zu Kombinationen unterschiedlicher Antriebssysteme kommt, rennen sie wie bei einer sinnlosen, nicht erfolgversprechenden Hatz auf Vögel auch Joggern und Fahrradfahrern meist eher ritualisiert hinterher. Sie bellen ein wenig und kehren alsbald zu ihrem Halter zurück. Trotzdem ist dieses Verhalten durch deutliche Strafreize strikt zu unterbinden, auch wenn Halter von Kleinhunden dieses Ritual als belustigend empfinden. Fast alle Stories von blutrünstigen Hunden, die ohne jegliche Anzeichen plötzlich über ein Kind herfallen, sind jagdlich motivierte Angriffe und somit erklärbar. Fast immer waren die angreifenden Hunde nach näherer Untersuchung jagdlich unerfahrene Tiere. Aus dem „Spiel" wurde bitterer Ernst. Zur Beruhigung sei gesagt, daß sich solche Dramen sehr selten ereignen.

Fazit: „Verspielt jagende" Hunde können unter Umständen (ein Kind rennt laut kreischend weg, fällt rücklings auf den Boden usw.) eine große Gefahr darstellen. Auch der über längere Zeit hinweg friedlichste Hund darf keinesfalls mit Kindern alleingelassen werden!

Wenden wir uns jetzt einem Aggressionsverhalten zu, mit dem wohl die meisten Hundehalter Probleme haben: die territoriale Verteidigung. Zunächst ist wichtig, daß dieser Begriff in die Verteidigung von Nahrungsressourcen und eine Absicherung der schützenswerten Gruppe unterteilt wird. Wölfe markieren eben nicht, wie hinlänglich angenommen wird, die Grenzen eines Gesamtterritoriums, sondern gezielt Höhlen- und Rendezvouskomplexe, Nahrungsdepots und um bestimmte Jagdgründe. Ihre Territorien umfassen mitunter mehrere tausend km², so daß eine wirklich abschreckende und zielgerichtete Markierung zuviel Zeit und Energieverbrauch bedeuten würde. Wölfe haben im täglichen Überlebenskampf sicherlich etwas anderes zu tun. Wir haben oft beobachtet, daß Wölfe unterschiedlicher Gruppen gemeinsam Kadaver konsumierten, ohne daß es zu massiven Auseinandersetzungen gekommen wäre. Ist genügend Biomasse in Form eines reichlichen Nahrungsangebotes vorhanden, arrangiert man sich in einer Art Kosten-Nutzen-Analyse. Manche als absolute Einzelgänger bekannten Tierarten verblüffen durch zeit- und gebietsbegrenzte Sozialkomponenten: der Einzelgänger Braunbär tritt während der Lachswanderung am McNeil-Fluß Alaskas in wahren Horden auf!

Zurück zu unseren Hunden. Abgesehen davon, daß bestimmte auf Aggressivität gezüchtete Rassen „ihr Revier" wesentlich enthemmter verteidigen, ist bei den meisten Haus- und Familienhunden eine Mischung aus Aggressivität und Ängstlichkeit feststellbar. Unter Berücksichtigung rassespezifischer Merkmale verhalten sich die meisten „Wachhunde" zwar territorial, indem sie laut bellen, aber letztlich wirklich selten beißen.

Hunde, die Menschen tätlich angreifen, lassen in der Lebensgemeinschaft mit dem Menschen fast immer auch eine Schieflage in der Sozial- und/oder Futterrangordnung erkennen. So schließt sich die Frage an, wo der jeweilige Hund gefüttert wird. Innerhalb des für ihn strategisch bedeutenden Eingangsbereiches des Hauses? Bejaht der Halter diese Frage, muß das tägliche Futterangebot hinter dem Haus, im Keller oder an jedem für den Hund unwichtigen Platz erfolgen! Zudem gilt das ungeschriebene Gesetz, daß das Revier besonders ortsgebundener Hunde besonders exklusiv verteidigt wird. Meistens werden bestimmte Teile des Territoriums je nach Lernprozeß des Hundes stärker verteidigt als andere. Verhaltensforscher nennen dies „Platzlernen". So führt etwa Erich Klinghammer dazu aus: „Platzlernen zeichnet sich dadurch aus, daß eine besondere Lernerfahrung mit einem bestimmten Ort in Verbindung gebracht wird. Als wir einmal mit einem aggressiven Hund arbeiteten, der immer dann, wenn Fremde durch die allgemein benutzte Hintertür eintraten, ziemlich wild wurde, entdeckten wir, daß er ängstlich reagierte, wenn wir Fremden das Haus durch die Vordertür betraten, welche meist nur von der Familie benutzt wurde." Bei uns in Deutschland betreten die meisten Menschen ein Haus wohl eher durch die Vordertür. Fazit der Verhaltensbeschreibung: die Routine bedarf einer Veränderung, sodaß dem Hund nicht mehr gestattet wird, ansatzweise Imponierhaltung innerhalb des Eingangsbereiches einzunehmen.

Bedenken Sie auch, daß eine mit Futterbrocken bestückte und an der Garderobe des Eingangsbereiches aufgehängte Jacke beim Hund futteraggressives Verteidigungsverhalten auslösen kann.

Die Ursache für extrem aggressives Verhalten mit eventuellem Angriff auf Fremde liegt, zwar nicht exklusiv, zumindest jedoch nicht selten in der sozialen Auseinandersetzung innerhalb der eigenen Familie begründet. Besonders selbständige

Hunderassen bzw. durch Duldung des Menschen selbständig gewordene Hundetypen neigen dazu, jeden sich bietenden Freiraum zu nutzen, und der soziale Aufstieg beginnt. Natürlich treten sozial motivierte Angriffe auf Menschen nicht urplötzlich auf. Viele Halter vertreten jedoch einen „demokratischen Standpunkt" und schenken klaren Rangzuweisungen bereits in der Jugendentwicklung des Hundes keine Beachtung. Dieser Umstand stimmt besonders zornig, wenn gefährdete Kleinkinder zur Sozialgemeinschaft gehören. Auch die Kombination aus Sozial- und Futterrangordnung kann für einen Hund sehr bedeutsam sein. Meistens zeigen solche Hunde allgemein kaum Bereitschaft zur Unterordnung, oder sind – was sich noch verheerender auswirken kann – vom menschlichen Sozialpartner ständig widersprüchlich mal gelobt und dann wieder völlig emotional bestraft worden. Bleibt der Hund in einem luftleeren Raum, entsteht also ein Sozialrangordnungsvakuum, ist besonders dann eine Explosion vorprogrammiert, wenn noch die uns bereits bekannte Vermischung der Antriebe dazukommt.

Daß zu verteidigende Sozial- und Futterrangordnung nicht exklusiv kombiniert auftreten muß, sehen wir an verfressenen Beagle-Hunden, die nicht selten ihr Futter vehement absichern, obwohl sie andererseits fremde Besucher freundlich begrüßen. Überhaupt treten Aggressionen öfters in einer Art konditionierter Form auf, die an einen bestimmten Ort und mit ganz bestimmten Leuten verknüpft werden. Spezielle Menschen oder auch Tiere, die womöglich etwa noch zur gleichen Tageszeit an einem bestimmten Platz auftauchen, veranlassen einen Hund z. B. nach erster negativer Erfahrung zu konditionierter Aggression. Im Volksmund spricht man sehr pauschalisiert von Antipathien.

Was aber tun, wenn irgendein Hund wirklich versucht anzugreifen? Wir haben schon gelernt, daß ruhiges Stehenbleiben motivationserlahmend wirkt. Weiterhin sollte ein direkter Blickkontakt vermieden werden. Eine große Hilfe ist in Form eines automatisch aufspannbaren Knirps-Regenschirmes zu sehen, wodurch viele Hunde erschrocken reagieren und zudem keinen konkreten Körperkontakt zum „Opfer" aufnehmen können. Hat man die Möglichkeit zwei größere Stöcke aufzunehmen, bietet man unter Vermeidung der eigenen Rückendarbietung einen Stock an, in den sich der Angreifer verbeißen kann. Mit dem zweiten Stock schlägt man möglichst gezielt auf die Schnauze bzw. Nase des Angreifers. Oft reicht schon aus, daß man schnell auf einen drohenden bzw. angreifenden Hund zuläuft. Flucht stellt mit Sicherheit die schlechteste aller Lösungen dar, weil sie fast immer angriffsfördernd wirkt.

9.3 Problemverhalten im Garten

Eine ausnahmslose Unterbringung im Garten kann meistens nicht empfohlen werden, da ein Hund oft völlig übersteigert Außenreizen Beachtung schenkt und sich so zum Kläffer entwickeln kann. Der Halter kann ein solches Verhalten kaum oder gar nicht kontrollieren. Manchmal hilft es, die Reize, die den Erregungszustand auslösen, zu unterbrechen. Dies kann geschehen durch einen geschlossenen, nicht durchsichtigen Zaun zum Nachbargrundstück. Ein Garten ersetzt keinesfalls – wie oft angenommen – regelmäßige Spaziergänge und ausreichende Bewegung. Gegenteilig werden sehr aktive, ausschließlich im Garten gehaltene Hunde sehr unruhig oder ängstlich und bellen schon beim kleinsten Geräusch.

Es sei nochmals auf rassespezifische Verhaltensbesonderheiten verwiesen, so daß die gewünschte Abstellung bzw. deutliche Reduzierung eines Bellverhaltens mancher Hundetypen eine Illusion bleibt (Herdenschutzhunde in Reihenhaussiedlungen, spitzartige Hunde im Apartmentblock).

Nicht selten ist das Bellverhalten zielgerichtet, z. B. auf das Gartentor oder auf die Vorderfront eines Grundstücks, und kann durch Nutzung eines Gartenschlauchs/Wasser beeinflußt werden. Ist der Hund allgemein gut erzogen, reicht der Einsatz einer Geräuschquelle oder das zuvor durchgeführte Disc-Training zur Unterbrechung dieses unerwünschten Verhaltens.

Die territoriale Verteidigung eines Grundstücks gegenüber Artgenossen ist oft sehr überzogen. Es reicht mitunter aus, das Gartentor oder die Garageneinfahrt offen zu halten, um den eigenen Hund durch eine so provozierte Situation zu verunsichern. Vorsicht ist geboten, wenn es sich um zwei über die Territoriumsgrenze zerstrittene, erwachsene Hündinnen handelt. Hier kann es zu äußerst massiven Auseinandersetzungen kommen.

Erfolgt die Fütterung eines Hundes im Eingangsbereich des Territoriums, und ist hier zudem ein deutliches Markierverhalten über Urin- und Kotabsatz festzustellen, empfiehlt sich die Verlagerung des Futterplatzes, z. B. hinter das Haus. Viele Besitzer sehen fälschlicherweise in der Kastration ein pauschal geeignetes Mittel der Verhaltensänderung, jedoch sollte eine Kastration über eine tierärztliche Behandlung mit Hormonspritzen zunächst simuliert werden.

Wann immer möglich, muß der Freilauf im heimischen Garten kontrolliert erfolgen, um ggf. unerwünschte Reaktionen des Hundes IM ANSATZ zu stoppen und auf ein gewolltes Verhalten umlenken zu können. Das Anketten von Hunden im Gartenbereich ist in den meisten Fällen nicht empfehlenswert und wirkt eher kontraproduktiv.

Viele Halter wollen Grabverhalten verhindern. Ein mit Mulch oder Sand gefüllter, vorgefertigter „Buddelkasten" ist Magnet für zielgerichtetes Verhalten, wenn hier Spielzeug oder Knochen versteckt werden.

Weiterhin muß darauf geachtet werden, einen Hund zwischenzeitlich heranzurufen, um ihn zu belohnen und nicht nur, wie allgemein üblich, wenn er gerade abgelenkt ist. Der Name des Hundes muß zudem in Verbindung eines klar erkennbaren Herankommens gerufen werden und nicht, wenn er sich gerade weiter entfernt. Die Verknüpfung (Halter ruft Hund vergebens) assoziiert der Hund ansonsten mit Weglaufen. Hinter dem Hund im Zorn herzulaufen und ihn für sein „stures" Verhalten zu bestrafen, bewirkt ebenfalls einen nicht gewünschten Effekt: der Hund reagiert gegenüber seinem Besitzer ängstlich oder faßt die Aktion als ein willkommenes Spiel auf.

9.4 Problemverhalten im PKW

Voraussetzung zu einem ordentlichen Verhalten im Auto ist die Zuweisung eines festen Platzes, da ein Hund ansonsten ggf. zum Sicherheitsrisiko werden kann, wenn er z. B. gegenüber Außenreizen, wie Fahrrad- oder Mofafahrer, Menschen oder Artgenossen, territoriales Aggressionsverhalten zeigt.

Manche Hunde quittieren die bereits festverankerte Konditionierung auf Außenreize oder einen erwarteten Spaziergang mit extremer Erregbarkeit und „rasten" schon beim Anlassen eines Motors aus. Dann sollte der Motor wieder abgeschaltet und soviel Geduld aufgebracht werden, bis sich der Hund beruhigt hat. Anschließend ist er zu belohnen.

Manchmal ist es erforderlich, den Hund eine Zeitlang zu Hause zurückzulassen und ihm nur während der Autowäsche im Hof Zutritt zum PKW zu gewähren. Die nächste Fahrt sollte mit dem Gebrauch einer Flugtransportkiste verbunden werden, oder zumindest unter Ausnutzung mit Spezialklebefolie abgedunkelter Scheiben stattfinden. Steht ein Kombifahrzeug zur Verfügung, sollte eine Hakenvorrichtung am Boden angebracht und der Hund dort angeleint werden. Auch ohne eine Befestigungsmöglichkeit muß der Platzbefehl eindeutig verknüpft worden sein, so daß eine Befolgung durch leichte Bremsbetätigung erreicht werden kann. Legt sich der Hund nieder, ist fortan ein abrupter Fahrstil zu vermeiden.

Zur Vermeidung von Trennungsangst sollte jeder Hund, am besten schon als Welpe, schrittweise an ein Alleinebleiben im Fahrzeug gewöhnt werden. Auch destruktives Verhalten, wie das Zerstören von Gegenständen oder Autoteilen, liegt oft darin begründet, daß der Hund nicht über kleine Akzeptanzschritte im PKW alleine bleibt.

Die fehlgeleiteten Aktivitäten können auch Ausdruck von Langeweile sein, wenn der Hund allgemein keine ausreichende Beschäftigung erfährt. Wie bereits unter Kapitel 5 beschrieben, muß außerdem die Überprüfung einer eventuell zu engen Mensch/Hund-Beziehung verändert werden. Eine emotional begründete Bestrafung des Hundes ohne Bezug zur eigenen Handlung, kann zwar den Frust des Halters abbauen, ist jedoch einer Verhaltensänderung kaum dienlich.

9.5 Problemverhalten im Außenbereich

Befragt man Hundehalter, reduzieren sich ihre Probleme hauptsächlich auf zwei Unarten: aggressives Verhalten an der Leine und Nichtbefolgung des Rückrufbefehls (Kapitel 5.7).

Häufig beherrschen Hunde nicht einmal die Voraussetzung einer einwandfreien Leinenführigkeit, obwohl sie freilaufen dürfen. Die meisten Hunde schenken dem Halter auf kommunikativer Ebene keinerlei Beachtung und handeln ausgesprochen selbständig. Neue optische, akustische und geruchliche Eindrücke schaffen eine Motivation zum Zerren an der Leine. Hier würde sicherlich zunächst eine bessere Beachtung des Halters erreicht, wenn dieser häufige Richtungswechsel konsequent umzusetzen bereit ist. Dadurch wird eine Verunsicherung des Hundes in

Nach Abschluß einer behutsamen Gewöhnung akzeptieren Hunde leichte Baskerville-Maulkörbe problemlos und können zuvor nicht gestattetes Ritualverhalten im Interaktivbereich mit Artgenossen wieder ausleben. Foto: Günther Bloch

der Distanz erreicht. Der Gebrauch eines Kopfhalfters erleichtert vielen Menschen die Notwendigkeit, direkten Blickkontakt zum Hund herzustellen.

Zeigt ein Hund starke Erregbarkeit gegenüber anderen Artgenossen, sollte er zur Vermeidung stufenweiser Erhöhung des Hormonspiegels entweder SOFORT abgeleint werden oder sich der Besitzer augenblicklich umdrehen und weglaufen. Viele Halter glauben fest an eine Resozialisierung unter Hunden: „Er müßte mal an einen Stärkeren geraten, damit er Benimm gegenüber Artgenossen lernt". Auch die Pauschalregel „Hunde regeln alles untereinander" ist nicht mehr haltbar, seit es der Mensch geschafft hat, über manche Zuchtlinien bestimmter Rassen „asoziales Verhalten" extrem zu fördern.

Der beste Rat für Hundehalter besteht darin, einen Hund so zu trainieren, daß er nicht ohne Befehl selbständig zu Artgenossen rennt. Sind Hunde trotzdem einmal in eine Auseinandersetzung verwickelt, empfiehlt es sich, entweder sofort wegzulaufen oder in sehr ernsten Fällen die Hinterbeine der Hunde hochzuhalten (beide Hundehalter müssen hier beherzt zupacken), oder einen Stock seitlich in den Rachen des angreifenden Hundes zu schieben, auf dem er sich verbeißen kann.

Baskerville-Maulkörbe können, abgesehen von einer psychologischen Brücke für den Halter, insofern eine Hilfe darstellen, als der zuvor ständig isoliert geführte Hund

Kreislaufen und Analregionkontakt gehören unter Hunden zum „guten Ton". Daß Halter Hunde aus einer solchen kommunikativen Auseinandersetzung heraus abrufen, muß oft als hoffnungsloses und zudem sinnloses Unterfangen gewertet werden.
Foto: Günther Bloch

so wenigstens die Möglichkeit einer kommunikativen Auseinandersetzung (Analdrüsenregion, Kreislaufen, Nasenkontakt) ausleben kann. Aggressives Verhalten des Hundes liegt oft in einer chaotischen Kommunikationsdarbietung bzw. Einstellung jeweiliger Halter begründet. Viele Hundebesitzer neigen dazu, sich widersprüchlich zu verhalten und provozieren durch hochgradige Aufregung einen Konfliktzustand.

Auch wenn es verrückt klingen mag, ist manchem Halter die zeitweise Einnahme von Baldriantropfen zu empfehlen, um etwas entspannter zu AGIEREN, anstatt zu reagieren, indem sie dem Verhalten des Hundes zuviel Aufmerksamkeit schenken. Dies gilt insbesondere für die Behandlung ängstlicher Hunde, deren Furcht ein Halter nicht selten teilt oder jedes Anzeichen beginnender Unsicherheit durch Beruhigungsversuche noch verstärkt.

Das größte Problem ist, daß ein Halter einmal verlorenes Vertrauen, wenn sich der Hund z. B. gegenüber Artgenossen an der Leine mehrmals aggressiv gezeigt hat, mit Starkzwangmitteln, wie einem Stachelhalsband und kurzer Führung beantwortet. Der Hund lernt von nun an, einen „schmerzverursachenden Gegner" vertreiben zu müssen. Sieht er keinen Artgenossen, verursacht nämlich das Stachelhalsband keine Unannehmlichkeit. Zur Reduzierung aggressiven Verhaltens empfiehlt sich die nachfolgende Anwendungsmethode.

Der Hund wird an einem Baum oder Verkehrsschild angebunden. Bei Sichtung eines Artgenossen prescht der Hund in gewohnt aggressiver Weise vor. Der Halter ignoriert jedoch dieses Verhalten. Er entfernt sich statt dessen ca. 10 m, um dann kommentarlos und ohne mit dem Hund Blickkontakt aufzunehmen, stehenzubleiben. Ist sein Hund absolut ruhig, knurrt, brummt, jammert er nicht, geht der Besitzer zurück und stellt sich neben ihn, wiederum ohne Blickkontakt, Streicheln oder Befehl. Der bloße Körperkontakt ist Lob für erwünschtes Verhalten. Nach einigen Wiederholungen zu unterschiedlicher Zeit an verschiedenen Orten hat der Hund gelernt, daß der Halter jegliches Aggressivverhalten ignoriert.

Die tägliche Futterration wird nicht mehr zu Hause, sondern während täglicher Spaziergänge angeboten, wenn der Hund sich an seinem Halter orientiert. Statt kurzer Führung sollte eine Flexileine verwendet werden, die dem Hund einen gewissen Bewegungsradius zugesteht. Stürzt er wieder in Richtung Artgenossen, muß der Halter kommentarlos stehenbleiben. Orientiert sich der Hund per Blickkontakt zum Halter, wird er freundlich gerufen und sein Kommen erfährt Bestätigung durch Futterbelohnung. Die Übungen werden solange wiederholt, bis der Hund über langsame Distanzverringerung Artgenossen auch auf Kurzabstände duldet. Ängstliche Halter sollten dem Hund zur psychologischen Sicherheit einen Baskerville-Maulkorb umlegen. Manche Hunde werden gegenüber Artgenossen nicht pauschal freundlich oder verspielt reagieren, sollten diese im Außengelände zumindest jedoch dulden.

Das Jagdverhalten inklusive einzelner Sequenzen wurde schon ausführlich erläutert, so daß jeder Halter aufgefordert ist, seinen Hund genau zu beobachten. Ohne zuverlässigen Grundgehorsam können Problemverhalten, wie das Hetzen von Joggern, Fahrradfahrern oder Wild nur halbherzig angegangen werden. Der in heimischer Umgebung schon zum Tyrann aufgestiegene Hund wird sich auch im Außengelände oft als Raufer oder Beißer präsentieren.

Das gemeinsame Ball-, Stock- oder Frisbeespiel muß auch im Außengelände einem konsequenten Regelwerk unterliegen: der Halter führt durch das Spiel, startet und beendet es. Er kassiert die Gegenstände statusgemäß ein, wann es ihm – und nicht dem Hund – beliebt. Der Hund darf nicht aus dem Einwirkungsbereich des Halters entlassen werden, es sei denn, er gehorcht einwandfrei. Dadurch wird der Vorteil einer rechtzeitigen und konsequenten Beeinflussung nie aufgegeben.

9.6 Streßbedingtes Problemverhalten

Problemverhalten basiert oft auf mangelnder Auslastung, weil der Hund nach Ersatzbefriedigungen sucht. Bei aller Notwendigkeit zu Beschäftigungsmaßnahmen, muß aber auch darauf hingewiesen werden, daß jeder Hund einige Stunden pro Tag ruhen sollte, um nicht zu einem Nervenbündel zu verkommen. Ständige Störungen durch ein hektisches Umfeld, z. B. durch dauerndes Telefonklingeln,

Radio, kreischende Kinder, Bombardement durch TV und Computerspiele, Staubsauger, können einen Hund „reif" für die Anstalt werden lassen. Der verantwortungsvolle Halter achtet auf ein jederzeit erreichbares Rückzugplätzchen, wo sich der Hund ausruhen und entspannen kann. Es bedarf der richtigen Balance individueller Notwendigkeit zu Beschäftigungs- und Entspannungsphasen.

9.7 Angstbedingtes Problemverhalten

Mit „Angstschweiß" nach menschlichem Vorbild kann ein Hund nicht aufwarten. Er drückt Angstzustände zunächst pauschal betrachtet rein äußerlich aus. Dies geschieht durch einen eingeklemmten Schwanz, angelegte Ohren, geduckte Körperhaltung, ausweichenden Blick, Zittern, Hecheln, hysterisches Bellen oder Harn- und Kotabsatz. Ängstliche Hunde verstecken sich oft hinter ihren Haltern. Sie weichen fremden Menschen aus oder verkriechen sich im Haus unter Schränke, Sofas oder andere Möbelstücke. Angstreaktionen können sowohl (meistens) erlernt, oder aber genetisch fixiert, also angeboren, sein. Letzteres ist nicht selten rassespezifisch, viele Bearded-Collies sind ausgesprochen depressiv, schreckhaft und apathisch, oder oft generell bei Hunden aus Massenzwingern zu beobachten (Beißwut bei roten Spaniels, überaggressives Verhalten bei Golden Retrievern).

Erlernte Angstzustände äußern sich in Furcht und Phobien. Sie dürfen keinesfalls bestraft oder durch Zwangsmaßnahmen „geheilt" werden. Es empfiehlt sich vielmehr eine systematische Desensibilisierung, in deren Verlauf ein Hund schrittweise angstauslösenden Reizen in schwacher Form ausgesetzt wird. Einzelne, vom Hund nicht ängstlich quittierte Schritte werden hierbei belohnt. Der Hund wird nun zuvor angstauslösenden Reizen in immer stärkerem Maße ausgesetzt.

Beispiel: Hat ein Hund Angst vor Schüssen, kann eine unter mehreren Pappkartons versteckte Schreckschußpistole erst einmal in weiter Entfernung ausgelöst werden. Die Distanzen werden verringert, ruhiges Verhalten wird belohnt und die Mantelung um einzelne Kartons reduziert, bis der Hund vor Schußgeräuschen keine Angst mehr zeigt.

Bestimmte Geräusche aus Diavertonungskassetten müssen leise und in gebührendem Abstand vorgespielt, die Distanzen wiederum verringert, die Lautstärke der Kassetten langsam erhöht und der Hund für jeden Akzeptanzschritt gefüttert werden, um ihm letztlich die Angst zu nehmen. Eine zu schnelle Vorgehensweise durch Überspringen von Intervallstufen ist dringend zu vermeiden und das geringste Anzeichen von Meideverhalten sollte Beachtung finden. Bei behutsamer und geduldiger Anwendung eines Desensibilisierungstrainings hat der Hund am Ende der Behandlung zunächst erlernte Furchtgefühle wieder VERLERNT.

Die These der Reizüberflutung, in deren Verlauf ein Halter seinen Hund absichtlich in ein bestimmte Furchtsituation bringt, bis sich dieser daran gewöhnt hat, ist sehr oft erfolglos.

Die Formung eines Alternativverhaltens bei gleichzeitiger Löschung einer zuvor gezeigten Reaktion wurde schon ausführlich beschrieben. Da ein Hund nicht gleichzeitig Meideverhalten und eine Alternativhandlung begehen kann, wird zur Gegenkonditionierung Erfreuliches integriert. Zeigt ein Hund z. B. Furcht vor vielen Menschen, wird überschwengliches Spiel in einem belebten Park mit der täglichen Fütterung verbunden.

Extreme Isolation vor Umwelteinflüssen, anderen Menschen oder Artgenossen ab dem Welpenalter führen beim erwachsenen Hund zwangsläufig zu anerzogener Angst bzw. Angst vor allem Unbekannten. Das neurotische Verhalten solcher Hunde findet seine Verstärkung in noch intensiverem Schutz durch den Menschen, der einige Reaktionen des Hundes auch noch falsch belohnt.

Allgemein ist die Behandlung von Angst, Phobien oder Streß zu komplex, um unter der Rubrik Hundeerziehung auch nur annähernd fachlich korrekt erörtert zu werden. Es nutzt einem Hundehalter oft nicht viel, theoretisch etwas über die Entwicklung einer Phobie zu erfahren, um zielgerichtet das spezielle Problemverhalten seines Hundes behandeln zu können. Leider liebt der Mensch Pauschallösungen, die es bei der Beseitigung von Angst nicht geben kann. Auch wenn in schwierigen Fällen die Konsultation eines GUTEN VERHALTENSTHERAPEUTEN unumgänglich ist, muß sich dieses Buch aus zwei Gründen mit einigen Grundregeln beschäftigen.

a) Die meisten Hundehalter relativieren Problemverhalten, indem sie entweder damit leben, oder die Dringlichkeit von Handlungsbedarf nicht erkennen.

b) Überforderte Hundehalter wenden sich hilfesuchend leider an die falschen Menschen: den sachkundigen Feldwebel auf dem Hundeplatz, der nur die „harte Gangart" kennt; den Tierarzt, der meistens keine Ausbildung zu Verhaltenseinschätzungen genoß; den selbsternannten Kyno-Pädagogen oder Hundepsychologen, der theoretisch fachsimpeln kann, ansonsten in einem Crashkurs jedoch nur eine Begleithundeprüfung absolvierte.

Um Verhaltensauffälligkeiten besser beurteilen zu können, muß ein Hundehalter die Situation oder das Ereignis richtig einschätzen, wovor ein Hund Angst zeigt. Eine schriftlich fixierte Liste hilft auch, später einem Verhaltenstherapeuten detaillierte Auskunft über das Problemverhalten eines Hundes zu geben:

- Wann und unter welchen Umständen zeigte sich das auffällige Verhalten zum ersten Mal?
- Wann, wie und wo äußert sich dieses Verhalten?
- Was macht der Hund in dieser Situation, und wie ist sein Verhalten danach (unter Berücksichtigung des Tagesablaufes, des normalerweise gezeigten Verhaltens gegenüber Familienmitgliedern und Fremden)?
- Steht die Angst in Verbindung mit Geräuschen, Gerüchen, visuellen Reizen oder Menschen?
- Ist das Verhalten instinktiv oder über auslösende Reize erlernt?
- Wie verhält sich der Halter bei einer bestimmten Reaktion des Hundes?
- Steht das Verhalten des Hundes in einer bestimmten Beziehung (z. B. Hormonhaushalt, Schmerzen)?

- Wie lange hält das gezeigte Verhalten an (per Stoppuhr messen), und welche Behandlungsmethoden wurden vom Halter ausprobiert?
- Kann (wenn festgestellt) der auslösende Reiz verändert, bzw. beseitigt werden? Muß hier über den Weg der kleinen Schritte desensibilisiert werden oder verändert sich die Reaktion bereits durch Futterbelohnung?
- Muß das Verhalten des Besitzers (falsche Belobigung, verbale Beruhigung) verändert (z. B. durch Ignorieren) werden?

1. Beispiel: Ein Halter stellt bei seinem Hund generelles Meideverhalten vor dem Eintreten in Geschäfte fest. Nach Überprüfung der hier aufgeführten Liste wird klar, daß der Hund eigentlich Angst vor flatternden Markisen hat. Die tägliche Routine wird verändert, indem das Hundeverhalten (Stop der Nahrungsaufnahme im Haus) zunächst vor einem Geschäft OHNE flatternde Markisen stabilisiert wird (ruhiges Verhalten = Futter). Als nächster Schritt nähert sich der Halter mit Kopfhalter tragendem Hund dem Eingangsbereich eines Geschäftes (ruhiges Verhalten + Sitz = Futter). Die Futterschüssel wird gut sichtbar im Geschäft plaziert und der Halter führt seinen Hund zügig und kommentarlos zum Futternapf. Die Übung wird in verschiedenen Geschäften wiederholt, bis der Hund flatternde Markisen zumindest duldet.

2. Beispiel: Ein Hund bellt nach Ansicht seines Halters unaufhörlich. Ohne eine Zeitüberprüfung ist die Wirksamkeit einer bestimmten Behandlungsmethode nicht klar erkennbar. Der Hund bellt z. B. vier Minuten, nach Anwendung der Methode X (Verhaltensbeeinflussung, ignorieren) laut Stoppuhr aber nur noch 3,5 Minuten. Die Reduzierung des Bellverhaltens und somit der erste Schritt in eine erfolgversprechende Behandlungsrichtung wäre ohne Zeitüberprüfung für den Halter nicht erkennbar gewesen, weil der Hund in seinen Augen subjektiv einfach weitergebellt hätte.

Zusammengefaßt erfordert die Beseitigung hundlicher Verhaltensauffälligkeiten fast immer eine Verhaltensänderung beim Halter, die jedoch realistisch umsetzbar sein muß.

Aggressives Verhalten ist meistens durch Angst begründet. Zu einer individuellen Problemanalyse gehört auch, mit dem Hund zunächst beim Tierarzt vorstellig zu werden, um organische Fehlfunktionen oder körperliche Gebrechen, die oft mit Schmerz assoziiert werden, ausschließen bzw. eingehend behandeln zu können. Eine enge Kooperation mit dem Tierarzt ist für jeden Hundehalter vor Beginn eines Agility-Trainings, der Rettungshundearbeit oder des Beschäftigungsprogrammes, aber auch für einen verantwortungsvollen Hundeerzieher unumgänglich.

Es sei darauf hingewiesen, daß die meisten Verhaltensprobleme nach Konsultation eines guten Hundeerziehers und Verhaltensberaters gelöst werden können. Das gilt besonders, wenn dieser anstatt perspektivlosen Kasernenhoftrainings vielmehr Einzelunterricht (individuelle Mensch/Hund-Beziehung) und/oder Hausbesuche anbietet. Ein Hund muß relativ selten aufwendig therapiert werden. Ist dennoch eine Konsultation nötig, begnügt sich ein guter Verhaltenstherapeut keinesfalls mit einem Besuch in der Tierarztpraxis (Listen ausfüllen, Beurteilung des Hundeverhaltens unter unnatürlicher Umweltbedingung). Das heimische Umfeld eines Hundes bedarf der detaillierten Überprüfung, so daß Behandlungstherapien über Telefon, womöglich ohne den Hund zu kennen, fast immer erfolglos sind.

9.8 Problemverhaltens-Reduzierung unter Anwendung einer Bach-Blütentherapie oder des Tellington-Touch

a) Die Bach-Blütentherapie

Vor mehr als 50 Jahren entwickelte der Waliser Arzt und Homöopath die Bach-Blütentherapie. Er suchte eine Heilmethode, die auf der Behandlung des ganzen Menschen oder Tieres beruhte, und nicht bloß einen Teilbereich in Form von verschiedenen körperlichen Symptomen in Betracht zog, denn er ahnte, daß die wirkliche Ursache für viele Krankheiten in der Art und Weise zu finden sein mußte, in der Mensch als Ganzheit funktioniert. Er erkannte, in welcher Weise gewisse Charaktereigenschaften und Persönlichkeitszüge in ihrer negativen Ausdrucksform die Widerstandskraft des Organismus schwächen und damit die Grundlage für das Entstehen verschiedener Krankheiten schaffen. Ein dauernder Angstzustand beispielsweise oder die ständige Befürchtung, daß etwas schreckliches passieren könnte, setzt den Organismus dermaßen unter Druck, daß es äußerst schwierig wird, ein natürliches Gleichgewicht im Körper aufrechtzuerhalten. Körper und Geist sind so eng miteinander verbunden, daß Störungen des einen unmittelbaren Einfluß auf den anderen haben. Zu diesen inneren Disharmonien kommen die immer schlimmer werdenden züchterischen Manipulationen, die Einflüsse, die von außen, seiner Umwelt auf den Hund übertragen werden und die Probleme, die der Hundebesitzer auf seinen Hund überträgt. Mit den Bach-Blüten hilft man dem Tier auf seelischer Ebene Situationen bewußt wahrzunehmen, die es vorher nicht registriert hat.

Wenn man Tiere mit den Bach-Blüten behandelt, ist es notwendig, sich in sie hineinversetzen zu können und nachzuempfinden, was in ihnen vorgeht. Die nonverbale Kommunikation (Gestik, Mimik, Körperhaltung) und das Verhalten dem Menschen oder seiner Umwelt gegenüber ist für das Tier die einzige Möglichkeit, eine bestehende Disharmonie zum Ausdruck zu bringen. Es ist deshalb auf die genaue Beobachtungsgabe des Besitzers oder Therapeuten angewiesen, diese Zeichen richtig deuten zu können. Diese Beurteilung sollte nach Möglichkeit in der natürlichen Umgebung, also zu Hause stattfinden, denn nur dort verhält der Hund sich wie gewohnt.

Die Bach-Blüten sind nicht als Dauertherapie einzusetzen, sondern sollen lediglich helfen, ein Fehlverhalten oder eine Disharmonie zu regulieren. Auch ersetzt sie niemals einen notwendigen Tierarztbesuch, sie können dann allerdings als begleitende Therapie den Krankheitsverlauf erleichtern und sind eine empfehlenswerte Ergänzung zur Schulmedizin.

Die Bach-Blüten bestehen aus 38 verschiedenen Essenzen, welche bis auf eine Ausnahme aus Blüten hergestellt werden. Aus diesen sogenannten „Stockbottles" werden je nach Bedarf eine bis fünf verschieden Blüten zusammengemischt und dem Tier mehrmals täglich eingegeben.

Einige Beispiele für die Verwendung:

Tiere, die aus einem unerfindlichen Grund plötzlich ein ängstliches Verhalten zeigen.
Tiere, denen das natürliche Selbstvertrauen fehlt.
Tiere, die wenn ihnen etwas nicht paßt, mit unkontrollierter Aggressivität, Wut, Angriff und Bosheit reagieren.
Tiere, denen die instinktive innere Ausgeglichenheit fehlt.
Tiere, die einschneidende Erlebnisse gehabt haben und diese nicht richtig verarbeiten können.
Tiere, die nicht in der Lage sind, sich zu entspannen.
Zum Schluß gibt es noch die sogenannten Notfalltropfen, die helfen, einen psychischen oder seelischen Schock zu verhindern bzw. ihn so schnell wie möglich verarbeiten. Somit wird vermieden, daß daraus körperliche Schäden entstehen.

Beispiele aus der Praxis:

Westhighland-White Terrierhündin „Ferry", zehn Monate alt

Ferry war eine unerzogene, quirlige, zartgebaute, sehr temperamentvolle Hündin, die sich mit sehr viel Gebell bemerkbar machte. Zudem war sie immer noch nicht zuverlässig sauber. Ihre Besitzer brachten sie zur Gehorsams- und Sauberkeitserziehung für ca. fünf Wochen in die Hundeschule. Gleichzeitig mit den ersten leichten Übungsintervallen bekam Ferry dreimal täglich fünf Tropfen der Mischung Rescue Remedy und Scleranthus. Diese Mischung ist die Basistherapie, um das innere Gleichgewicht herzustellen und den Hund aufnahmefähig für die weitere Behandlung zu machen. Die Basistherapie wird über zehn Tage gegeben. Danach stelle ich für Ferry die Mischung aus Beech und Chicory zusammen. Beech ist die Blüte für Tiere, die ein sehr starkes Selbstbewußtsein haben und bei welchen alles nach ihrem Willen geschehen muß. Falls das nicht so geschieht, reagieren sie mit übermäßigem Bellen oder eben Protestpinkeln. Chicory habe ich zusätzlich wegen des übertriebenen Kläffens und der Unruhe eingesetzt. Chicory ist die Blüte für Hunde, die immer die ganze Aufmerksamkeit ihrer Umgebung verlangen und dies durch Kläffen, Winseln und unruhiges Verhalten zu erreichen versuchen.

Gleichzeitig setzte ich den Tellington Touch ein, um den Hund an das Halti zu gewöhnen. Bei dem Versuch, Ferry eine Fellpflege zukommen zu lassen, stellte ich fest, daß sie Tobsuchtsanfälle bekam, wenn sie die Bürste nur von weitem sah. Also auch hier der Einsatz des TTouchs.

Schon nach der zweiten Woche war eine deutliche Verbesserung des Allgemeinverhaltens zu beobachten. Ferry war sehr viel ausgeglichener, und das Kläffen hatte sich schon deutlich reduziert. Nach drei Wochen war sie sauber und ließ sich mit Genuß bürsten. Am Halti ließ sie sich sicher und ruhig durch die Stadt führen und bei einem Cafébesuch lag sie entspannt unter dem Tisch. Die weiteren zwei

Wochen verwendete ich dazu, um sie auch ohne Leine unter Ablenkung von Schafen, anderen Hunden, Joggen usw. zu trainieren. Mittlerweile war Ferry ein so lieber, ausgeglichener und fröhlicher Hund geworden, daß auch diese Übungen für sie leicht zu meistern waren. Nach fünf Wochen waren die Besitzer fassungslos über diese totale Verwandlung ihres Hundes. Natürlich mußten sie erst einige Übungsstunden absolvieren, bevor sie mit Ferry wieder nach Hause durften. Da sie in derselben Stadt wie ich wohnen, sehen wir uns ab und zu. Ferrys Begrüßung ist jedesmal wieder ein Freudentanz. Sie ist jetzt drei Jahre alt und hat ihre Verwandlung bis heute beibehalten.

Westhighland-Terrierhündin „Laura", vier Jahre alt

Ich lernte Frau V. auf einer Veranstaltung kenne, an der sie mit ihren beiden Westies Ricki und Laura teilnahm. Es ging um Tiere aus Massenzuchten, und Frau V. hatte Laura als abschreckendes Beispiel mitgebracht. Wir hatten nur kurz Zeit, uns zu unterhalten, aber sie erzählte mir, daß sie mit Laura schon alles ausprobiert und gemacht hätte, selbst den zweiten Hund nur deswegen angeschafft habe, damit Lauras Verhalten sich verbessere. Wir vereinbarten einen Termin, um in Ruhe über ein mögliche Bach-Blütentherapie zu sprechen. Ein paar Tage später kam Frau V. mit beiden Hunden zu mir, und wir gingen gemeinsam einen Fragebogen über den Hund durch. Der erste Eindruck von Laura: geduckte Körperhaltung, eingeklemmte Rute, die Augen weit aufgerissen, ständig wechselnde Ohrenstellung, verkriecht sich, und wenn man sie anfassen will, knurrt und bellt sie.

Mit zehn Wochen kam Laura aus einem Massenzwinger in die Familie, sie hatte die ersten neun Monate Durchfall und zeigte bei jeder Veränderung nur Angst. Sie bellt häufig ohne ersichtlichen Grund und ist sehr schnell erregbar. Die erste Hitze trat mit neun Monaten ein und danach nicht mehr. Die auftretende Scheinträchtigkeit wurde erfolgreich mit Pulsatilla behandelt. Als Therapie schlage ich für die ersten zehn Tage die Mischung aus Rescue Remedy und Scleranthus vor. Auch in diesem Fall soll sie den Hund auf die weiterführende Therapie vorbereiten und ein inneres Gleichgewicht einleiten. Die weitere Mischung besteht aus Mimulus, Scleranthus und Gentian. Mimulus ist die Blüte für alle Tiere, die ängstlich sind und deren Ängste sich genau zuordnen lassen, wie bei Laura die Angst vor Männern und Personen mit Stock.

Scleranthus, die Blüte für Tiere, denen die instinktive innere Ausgeglichenheit fehlt, soll bei Laura die innere Ruhe und Kraft herstellen. Und Gentian, die Blüte für sensible Tiere, denen es an Selbstvertrauen mangelt, soll bei Laura die Gelassenheit aufbauen und das Selbstbewußtsein und Selbstvertrauen stärken.

Nach ca. drei Wochen rief Frau V. mich an und erzählte mir begeistert von den Erfolgen. Laura hat schon auf die Basistherapie sehr gut reagiert, so, daß sie sich nicht mehr so häufig zurückzieht, das Kläffen hat sich deutlich reduziert, und sie zeigt sogar leichten Ungehorsam. Das ist sicherlich in anderen Fällen kein wünschenswertes Ziel, da Laura allerdings niemals Ungehorsam gezeigt hat, sondern unmittelbar und sehr unterwürfig auf jeden Befehl reagierte, als wenn sie geprügelt würde, freut sich Frau V. über diese Entwicklung. Insgesamt nimmt der Hund mehr teil am Leben und zeigt Interesse an seiner Umgebung.

Nach weiteren anderthalb Wochen ein erneutes Telefonat. Die Tropfen sind aufgebraucht und Frau V. möchte sehen, ob der Hund wieder in seine alten Verhaltensmuster zurückfällt oder ob sie sich schon stabilisiert hat. Zögernd stimmte ich zu, mit der Bitte, sofort mit mir Kontakt aufzunehmen, wenn sich das Verhalten wieder verschlechtern sollte. Vier Tage später der vorausgeahnte Anruf und die Bitte um weitere Therapie. Wir entschließen uns zu fünf Tagen Basistherapie und anschließender Mischung aus Scleranthus, Aspen und Gentian. Aspen ist die Blüte, die bei Tieren eingesetzt wird, die ohne ersichtlichen Grund plötzlich ängstlich reagieren und man dieses nichts bestimmtem zuordnen kann. Die Ängste können durch Aspen abgebaut werden und die innere Zuversicht gestärkt werden.

Wieder vier Wochen später ein Telefonat mit Frau V. Sie erzählt mir total begeistert von Lauras Fortschritten. Der Hund ist innerlich ausgeglichen, zeigt reges Interesse an seiner Umgebung, ohne ängstlich zu reagieren. Sie läßt sich nun auch von Verwandten, die zu Besuch sind, anfassen und zieht sich nicht mehr scheu zurück, um aus ihrer Ecke zu knurren. Ihr Spielverhalten hat sich umgewandelt vom nur Reagieren in ein agierendes, animierendes Verhalten. Eine der erstaunlichsten Veränderungen ist allerdings, daß Laura zum ersten Mal wieder läufig geworden ist.

Frau V. war so begeistert von Bach-Blüten, daß sie einen VHS-Kurs darüber belegt hat und sich intensiver mit der Thematik auseinandergesetzt hat. Sie hat sich alle Stockbottles zugelegt und behandelt Laura bei Bedarf nun selber weiter. Ungefähr ein Jahr später traf ich sie auf einem Vortrag noch einmal wieder und sie berichtete, daß Bekannte, die den Hund von früher kennen, von einem Wunder sprechen und andere Bekannte, die den Hund nicht kennen, sich nicht vorstellen könne, daß Laura jemals anders gewesen sein soll, als dieser zutrauliche, lustige und verspielte Hund, der sie jetzt ist.

b) Der Tellington Touch

„Der TTouch erinnert mich immer an das Kaninchenloch in „Alice im Wunderland" – an der Oberfläche sieht es ganz unschuldig aus, doch ist es die Öffnung zu einer ganz neuen Welt. Mit deinen Fingerspitzen oder deiner ganzen Hand machst du Kreise in verschiedenen Haltungen und mit unterschiedlichem Druck, ganz einfach. Doch diese einfachen Zirkel sind wie das Kaninchenloch, ein Eingang, eine Öffnung in eine völlig andere Dimension der Beziehung zu deinem Tier."

So beschreibt Linda Tellington-Jones den von ihr nach der Feldenkrais Methode entwickelten TTouch für Tiere. Zuerst wurde es als ein Weg entwickelt, um Pferde zu trainieren, im Laufe der Zeit stellte sich aber heraus, daß es bei anderen Tierarten genauso effektiv ist.

Das Wesentliche ist eine einzigartige, kreisförmige Berührung, welche sie wie folgt beschreibt: „Man stelle sich das Zifferblatt einer Uhr vor. Legt die Fingerspitzen bei 6 Uhr an, bewegt die Finger und das Gewebe darunter im Uhrzeigersinn über 9, 12 und 3 Uhr. Man geht über den 6-Uhr-Punkt hinaus und läßt ganz langsam zwischen 7 und 8 Uhr los. Man bewegt die Hand zu einem anderen Platz und wiederholt den Vorgang. Druck, Geschwindigkeit, Größe des Kreises und die Konfiguration der Hand sind sehr wichtig und variieren für spezielle Wirkungen. Jeder TTouch hat einen einprägsamen Tiernamen, wie z. B. „der Wolkenleopard", „die Spinne", „der Waschbär" oder „das Lecken der Kuhzunge".

Bei folgenden Problemverhalten wende ich den TTouch an:
- überaktives Verhalten
- Nervosität
- Berührungsempfindlichkeit
- anhaltendes Bellen oder Winseln
- Schwierigkeiten bei der Zahnreinigung
- Schwierigkeiten bei der Ohrreinigung
- Schwierigkeiten bei der allgemeinen Körperpflege (kämmen, abtrocknen, trimmen, usw.)
- Angst vor dem Tierarzt
- Angst bei Gewitter
- Aggressives Verhalten gegenüber dem Besitzer oder Trainer
- Gewöhnung an Halti, Maulkorb oder Brustgeschirr

Es ist nicht wissenschaftlich erklärbar, warum die Kreise so wirken, aber meine Erfahrung über mehrere Jahre hat gezeigt, daß eine Hundeerziehung, die den Weg der positiven Verstärkung geht, im Zusammenspiel mit dem TTouch und eventuell einhergehend mit einer Bach-Blütentherapie sehr viel schneller zum gewünschten Erfolg führt, als die herkömmliche Hundeplatzerziehung mit Zwang. Betrachtet man die Ergebnisse der Verhaltensforschung, so darf man den Hund nicht mehr als bloßen Befehlsempfänger ansehen, sondern als ein Wesen, welches aus Körper, Geist und Seele besteht.

Einige Beispiele aus der Praxis:

Peggy, Briardhündin, ein Jahr alt

Nach einem vorangegangenen Telefongespräch kam die Besitzerin Frau M. mit einer Freundin und Peggy zu mir. Schon am Telefon hatte sie mir ihre Probleme mit Peggy geschildert. Sie hatte Peggy im Alter von zwölf Wochen von einem Züchter als Letzte des Wurfes gekauft. Sie lebt mit Mann und zehnjähriger Tochter im eigenen Haus, in dessen Erdgeschoß sie einen Kosmetiksalon führt. In diesem hält sich der Hund tagsüber auf. Von Welpe an war Peggy sehr scheu und ließ sich nicht von Fremden anfassen oder zum Spielen animieren. Auch die Freundin, die den Hund regelmäßig zum Spazierengehen abholte, durfte sie zwar an der Leine führen, jedem Annäherungsversuch wich sie jedoch ängstlich aus. Bei weiterem Hinterfragen stelle sich heraus, daß auch Peggys Schlaf sehr angespannt war und sie beim kleinsten Geräusch hochfuhr und sich nur sehr langsam wieder beruhigte. Im Kosmetiksalon entspannte sie sich gar nicht, d.h., sie lag die meiste Zeit wie eine Sphinx und beobachtete ihre Umgebung genau.

Als Frau M. mit ihrer Freundin und einer zögernden Peggy das Büro betraten, ließ ich sie als erstes den Hund ableinen. So konnte sie das Büro frei untersuchen und feststellen, daß ihr keine Gefahr drohte. Natürlich beäugte sie mich mißtrauisch und näherte sich mir nicht. Ich schenkte ihr keinerlei Beachtung, sondern unterhielt mich mit Frau M. und ihrer Freundin, die sich mittlerweile gesetzt hatten. Nach ca. 15 Minuten war der Raum eingehend abgeschnüffelt und Peggy legte sich Frau M. zu Füßen, wobei sie mir ihr Hinterteil präsentierte.

Sie hechelte stark und ab und zu lief ein Zittern über den ganzen Körper. Ganz langsam näherte ich, ohne die Unterhaltung zu unterbrechen, meinen rechten Fuß dem Hund, bis ich sie schließlich berührte. Nachdem der Hund sich an diese konstante Berührung gewöhnt hatte, tauschte ich im Zeitlupentempo meinen Fuß mit meiner rechten Hand. Ich begann nun mit leichten, schnellen Kreisen über die ganze Hinterhand. Peggy sah mich irritiert und empört über meine Unverfrorenheit, sie anzufassen, an, wagte sich aber nicht, sich zu bewegen. Die Unterhaltung mit Frau M. war in einen leisen Singsang übergegangen, wobei ich ihr erklärte, was ich machte und ihr dann sagte, daß ich mich nun nur noch mit Peggy beschäftigen würde und erst nach Beendigung des TTouches wieder für sie da wäre.

Langsam ließ ich mich von meinem Stuhl auf den Boden neben Peggy gleiten, deren Augen immer noch weit aufgerissen waren und die wohl absolut fassungslos über meine Unverschämtheit war. Sie hechelte nach wie vor sehr stark, und das Zittern hatte sich verstärkt, aber sie schien wie gelähmt und bewegte sich nicht. Ich legte nun auch die andere Hand an den Hund und begann, mich mit schnellen, kreisenden Bewegungen den Rücken und Brustkorb hinaufzuarbeiten. Ich verwendete den Basis-TTouch, den „Wolkenleopard". Als ich mich dem Kopf näherte, wurde Peggy unruhig, und so entfernte ich mich wieder mit meiner Hand und arbeitete wieder an Brustkorb und Rücken. Während der ganzen Zeit summte oder sprach ich leise mit ihr. Nach und nach wurde das Zittern weniger, und das Hecheln ging in eine regelmäßige Atmung über. Nach ca. 15 Minuten entspannte sich Peggy soweit, daß sie sich auf die Seite legte und nach weiteren fünf Minuten legte sie auch ihren Kopf auf den Boden. Ich konnte jetzt kleine TTouches am Kopf und an den Ohren machen, den sogenannten „Waschbärtouch". Das Zittern hatte ganz aufgehört, und die Atmung war ruhig, der Hund schloß immer öfter die Augen. Das war für mich der Zeitpunkt, um aufzuhören. Ich strich mit beiden Händen am ganzen Körper des Hundes entlang und verabschiedete mich so auch von ihm. Langsam erhob ich mich und setzte mich wieder auf meinen Stuhl. Die Besitzerin und ihre Freundin saßen beide auch sehr entspannt in ihren Sesseln, und unsere weitere Unterhaltung wurde in leisem, ruhigem Tonfall geführt.

Natürlich war Peggy jetzt noch nicht geheilt, und ich hätte sie gerne länger dagehabt, um weiter mit ihr zu arbeiten, aber der Anfang war gemacht, und es hatte sich gezeigt, daß sie sehr gut auf den TTouch reagierte. Da Frau M. mehrere Stunden Autofahrt hinter sich hatte und sicherlich nicht jeden Tag zu einem Training kommen konnte, riet ich ihr, einen Tellington-Kurs zu besuchen oder sich anhand des Buches selbst weiterzubilden. Sie sollte sich Zeit nehmen und Peggy regelmäßig touchen und später den Hund auch von ihrer Freundin touchen lassen. Außerdem empfahl ich ihr dringend einen Erziehungskurs, da Peggy noch keinerlei Ausbildung genossen hatte. Des weiteren waren natürlich auch Verhaltensänderungen von seiten der Familie notwendig, so sollte keinesfalls mehr auf das ängstliche Verhalten des Hundes eingegangen werden und dieses mit bestätigen und verstärken, sondern es sollte völlig ignoriert werden. Zeigte der Hund von sich aus das gewünschte Verhalten, wie z. B. selbständiges Annähern an die Freundin, so sollte dieses mit Leckerchen und Lob bestätigt werden.

Nach ungefähr vier Monaten rief Frau M. nochmals an und berichtete, daß mit dem Besuch eines Hundeerziehungskurses und dem regelmäßigen Touchen ein deutlicher Erfolg zu sehen sei. Peggys Allgemeinzustand sei sehr viel ausgeglichener, ihr Schlaf ruhiger, und sie schreckte nicht mehr bei jedem Geräusch hoch. Die Freundin konnte sie jetzt gut anfassen, und sie näherte sich vereinzelt auch schon mal neugierig Kunden. Am deutlichsten zeigte sich die Veränderung allerdings in ihrem Spielverhalten, hatte sie bislang kaum und wenn nur sehr kurz gespielt, so tobte sie jetzt mit der Tochter ausgelassen durch den Garten.

Max, Deutsch-Kurzhaar, fünf Jahre alt

Frau D. kam nach einem persönlichen Vorgespräch mit Max zu einem einwöchigen Training jeden Morgen um 8 Uhr zu mir. Im Vorgespräch stellte sich folgendes schwerwiegendes Problemverhalten heraus. Max hatte die letzten zwei Jahre im Tierheim verbracht und wurde dort schon von Frau D. regelmäßig zu Spaziergängen abgeholt. Sie war die einzige, die ihn relativ problemlos anfassen konnte; er hatte alle Tierpfleger und auch den Tierarzt gebissen. Sobald man ihm die Hand entgegenstreckte, um ihn Kontakt aufnehmen zu lassen, biß er ohne Vorwarnung zu. Seine Vorgeschichte war nahezu unbekannt, er beherrschte jedoch alle Unterordnungskommandos, inklusive des „Downs", so daß die Vermutung nahelag, daß er jagdlich geführt wurde. Wahrscheinlich war er bei einer Jagd verlorengegangen, denn er wurde mit Halsband streunend aufgegriffen.

Da der Hund nicht vermittelbar war, legte das Tierheim Frau D. nahe, Max zu sich zu nehmen, ansonsten würde er eingeschläfert werden. Seit drei Monaten befand sich Max jetzt in der Obhut von Frau D. Da er mittlerweile ihren Lebensgefährten und den Nachbarn gebissen und auch Frau D. selbst bedroht hatte, kam sie als letzte Hoffnung zu mir, mit dem Entschluß, bei einem Mißerfolg den Hund einschläfern zu lassen.

Bei dem Vorgespräch wurde ihr ein Maulkorb und ein Halti mitgegeben, so daß sie Max zu Hause schon an beides gewöhnen konnte.

Am ersten Tag kam Frau D. sehr nervös mit einem ebenso aufgeregten und angespannten Hund, der sich sehr in die Leine hängte. Er speichelte und hechelte sehr stark, und sein ganzer Körper war so verkrampft, daß er zitterte. Er konnte keine Sekunde ruhig stehen.

Um den Hund mit der Umgebung, der veränderten Situation und mir vertraut zu machen, hängten wir ihn an eine 10 m lange Leine an, Frau D. zog ihm den Maulkorb an, und wir machten erst mal einen Spaziergang. Max lief im Zickzack vor uns her, hob sehr häufig das Bein und schenkte mir keinerlei Beachtung. Nach einer Viertelstunde ließ ich Frau D. den Hund heranrufen, sie wechselte die lange Leine mit zwei kurzen Leinen, und unter dem Maulkorb wurde das Halti angelegt, an welchem ebenfalls eine Leine befestigt wurde. Ich stellte mich nun an die rechte Seite des Hundes und nahm eine der Halsbandleinen und die Haltileine in die linke Hand. Frau D. stellte sich auf die linke Seite und nahm ebenfalls eine Halsbandleine. In meiner rechten Hand hielt ich einen Stab, eine ca. 1 m lange Gerte, als Verlängerung meines Armes. Ich arbeite mit diesem Stab bei besonders nervösen, berührungsempfindlichen oder sehr aggressiven Tieren, um sie zu beruhigen und damit sie aufmerksam werden. Außerdem gebe ich ihm damit Signale zum Weitergehen oder Stehenbleiben, ohne an der Leine zu ziehen. Und so geschah es auch mit Max, mit dem Stab und meiner Stimme forderte ich ihn auf weiterzugehen. Er wollte sofort nach vorne losschießen, wurde aber durch die Leinen gebremst. Ich ließ ihn nur Schrittchen für Schrittchen machen, eine Pfote anheben, aufsetzen und dann erst die nächste Pfote. Er war sehr unruhig und versuchte auszubrechen, da aber auf beiden Seiten eine Leine war, konnte er nichts anderes tun, als sich nach einer Weile in sein Schicksal zu fügen. Als er anfing, seinen Widerstand aufzugeben, merkte er wohl, daß ihm nichts geschah, und er wurde zusehends ruhiger. Nach ca. 15 Minuten sagte ich Frau D., daß sie die Leine loslassen solle und führte Max nun ganz alleine und von Frau D. weg. Er war so konzentriert auf den Stab, daß er nicht bemerkte, was um ihn herum geschah. Nach weiteren zehn Minuten hörte ich auf. Ich hatte mir kleingemachte Leckerchen in die Tasche gesteckt und gab sie Max durch die Öffnung seines Maulkorbes. Noch so konzentriert von der vorangegangenen Übung dachte er gar nicht daran zu beißen. Frau D. übernahm ihren Hund, wechselte wieder die Leinen und ließ ihn laufen. Merklich ruhiger lief Max nun vor uns her, und wir gingen langsam zurück.

Am nächsten Tag befestigten wir direkt die kurzen Leinen an dem mit Maulkorb und Halti ausgestatteten Hund, und die Arbeit mit dem Stab begann wieder. Max erinnerte sich wohl an den vorherigen Tag und fügte sich sehr schnell in das langsame Gehen und war insgesamt viel ruhiger und aufmerksamer. Schon nach ca. zehn Minuten übernahm ich den Hund alleine, zu den konzentrierten Geh- und Stehübungen kam die Sitzübung. Dazu benutzte ich ein extrem langgezogenes Kommandowort „Siiiitz" und tippte mit dem Stab mehrmals leicht auf das Hinterteil von Max. Nachdem er sich hingesetzt hatte, strich ich mit dem Stab über seinen ganzen Rücken und die Brust herunter bis zu den Pfoten. Leicht irritiert ließ er es sich aber dennoch gefallen. Nach einer kurzen Zeit setzte ich den Stab höher an und strich über seinen Kopf und dann nach vorne über den Maulkorb, das Kinn entlang und wieder über die Brust. Auch das ließ er sich ruhig gefallen. Wir machten weiter mit Gehübungen, in die ich jetzt auch Wendungen und Kreise einbaute und zwischendurch immer wieder Sitz- und Berührungsübungen. Nach fast einer Stunde ruhiger und konzentrierter Arbeit hörten wir auf, natürlich nicht, ohne daß Max wieder eine Portion Leckerchen bekommen hatte, und verabredeten uns für den nächsten Tag in einem nahegelegenen Park.

In der fremden Umgebung gebärdete sich Max wie am ersten Tag, wurde jedoch innerhalb kürzester Zeit ganz ruhig. Frau D. erzählte mir, daß Max am Tag zuvor bis zum Nachmittag ruhig und ausgeglichen gewesen sei und viel geschlafen habe. Erst abends habe er wieder angefangen unruhig zu werden und zu hecheln.

Wir bewegten uns während des Gespräches ganz langsam durch den Park. Vorbeigehende Spaziergänger, welche Max nach Aussage seiner Besitzerin vorher immer angebellt hatte, ließ er nun ruhig passieren. Ein in großer Entfernung spielender und bellender Hund erregte allerdings große Aufmerksamkeit. Ich drehte mittels des Kopfhalfters seinen Kopf in die andere Richtung und begann mit den nun schon vertrauten Geh- und Stehübungen. Innerhalb weniger Minuten war Max wieder ruhig und konzentriert, und wir konnten an dem anderen Hund ohne weitere Probleme vorbeigehen.

Für den nächsten Tag war ein Besuch in der Stadt geplant, welchem Frau D. mit großer Angst entgegensah. Ihr war der letzte Stadtbesuch mit Max noch lebhaft in Erinnerung, den sie nach einer Viertelstunde entnervt abbrach. Sie erzählte, daß Max nur geknurrt, gebellt und an der Leine gezogen habe. Besonders laufende Kinder und andere Hunde hätten ihn rasend gemacht. Auf alles gefaßt zogen wir nach einer kurzen Einführung mit dem Stab mit einem ruhigen Max los. Jedesmal, wenn ich bemerkte, daß Max anfing unruhig zu werden, arbeitete ich mit dem Stab und machte Geh-, Steh- und Sitzübungen, bis er sich wieder beruhigt hatte. So gelangten wir vorbei an Kindern, anderen Hunden, Fahrradfahrern und vielen Menschen, ohne daß Max knurrte oder bellte. Zur Belohnung gab ich ihm wieder kleine Leckerchen.

Am fünften und letzten Tag führte Frau D. ihren Hund selbst und touchte ihn, wenn nötig, mit der Hand. Ich griff nur noch selten mit dem Stab ein und korrigierte oder lobte ansonsten nur mit Worten. Mit jedem Schritt wurde das Team Mensch–Hund ruhiger und sicherer, und man konnte die Freude über diesen Erfolg an dem glücklichen Gesicht von Frau D. ablesen. So hochmotiviert und enthusiastisch lud sie mich in ein Café ein, und nach auch dieser erfolgreich absolvierten Übung und der Besprechung des weiteren Trainingsverlaufes fuhr Frau D. mit ihrem Hund nach Hause. Sie wußte, daß unsere fünf Tage nur der erste Schritt auf einem langen Weg gewesen sind, aber sie hat gesehen, daß es einen Weg gibt und ist bereit, ihn zu gehen. Es erwartet sie viel Arbeit, sie muß eine Menge Zeit und Geduld haben, und es wird sicherlich auch Rückschläge geben. Max wird nie ein „sicherer" Hund werden, aber streßfreieres Leben mit ihm wird möglich sein, aber was doch sicherlich das Schönste ist, es wird überhaupt ein Leben sein!

(Mit freundlicher Genehmigung von Susanne Kaufmann)

Kapitel 10
Hundeerziehungsfibel

10.1 Verhalten und Lösungen von A–Z

Haben Sie ALLE Kapitel dieses Buches aufmerksam gelesen? Nochmals sei auf die große Variabilität unserer Hunde, ihre flexible Lebensweise innerhalb unterschiedlicher Hausstände und verhaltensbestimmende Eigenschaften verwiesen.

Hunde sind Individualisten, so daß es keine Pauschalregeln für ihre Erziehung geben kann. Hunde sind während der sensiblen Phase besonders störanfällig. Sie vertragen in dieser Entwicklungszeit keine Isolation oder dauerhafte Zwingerhaltung. Sie brauchen die Aufmerksamkeit ihres Sozialpartners Mensch.

Schon Eberhard Trumler mahnte an:

„Ein Hund, der keine Möglichkeit zum Lernen erhält, seine angeborenen Fähigkeiten auszuleben, der stumpft ab, verkümmert seelisch und ist ein bedauernswertes Geschöpf."

Die nachfolgend aufgeführten Lösungsvorschläge zur Hundeerziehung können IN ERSTER LINIE nur das Beheben von Verhaltenssymptomen sein. Treten trotz Beseitigung von Beschäftigungslosigkeit, Kommunikationsdefiziten oder nach Berücksichtigung hundlicher Ruhepausen Probleme in der Sozial- und Futterrangordnung auf, ist die Konsultation eines Beraters unumgänglich.

Diese Hundeerziehungsfibel erhebt keinen Anspruch auf Vollständigkeit und wird sicherlich teilweise mißbraucht. Dem verantwortungsvollen Hundehalter genügt jedoch ein zielgerichteter Tip oder Trick, um ein unerwünschtes Verhalten zu behandeln. Diese Fibel enthält stets mehrere Lösungsvorschläge zur Beseitigung eines bestimmten Problems.

Die Erfahrung lehrt, daß Halter Problemverhalten ihrer Hunde überwiegend ohne Konsultation eines Beraters beheben wollen. Ein zielgerichteter Leitfaden erscheint deshalb sinnvoller, als auf die Hundeerziehungsfibel ganz zu verzichten. Ein Verzicht würde in der Konsequenz bedeuten: der Mensch behandelt seinen Hund planlos oder nach Ratschlägen des „Hörensagens".

Verhalten	Lösungsvorschlag
Aggressives Verhalten	– siehe Kapitel 9 – Führung über Kopfhalfter – Gewöhnung an und Fütterung durch einen Maulkorb – Überprüfung der eigenen Sozial- und Futterrangstellung – Hund anbinden und ignorieren, ruhiges Verhalten belohnen – Alphawurf anwenden (s. Zeichnung)

Verhalten	Lösungsvorschlag
Aggressives Verhalten bei Passanten entlang des Gartenzauns	– siehe Kapitel 9 – Lautsprecher am Zaun montieren und über Mikrofon aus dem Haus verbal korrigieren.
Anspringen von Personen	– Hund ignorieren, bis seine Motivation erlahmt. Alternativverhalten: Sitz – Schnauzgriff anwenden (Sitz) – Futtergefüllte Hand entgegenstrecken (Sitz) – Körperdrehung um 90°, stehenbleiben (Sitz)
Aufreiten des Hundes	– Überprüfung der hundlichen Dominanz – Überprüfung des Hormonhaushalts durch Tierarzt – Schnauzgriff anwenden oder den Hund auf den Boden werfen – Halter stülpt kommentarlos Pudelmütze über Hundekopf
Bellverhalten korrigieren	– Hundeschnauze zuhalten/Sitz/-Belohnung – Einübung des Platzbefehls, dto. – Bellverhalten ignorieren, dto. – Verhaltensunterbrechung durch Disc-Training oder Aboistop – Trennungsbellen behandeln (Kapitel 4) Zusatz: Halter reibt Spielzeug unter Achselhöhlen – Nutzung von Kurzleine und Kopfhalfter – Postbote oder Besuch gibt Futterbrocken
Besuch belästigen	– siehe Kapitel 9 – Vermeidung von Blickkontakt
Bleib, Platz bzw. Platzbefehl	– siehe Kapitel 3.6 und 7.7 – Hund unter einen Stuhl kriechen lassen und automatisches Hinlegen belohnen. Zeitintervalle zum Futterangebot verlängern

Verhalten	Lösungsvorschlag
	– Hand deckt auf dem Boden plaziertes Futter ab. Selbständiges Hinlegen = Hand wegnehmen
	– liegenden Hund mit einer Hand auf dem Boden halten. Kreisförmig herumgehen/ Futterbelohnung
	– hockend einen Arm um sitzenden Hund legen. Unter Körperverlagerung den Hund automatisch in Platzposition gleiten lassen
	– die Leine als Hilfestellung auf Pfoten oder Rücken legen
	– Hund auf den Boden schubsen
	– Anbindespirale im Boden befestigen, selbständiges Legen belohnen
	– Hund unter angewinkeltes Bein kriechen lassen

Eine andere Variante zur Einübung des Platzbefehls besteht in Form eines angewinkelten Beins. Der Hund kriecht durch diesen „Ersatztunnel" und bekommt ein Sichtzeichen nach unten. Bei korrekter Ausführung erhält der Hund eine Futterbelohnung.   Foto: Peter Nawrath

Verhalten	Lösungsvorschlag
Befehl: Rückruf	– siehe Kapitel 5 – schnelles Weglaufen, Hund erst bei Blickkontaktaufnahme rufen – mit Fahrrad, Auto oder Pferd rasch entfernen, erst auf Distanz anhalten. Hund kommt = Belohnung – hinhocken und Händeklatschen – bei Unachtsamkeit des Hundes rasch verstecken
Befehl: Sitz	– Futterbrocken hochhalten und eigenständige Handlung abwarten – Spielzeug hochhalten und eigenständige Handlung abwarten – hockend einen Arm um den Hund legen und Körpergewicht auf seinen Rücken verlagern – Aufwärtsbewegung mittels Click and Treat-Stab (Kapitel 7.7) – Kopfhalfter hochführen
Gegenstände anfressen/ zerstören	– siehe Kapitel 4 und 9 – Gegenstand mit Myhrretinktur präparieren oder jegliche Art der Objektverknüpfung – ein Familienmitglied versteckt sich im Schrank und überrascht Hund auf frischer Tat – Hund wird über Observierungssystem beobachtet/korrigiert – Gebrauch eines Heimkennels
Jagen/Scheuchen	– siehe Kapitel 5.7 – Hund an Packtaschen gewöhnen – Kopfhalfter beim Freilauf tragen lassen – Holzstück am Halsband befestigen, das den Hund am Rennen hindert – geruchliche Reizüberflutung über Fellreststück eines Beutetieres am Halsband – Restleine mit Feder am Halsband

Nach zuvoriger Gewöhnung an Packtaschen können manche Hunde im Hetzverhalten beeinflußt werden. Selbst Jagdhunde wurden über diese Maßnahme schon oft erfolgreich trainiert und zeigten ein gemäßigtes Hetzverhalten.

Foto: Peter Nawrath

Verhalten	Lösungsvorschlag
Lebensmittel stehlen	– jegliche Art der Objektverknüpfung – Verhaltensabbrechung über Disc-Training – Vermeidung eines ständigen Hungergefühls: Umstellung auf täglich drei kleinere Portionen – Hund wird über Observationssystem beobachtet/korrigiert – nichts Eßbares erreichbar werden lassen
Türen öffnen bzw. zerkratzen	– siehe Kapitel 9 – Türklinken senkrecht stellen oder durch Knopfartige ersetzen – jede Art der Objektverknüpfung – bei offenen Türen: Außenreize überprüfen und ggf. verändern – Flugtransportbox bei ängstlichen Hunden, ansonsten Heimkennel benutzen – hinter der Tür verstecken und unerwünschte Handlung sofort negativieren – Tür offen stehen lassen, damit sich der Hund frei bewegen kann

Verhalten	Lösungsvorschlag
Unwirsches Verhalten in der Wohnung	– siehe Kapitel 9 – heiße Hündin in der Umgebung? – mangelnde Beschäftigung bzw. zu unruhiger Hausstand – Außenreizsituation überprüfen
Urinieren/Koten in der Wohnung	– siehe Kapitel 9 – ein Besuchshund war der Grund – den Hund festbinden, genau beobachten und ggf. rausführen – Heimkennel benutzen – Hund auf Zeitung urinieren lassen, diese schrittweise der Tür annähern und Zeitungsumfang verringern
Über den Gartenzaun springen	– Außenreizsituation überprüfen – jede Art der Objektverknüpfung – Winkeleisen mit Schrägzaun nach innen montieren
Verschlucken von Gegenständen	– je nach Gegenstand wegen möglichem Darmverschluß zum Tierarzt – bei notorischem Verschlucken: z. B. Steine im Backofen erhitzen und provozierend auslegen – jegliche Art der Objektverknüpfung
Verteidigung von Napf und Knochen	– siehe Kapitel 3 – mit Kurzleine und Kopfhalfter einwirken – Hund festbinden und Futter/Knochen (ggf. über Schnur) wegziehen. Neutral- bzw. Alternativverhalten belohnen – Hund an Maulkorb gewöhnen und ausgeführten Unterordnungsbefehl belohnen – jede Art der Objektverknüpfung – Verhaltensunterbrechung durch Disc-Training – Schnauzgriff anwenden
Wassernapf umwerfen	– Spezialnapf mit Saugboden kaufen – Hund nur noch im Außenbereich Wasser anbieten

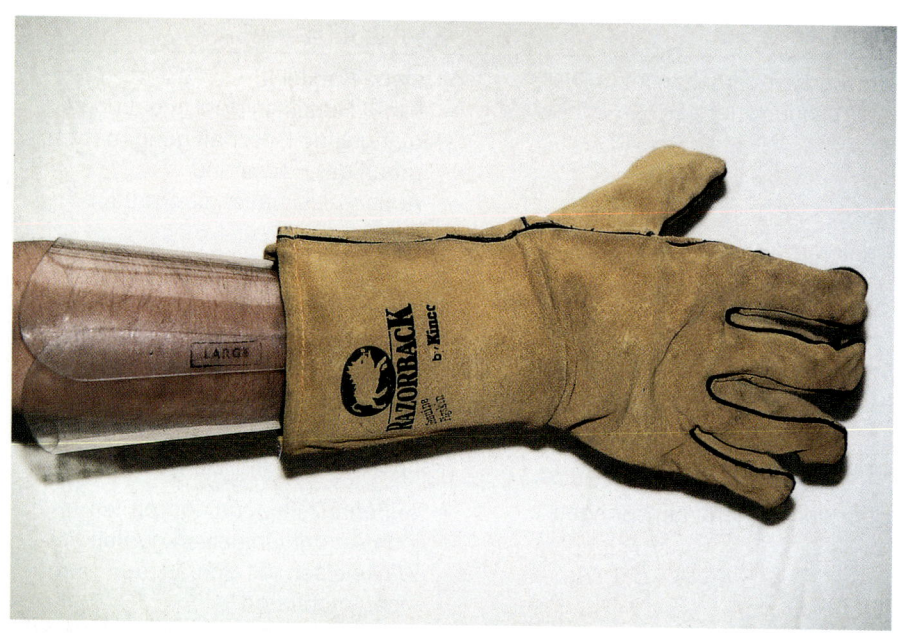

Oft zeigen Hunde motorisches Beißen, wenn der Mensch etwas von ihnen verlangt. Der Armschutz mit festem Lederhandschuh versetzt den Halter in die Lage, mit der freien Hand einen Schnauzgriff anzuwenden.

Foto: Peter Nawrath

Verhalten	Lösungsvorschlag
Zerren an Hand, Arm oder Kleidung	– soziale Rangordnung überprüfen – Ärmel mit Pfeffer oder Myhrretinktur bestreuen – harten Schnauzgriff anwenden – Armschutz und Lederhandschuh tragen, Verhalten ignorieren und alternative Unterordnungsbefehle belohnen – Verhaltensunterbrechung durch Disc-Training
Ziehen an der Leine	– siehe Kapitel 5.3 – Flexileine anstatt Kurzführung – immer wieder stehenbleiben, bis Motivation erlahmt – Führung über Kopfhalfter – im Ausnahmefall Leinenruck über Gliederhalsband – Verunsicherung über 5-m-Leine

Verhalten im PKW	Lösungsvorschlag
Angst vor dem Autofahren	– genaue Analyse, wovor Hund Angst hat (eigentliche Fahrt, Außenreize, PKW- Geräusche). Hund ausschließlich im Auto füttern – zunächst kurze Fahrten mit anschließendem Spaziergang/Spiel – vom Tierarzt medizinisch versorgen lassen – eine Begleitperson mit Hund auf dem Rücksitz – Hundesicherheitsgurt verwenden

Sicherheitsgurte für Hunde sind im Fachhandel erhältlich und können bei einer Vollbremsung lebensrettend sein. Nicht befestigte Hunde sind für den Fahrer/Beifahrer nicht selten eine tödliche Gefahr.
Foto: Peter Nawrath

Verhalten im PKW	Lösungsvorschlag
Aggressives Verhalten	– siehe Kapitel 9.4 – Hund in Transportbox unterbringen – über Leine und Kopfhalfter einwirken – Hund exklusiv auf dem Boden vor dem Beifahrer transportieren – Hund für ruhiges Verhalten von Fremden über halbgeöffnetes Fenster füttern lassen (ggf. Maulkorb verwenden)
Gegenstände anfressen/zerstören	– an Maulkorb gewöhnen und Hund zurücklassen – Lautsprecher unter Sitz verstecken und verbal korrigieren – Hund in Transportbox unterbringen – jede Art der Objektverknüpfung – Hundesicherheitsgurt verwenden
Springen aus PKW ohne Befehl	– Kurzleine und Kopfhalfter verwenden – Hund an der Kopfstütze festbinden/ selbständiges Sitz/Heraussprung (Befehl) als Belohnung – zweite Person im PKW wirkt auf den Hund ein – Tür vor dem Heraussprung rasch schließen/ Sitz/Befehl: Hopp
Unterbringung im PKW	– Lüfti-Fenstergitter montieren, bevor Hund zurückgelassen wird – möglichst Trenngitter verwenden – Hund muß ausreichendes Platzangebot haben – Hund niemals in der Sommerhitze zurücklassen – Hundesicherheitsgurt verwenden

Verhalten in der Stadt	Lösungsvorschlag
Aggressives Verhalten	– über Kopfhalfter und Doppelleine korrigieren – Verhaltensunterbrechung durch Disc-Training – Wasserpistole verwenden und Alternativverhalten belohnen

Verhalten in der Stadt	Lösungsvorschlag
	– Differenzierte Geräuschkulissen einbauen/Alternativverhalten belohnen (Sitz, Platz, ruhig sein) – Hund über Distanz verunsichern – Kontakt zu Artgenossen über Flexileine gestatten – Blickkontakt von Artgenossen abwenden und Hund durch Futterbrocken/knisternde Tüte fixieren – jede Art der Objektverknüpfung – im Café Mantel über Stuhl hängen, so Blickkontakt zu anderen Hunden und Menschen unterbrechen

Oft versucht der verzweifelte Halter, seinen Hund in Cafés und Restaurants (aggressives Bellverhalten) über verbale Kommunikation zu beeinflussen. Die Beseitigung des Hauptproblems wird nicht bedacht: Der direkte Blickkontakt zum Artgenossen kann durch eine Sichtblende in Form eines Mantels oder einer längeren Jacke unterbrochen werden, und der Hund lernt statt dessen den alternativen Platzbefehl.
Foto: Peter Nawrath

Verhalten in der Stadt	Lösungsvorschlag
	– Schnauzgriff anwenden oder Hund auf den Boden werfen – ängstliche Hunde ignorieren oder von Fremden füttern lassen (genaue Analyse notwendig)
Bellen in Lokalen und öffentlichen Gebäuden	– über Kopfhalfter und Leine führen – nach Ausführung des Platzbefehls Fuß auf Leinenansatz stehen lassen – Schnauzgriff anwenden oder Maul zuhalten – allgemeine Unterordnungsbereitschaft verbessern – Verhaltensunterbrechung durch Disc- Training oder Wurfkette – stets Alternativverhalten einleiten und belohnen – zu nervösen und unausgeglichenen Hund zu Hause oder im PKW lassen
Kaninchen usw. im Stadtpark hetzen	– siehe Kapitel 5.7 – Hund positiv auf Fahrradklingel konditionieren und ggf. rasch entfernen – Verhaltensabbruch der 2. Jagdsequenz durch Disc-Training – Blickkontakt unterbrechen und Alternativverhalten einleiten – Hund auf Vizir-Kugel mit Futterbrocken, Futterwürfel oder Spielzeug konzentrieren – Hund über Leinenruck in der Distanz verunsichern – Hund in unbekanntem Terrain ausführen und stets rasch in entgegengesetzte Richtung rennen – Hund durch Knallgeräusche in der Distanz verunsichern – jede Art der Objektverknüpfung – nach Beutebestätigung rasch einen Fachmann konsultieren

Verhalten in der Stadt	Lösungsvorschlag
Kommando „Fuß" in dichtem Verkehr	– Hund auf Distanz verunsichern – Hund verleiten, links um einen Laternenpfahl zu gehen, während der Halter rechts vorbeigeht – Hund über Kopfhalfter führen – allgemeine Verbesserung des Befehls: Kreisbewegungen (links/rechts) einüben – stehenbleiben oder kommentarlos in die entgegengesetzte Richtung gehen – Futterbrocken in der linken Hand halten
Koten in der Fußgängerzone	– vor dem Einkauf ausreichenden Freilauf gewähren – Hund nur an bestimmten Plätzen auf Kommando koten lassen – stets Tüte mitführen und die Verpflichtung zur sofortigen Entsorgung ernst nehmen
Müll von der Straße auflesen	– Knallerbse werfen und Alternativverhalten einleiten – rasch losrennen und Herankommen belohnen – Verhaltensunterbrechung durch Disc-Training – Hund in der Distanz verunsichern – Hund über Kopfhalfter führen
Ständiges Urinieren	– ignorieren und rasch weitergehen – Hormonhaushalt durch Tierarzt überprüfen lassen – Hund über Kopfhalfter führen
Übersprungshandlungen	– Hund ist durch Umweltreize zu gestreßt/genaue Analyse der jeweiligen Situation – Hund über Kopfhalfter führen – non-verbale Kommunikation überprüfen und verbessern – Blickkontakt unterbrechen und Alternativhandlung einleiten

Verhalten in der Stadt	Lösungsvorschlag
	– stehenbleiben und Hund ignorieren – Hund festbinden und sich entfernen, bis ruhiges Verhalten belobigt werden kann (siehe Kapitel 9.5.)
Wälzen in Kot oder Aas	– Hund im Einwirkungsbereich halten – Verhaltensunterbrechung und Einleitung eines Alternativverhaltens – oft nicht korrigierbar, da Wölfe ihren Eigengeruch überdecken, um sich besser an Beutetiere schleichen zu können
Zerren an der Leine	– stehenbleiben und Verhalten ignorieren – Lederleine durch Kette ersetzen – Hund auf Sichtzeichen zum Sitz umleiten/Belohnung – Hund über Kopfhalfter führen
Zerren an Arm oder Kleidung	– allgemeine Überprüfung der Rangordnung – Verhaltensunterbrechung durch Disc-Training – Hund über Kopfhalfter führen – Unart schon bei Welpen über angewandten Schnauzgriff hemmen – Hund Maulkorb anpassen und Verhalten ignorieren

10.2 Beschäftigungsvorschläge für Haus-, Familien- und Begleithunde

Oft mangelt es dem Halter an Ideen, interessante Beschäftigungsfelder für seinen „arbeitslosen" Hund zu finden.

Nachfolgend einige konkrete Vorschläge:

Agility-Training	– spezielle Literatur anschaffen – Hund muß vom Tierarzt bzgl. Kreislauf/ evtl. körperlicher Gebrechen eingehend untersucht werden! – Hund soll Spaß haben und nicht emotionalen Ehrgeiz des Halters befriedigen

Verhalten in der Stadt	Lösungsvorschlag
Apportieren diverser Gegenstände	− spezielle Literatur anschaffen − jeder Gegenstand muß mit gleichbleibendem Namen verbunden sein: Ball, Spielzeug, Stock, usw. Der Weg kleiner Schritte (greifen, festhalten, tragen, herankommen). Jeder Gegenstand sollte für den Hund visuell und geruchlich unterscheidbar sein
Flyballmaschine	− ideal im heimischen Garten − Kombination mit Apportierübungen − Tierarzt muß Gesundheitszustand des Hundes überprüft haben
Fahrradbegleitung	− Hund auf Fahrradklingel konditionieren/ herankommen = Belohnung − Springer-Halterung montieren − Tierarzt muß Gesundheitszustand des Hundes überprüfen − Training keinesfalls in Sommerhitze durchführen − besserer Freilauf-Gehorsam durch rasche Entfernungsmöglichkeit
Freiwilliger Hundeführerschein	− empfehlenswert nach absolviertem Einzelunterricht − muß auch theoretischen Unterricht beinhalten − Gruppengröße darf keinesfalls zu stark sein − muß praxisbezogen durchgeführt werden (Verkehrsbegleitung) − muß auf modernen Hundeerziehungsmethoden aufgebaut sein
Jogging	− anfangs Leine mit Gürtel des Halters verbinden, bis sich der Hund korrekt orientiert − Richtungswechsel bei Leinenzerren − Tierarzt konsultieren

Verhalten in der Stadt	Lösungsvorschlag
Karrenziehen	– individuell nach Größe zieht der Hund Karren oder Einkaufswagen. Die Einsatzarbeit muß schrittweise eingeübt werden: Tragen des Brustgeschirrs, leeren Karren ziehen, Gewichterhöhung, Handling
Packtaschen tragen	– schrittweise Gewöhnung (leer, Gewichtserhöhung) – stoppt bzw. reduziert Hetzverhalten des Hundes – bedeutet für den Hund Auslastung – Hilfe für gemeinsame Wanderungen
Spielübungen	– siehe Kapitel 5.6 – Spiel mit dem „Boomerball" – runde Futterbrocken über den Boden rollen, im Gras oder Gebüsch suchen lassen – Spiel mit Frisbee-Scheiben – Beschäftigung mit Spielball, Kong oder „Balljumper"

Ein Hund folgt einer zuvor ausgelegten Pansenspur über Hindernisse. Er wird nicht nur körperlich-, sondern auch „geistig"-reizspezifisch ermüdet. Foto: Günther Bloch

Verhalten in der Stadt	Lösungsvorschlag
	– folgen einer Pansenspur
	– unter bzw. in Kartons verstecktes Futter oder Spielzeug suchen lassen
	– instrumentelles Lernen (siehe Kapitel 7.7)
	– Nutzung eines eigenen Hindernisparcours (Stofftunnel, Tisch, Box, Slalomstangen, Leiter, Sprunggeräte, Wippe, usw.)
Trolli-Laufleine	– statt eines Hundes wird ein Reifen befestigt und somit gemeinsames, bzw. selbständiges Spiel eingeleitet. Dieses System kann auch für Apportierübungen verwendet werden (siehe Zeichnung)
Zeitung holen	– Voraussetzung ist Einübung aller einzelnen Apportierschritte, bis der Hund eine „Rolle" zurückholt

Ein Spielvorschlag für den Hund im heimischen Garten   Quelle: Günther Bloch, 1990

Kapitel 11
Außergewöhnliche Dokumentationen aus der Welt der Caniden

11.1 Herdenschutzhunde – Caniden der besonderen Art

Hunde sind Jäger. Nutztiere wie Schafe, Kühe, Kaninchen und dergleichen können schnell zur Beute werden. Arbeitet man jedoch mit Herdenschutzhunden, stellt sich zunächst eine Frage: wie kann ein bestimmter Hundetyp denn selbständig Schafe und Ziegen beschützen, ohne das diese potentielle Beutetiere darstellen?

Zunächst ist die Entwicklung bei allen Tieren der Hundeartigen, wie z. B. Wölfe, Schakale und Kojoten, gleich. Sie sehen nach der Geburt nahezu gleich aus. Sie werden mit geschlossenen Augen geboren, die Ohren sind an den Kopf angelegt, und sie können noch nicht hören. Sie sind in der Lage, die Zitzen ihrer Mutter zu finden und zu saugen. Ist die Mutter nicht anwesend, liegen die Welpen eng zusammen und wärmen sich gegenseitig.

Der Meinung vieler Biologen folgend, sollte die Welpen- und Junghundeentwicklung, während der sich auch *bestimmte Verhaltensweisen formen,* in vier verschiedene Stadien unterteilt werden. In der Wildnis beobachtet man stets den gleichen Ablauf:

a) Während des ersten Entwicklungsstadiums beginnt der Welpe den Kontakt zur Höhle etwas zu lockern. Der ganze Wurf verläßt nach und nach die Höhle, hält sich aber in der Nähe auf und zeigt nach Rückkehr der Erwachsenen aktives Futterbettelverhalten, das Gesicht bzw. die Schnauze wird beleckt. Dieses Verhalten löst bei den Erwachsenen das Vorwürgen von Futter aus. Die Welpen fallen regelrecht über die noch breiige Nahrung her und versuchen, den möglichst größten Anteil zu ergattern. Bei Abwesenheit von erwachsenen Tieren verschwinden die Welpen automatisch in der sicheren Höhle, sobald ihnen eine Situation nicht ganz geheuer erscheint.

b) Während des zweiten Stadiums beginnen alle Welpen miteinander zu spielen. Nach und nach nehmen sie Blätter, Stöcke oder Insekten auf, zeigen erste Beutepack- und Schüttelverhaltensweisen. Viele unserer Haushunde tendieren dazu, verhältnismäßig lange in diesem Stadium zu bleiben. Sie spielen mit allerlei Objekten, wie Bällen oder Stöcken, und beginnen sogar diese zu apportieren (z. B. Retriever).

c) Während des dritten Stadiums zeigen fast alle Caniden das Heranpirschen und springen ein anvisiertes Ziel an. Dieses Verhalten können wir sehr ausgeprägt bei Füchsen und Kojoten auf der „Jagd" nach Mäusen beobachten. Um Schafe oder sogar Rinder in eine bestimmte Richtung im Gelände zu bewegen, nutzt der Mensch das Anpirschverhalten diverser Hütehundeschläge.

d) Während des letzten Stadiums lernen junge Caniden durch *genaue Beobachtung* ihrer erwachsenen Vorbilder zu jagen. Sie lernen, größere Beute am Hinterbein zu packen, bringen diese zu Fall und töten sie ggf. letztendlich. Sie lernen zu überleben, wertvolle Energie gezielt einzuteilen, um später von den Erwachsenen unter Umständen unabhängig zu sein. *Die Verhaltensentwicklung* ist abgeschlossen, der Wildcanide ein selbständiges Raubtier, das unter rauhen Umweltbedingungen zurechtkommt.

In Europa stellten Wolf und Bär über Jahrhunderte eine große Gefahr für Nutzvieh dar, so daß besonders Schäfer einen Hirtenhundetypus entwickelten, der ihre Herden effektiv gegen eventuelle Übergriffe selbständig verteidigte. Aufgrund der Präsenz aufmerksamer Herdenschutzhunde vermeiden es die allermeisten Raubtiere, durch Konfrontation in Schwierigkeiten zu geraten.

Über die Effektivität dieser außergewöhnlichen Hunde gab es in Europa bis zum Jahre 1994 kein quantitatives Datenmaterial. Würden die in ärmlichen Verhältnissen lebenden Hirten jedoch nicht an die Schutzfunktion ihrer Hunde glauben, wären sie sicherlich nicht bis zum heutigen Tage in Gebrauch.

In manchen Ländern Europas ist die alles entscheidende Technik zur Sozialisierung auf Nutzvieh verlorengegangen, der traditionelle Einsatz von Herdenschutzhunden soll heutzutage aber wieder forciert werden. Das System stellt im Gegensatz zu Tötungs- und Vergiftungskampagnen eine der wenigen Methoden dar, Nutzviehherden wirksam zu verteidigen, ohne Wolf und Bär direkt ganz vernichten zu müssen.

Aber nicht nur Wolf und Bär stellen eine Gefahr für Nutztiere dar. Streunende und unkontrolliert herumlaufende Hunde bringen so manchen Nutzviehbesitzer an den Rand der Verzweiflung. Neuerdings erhalten wir regelmäßig Anrufe, wie man ländliche Gehöfte vor z. B. Pferdeschändern schützen kann. Ist ein Herdenschutzhund auch hier anzuraten? Warum vertreibt ein Hundetyp den eigenen Verwandten Wolf oder gar die gleiche Spezies in Form eines streunenden Hundes?

Erinnern wir uns des zweiten Verhaltensstadiums. Gute Herdenschutzhundewelpen scheinen dieses Stadium erst sehr spät zu verlassen. Selbstverständlich spielen sie als Welpen miteinander, viele von ihnen ignorieren aber schon das Werfen eines Balles, rennen ihm nicht nach, sondern bekauen ihn höchstens. Auch als erwachsene Tiere sehen sie wie Welpen aus, haben relativ kurze Schnauzen, abgerundete Köpfe und Hängeohren. Sie leben völlig eigenständig mit Nutzvieh wie innerhalb eines Welpenwurfes und lecken z. B. das Gesicht von erwachsenen Schafen. Gleiches taten sie als Welpen bei ihrer Hundemutter.

Im krassen Gegensatz zu Hütehunden lernen bereits junge Herdenschutzhunde, direkten Blickkontakt zu einem Nutztier zu vermeiden. Auch das Anpirschen und somit die Tendenz, sich an „Beute" anzuschleichen und zu Fall zu bringen, entwickelt sich als Verhaltensweise bei guter Sozialisierung nicht. Bereits Welpen lernen, sich inmitten von Nutzvieh bedächtig zu bewegen. Sie ducken bei Annäherung ihren Körper nicht ab, unterbrechen und beeinflussen somit keinesfalls das Verhalten grasender oder widerkäuender Schafe.

Bereits im Alter von sechs bis acht Wochen werden die Welpen mit Nutzvieh jeglicher Art zusammengebracht. Sie brauchen kein – mitunter wenig – spezielles Training und scheinen instinktiv zu wissen, was sie zu tun haben. Innerhalb dieses entscheidenden Sozialisierungsprozesses müssen jedoch die meisten Schafe bzw. Vertreter eines anderen Nutztiertypus erst lernen, daß dieser spezielle Hundetyp späterhin Beschützer sein wird und keine Gefahr darstellt.

Nutztiere, wie z. B. Schafe, verhalten sich – je nach Erfahrung – sehr unterschiedlich gegenüber dem Versuch, Hundewelpen zu integrieren. Der Erfolg eines zu startenden Herdenschutzhundeprojektes steht und fällt u. a. mit der Kategorisierung des zu erwartenden Nutzviehverhaltens.

a) Passives Nutzvieh, welches den Hundewelpen nicht unmittelbar anstarrt.

b) Aktives Nutzvieh, welches gegenüber dem Hundewelpen zwar direkten Blickkontakt aufnimmt, ihm sich jedoch nicht weiter nähert.

c) Aggressives Nutzvieh, welches gegenüber dem Hundewelpen nicht nur direkten Blickkontakt aufnimmt, sondern zudem Köpfe senkend mit den Hufen aufstampft.

d) Sehr aggressives Nutzvieh, welches den Hundewelpen nach dem Anstarren scheucht und in die Seite stößt.

Auch der Hundewelpe sollte einem ersten Test unterzogen werden, wobei hier nach folgenden Kategorien einzuteilen ist:

a) Hundewelpen, die gegenüber dem Nutzvieh aggressiv sind, nach diesem schnappen und es ständig verbellen.

b) Hundewelpen, die das Nutzvieh total ignorieren.

c) Hundewelpen, die auf das Nutzvieh sehr ängstlich reagieren und vor ihm flüchten.

d) Hundewelpen, welche gegenüber dem Nutzvieh einerseits zwar neugierig, andererseits aber nicht aggressiv sind.

Beste Voraussetzungen einer erfolgreichen Sozialisierung bietet die Nutzviehkategorie b) und der Hundetyp d), wobei dennoch auch andere Kombinationen möglich sind. Hundewelpen aus der Kategorie a) sind fast ausnahmslos ungeeignet.

Die meisten Hirten nehmen zum Start einer Sozialisierung auf Nutzvieh zwei Hundewelpen. Es erscheint sinnvoller, daß Welpen miteinander spielen, als z. B. mit Schafen, die sie eventuell verletzen könnten. Vom ersten Tag an müssen die Hundewelpen in unmittelbarer Nähe des Nutzviehs gefüttert werden. Keinesfalls z. B. separat im Haus, damit die Welpen nicht lernen, Nutzvieh während der Nahrungsaufnahme unbeaufsichtigt zu lassen. Alle Verhaltensweisen des Sozialisierungsprozesses sollten aufgelistet werden, damit später keinesfalls unbrauchbare Hunde zur Weiterzucht verwendet werden.

Als goldene Regel gilt: nur Herdenschutzhunde von schon zuverlässig arbeitenden erwachsenen Tieren geben eine gewisse Garantie. Der Welpenkauf aus Schauhundebeständen kann sehr oft gewünschte Instinkte vermissen lassen. Bei der Auswahl eines Welpen aus einem ganzen Wurf sind die besonders aktiven Tiere meistens schlechter für die späteren Aufgaben geeignet. Sie entfernen sich oft vom Nutzvieh, bevorzugen die Nähe des Menschen und sind schwieriger mit Nutzvieh zu halten. Keinesfalls darf natürlich ein völlig lethargisch wirkender Welpe gekauft werden, denn er ist meistens kränklich.

Einer der wichtigsten Aspekte der Sozialisierung liegt in der Schaffung optimaler Umweltbedingungen. Die Arbeit kann sowohl in einer Scheune, als auch in einem vorpräparierten Pferch gestartet werden. Entscheidend ist nochmals:

Die Sozialisierung, d.h. die möglichst große Identifizierung und ein enges Zugehörigkeitsgefühl zwischen Nutztieren und Hunden. Wir sozialisieren unsere Hunde normalerweise auf den Menschen. Herdenschutzhunde sollen sich jedoch als integraler Bestandteil einer Nutzviehherde fühlen. Ist der Hund herangewachsen, wird er aus genanntem Grund DEN verteidigen, mit dem er sich identifiziert. Mit anderen Worten, mit dem er sozialisiert wurde.

Der Welpe wächst innerhalb einer täglichen Routine auf, außerhalb derer er ungewöhnliche Situationen zum Anlaß nimmt, massives Bellverhalten zu entwickeln. Störungen des neuen „Familienverbandes" sind ihm ausgesprochen suspekt, so

Während der sensiblen Periode bindet sich der gut sozialisierte Herdenschutzhund sehr eng an Nutzvieh aller Art. Die Herde gehört alsbald zur alltäglichen Routine. Innerhalb dieser speziellen Umweltbedingungen wird der Hund überspitzt formuliert zum „Schaf". Raubtiere stehen einem den Familienverband verteidigenden und massiv bellenden „Schaf in Canidengestalt" gegenüber und lernen sehr schnell, eine solch suspekte Herde zu meiden (hier: Owtscharek Podhalanski-Hündin).

Foto: Günther Bloch

daß er diesen beginnt zu verteidigen. Während des Tages sind Herdenschutzhunde im allgemeinen recht faul, überwachen den Schutz ihrer Herde sehr gerne von einer Anhöhe aus. Kontaktliegen zu widerkäuenden Schafen ist keine Seltenheit. Manch erwachsene Hund liegt sogar unter einem stehenden Schaf und trinkt regelmäßig Milch. Herdenschutzhunde sind überspitzt formuliert zu Schafen geworden. Zu Schafen mit ausgeprägtem Bellverhalten...

Herdenschutzhunde zeigen auch in Privathand außergewöhnliche Verhaltensweisen. Ab der Dämmerung, wenn im Freiland der Feind in Form von Wolf oder Bär kommen würde, wächst ihre Wachbereitschaft massiv. Sie bellen verstärkt und handeln völlig selbständig.

Hundehalter in Reihenhaussiedlungen sind nicht gut beraten, wenn sie einem Herdenschutzhund angepaßtes Bellverhalten vorschreiben wollen.

Als selbständig handelnder Hundetyp, besonders wenn er direkt aus dem jeweiligen Ursprungsland kommt, gilt er als stur und bringt viele Hundehalter an den Rand des Wahnsinns. Unterordnung im herkömmlich verstandenen Sinne akzeptiert er – wenn überhaupt – nur äußerst widerwillig.

Herdenschutzhunde sind individuelle Persönlichkeiten. „Ihr Gesicht zu verlieren" hassen sie abgrundtief. Sie gelten als unnahbar. Die einzige erfolgversprechende Erziehungsmethode ist, sie mit ihren eigenen Waffen zu schlagen. Agieren anstatt zu reagieren; ignorieren anstatt sie bis zur Unkenntlichkeit brutal unterzuordnen.

Herdenschutzhunde sind Caniden der besonderen Art. Sie passen nicht in das übliche Schema. Der umsichtige Hundehalter bezieht verhaltensökologische Aspekte in die Haltung eines solchen Hundes ein, will er kein Desaster erleben.

Seit Jahrhunderten bewacht der gute Herdenschutzhund die ihm anvertrauten „Schutzbefohlenen" souverän und selbständig. Versündigen wir Menschen uns nicht, indem wir ihn zum Statisten degradieren?

11.2 Die „Domestikation" der Silberfüchse Belyaev's

Wie die Haustierwerdung vom Wolf zum Hund letztlich verlief, bleibt schwierig nachvollziehbar. Neben der Vermutung einer Selektion zur Arbeitshilfe (Jagdgebrauch, Schutzgebrauch) unterstreichen Coppinger und Schneider eine andere These: sie gehen von einer Selektion auf reduziertes Temperament aus.

Wölfe können zwar gezähmt und zu einem limitierten Teil sogar trainiert werden, ihre Scheuheit und ihr Meideverhalten bleiben jedoch schlecht kontrollierbar. Der erste Prozeß von völliger Wildheit in Richtung Abbau eines Scheuheitsverhaltens konnte also nur über Ausschlußselektion scheuer Temperamente Erfolg bringen.

Diese These im Hinterkopf, selektierte der russische Forscher D. Belyaev systematisch durch Meideverhalten gestreßte Silberfüchse auf einer Fellfarm in Sibirien. Zunächst sollte die schlechte Fellqualität extrem ängstlicher Silberfüchse unter kaufmännischen Gesichtspunkten verbessert werden. Die strenge Selektion auf Temperament, stets wurden nur die am wenigsten scheuen Tiere verpaart, brachte eigenartige Begleitumstände mit sich:

Zunächst verhielten sich die Tiere dieser Selektionslinien wie erwartet weniger scheu. Nach etlichen Generationen verhielten sich die Füchse aber auch immer mehr wie Hunde, ja, selbst ihr Aussehen veränderte sich dramatisch. Die Füchse entwickelten scheckige Fellstrukturen, bekamen Hängeohren, und Weibchen folgten plötzlich zwei Estrus-Zyklen.

Was als Experiment zu einem besseren Management für Pelztiere begann (20 000 Silberfüchse wurden über ca. 20 Jahre auf Zahmheit selektiert), entpuppte sich mehr und mehr zu einer wissenschaftlichen Sensation.

Der Russe Belyaev selektierte ursprünglich auf ein gewünschtes Verhaltensziel, die Zahmheit.

Die Resultate sahen anders aus. Neben den oben geschilderten Veränderungen zeigten viele Silberfüchse eine für sie untypische, eigenartige Schwanzhaltung (Vorstufe zum Rollschwanz), und einige waren schwarzweiß gefärbt.

Die entscheidende Entdeckung des Russen Belyaev liegt in der Tatsache begründet, daß Selektionen auf Temperament (Zähmbarkeit) Veränderungen in Aussehen und Verhalten mit sich bringen. Diese Unterschiede kamen sicherlich nicht von einem unterschiedlichen Stammvater, Fuchs bleibt Fuchs.

Der Fuchs ist sicherlich auch nicht als Stammvater unseres Hundes anzusehen, welches u. a. DNA-Tests (siehe 11.4) beweisen. Die Selektion wenig scheuer Wölfe auf erste Haushundetypen, lassen aber gleiche Begleitumstände vermuten und kreierten den gleichen Sprung wie Belyaevs Füchse: variables Aussehen/Verhalten und zwei Estrus-Zyklen…

Alphatiere prägen eindeutig individuelle Familientraditionen und Kulturen einzelner Wolfsrudel. Jungtiere ahmen Verhaltensweisen erfahrener Wölfe nach und übernehmen bestimmte Gewohnheiten. Wolfsrudel ist längst nicht gleich Wolfsrudel, individuelle Umweltbedingungen sind von entscheidender Bedeutung. Foto: Günther Bloch

11.3 Umweltanpassung und neue Kulturen freilebender Wölfe und Kojoten

Alle Wölfe haben dasselbe Buch gelesen und verhalten sich gleich. Viele Hundetrainer unterschreiben eine solche Pauschalisierung, weil sie gut in ihr pauschales Hundeerziehungskonzept paßt.

Menschen in New York oder Tokio leben anders als in der Wüste oder auf dem Lande. Wie können wir erwarten, daß ein skandinavisches Wolfsrudel genauso lebt wie Wölfe in der Halbwüste von Saudi-Arabien.

Wölfe verhalten sich um Höhlen- und Rendezvousplätze je nach Präsenz des Menschen sehr unterschiedlich, so daß auch Trends im Heulverhalten sehr differenziert sind. In Gebieten mit erheblicher Infrastruktur heulen sie um den Höhlenkomplex überhaupt nicht, ansonsten sogar tagsüber.

Ansteigend über den späten Herbst bis zum Winter findet die Heulbereitschaft ihren Höhepunkt mit Beginn der Paarungszeit. Es konnte beobachtet werden, daß Raben nach Vernahme eines wölfischen Chorheulens sofort ihre Flugrichtung änderten. Dies weist auf eine enge Symbiose zu Wölfen und ökologischen Zusammenhängen hin.

Neben einem differenzierten Territorialverhalten (siehe Kapitel 1.1) verweist eine achtjährige Feldstudie aus Kanada auf Ungewöhnlichkeiten des Markierungsverhaltens. Nicht ein komplettes Territorium wurde regelmäßig durch Kot und Urin abgegrenzt, sondern massiv lediglich Höhlenkomplexe und Gebiete hauptsächlicher Nahrungsressourcen.

Im Sommer 1995 konnten wir die gemeinsame Aufzucht zweier unterschiedlich entwickelter Würfe (Mutter und Tochter hatten Nachwuchs geboren) in der gleichen Höhle nachweisen. Wieder eine sogenannte Ausnahme von der Regel.

Die Alphatiere eines Wolfsrudels im kanadischen Banff National Park führen mittlerweile die dritte Generation ihres Nachwuchses in die Nähe einer Autobahneinzäunung, um Wild dorthin zu treiben und die im Draht verflochtenen Beutetiere einfacher töten zu können. Man errichtete Autobahnzäune erst vor wenigen Jahren, so daß man bei dieser neuen Jagdstrategie nur über ERLERNTES Verhalten und Etablierung einer Familienkultur sprechen kann. Alle Beobachtungen bestätigen, daß die Alphatiere die entscheidende Rolle spielen, wenn es um die Beurteilung stabilisierender Faktoren jeweiliger Rudel geht. Sie überprüfen die Rendezvousplätze auf Sicherheit für die Welpen und führen die Jungtiere an zuvor angelegte Futterdepots. Sie leiten das anschließende Chorheulen ein oder geben jenen typischen Bell-Heul-Laut von sich, wenn eine alarmierende Situation besteht.

Wie stark individuelle Familienkulturen und Traditionen durch die Führung der Alphatiere geprägt sind, zeigt ein Beispiel aus Montana/USA. Allgemein wird angenommen, daß für einen Wolf Fleisch = Fleisch bedeutet. Intensive Beobachtungen zeigen, daß genetisch programmierte Jungtiere den sehr strikten Nahrungsbeschaffungsregeln der erwachsenen Wölfe folgen. Die Alphawölfin eines der „Ninemile"-Rudel versorgte ihren Nachwuchs über mehrere Monate mit Rehwild. Um dieses zu jagen, mußten etliche Kilometer Farmland überbrückt und tausende Rinder ignoriert werden.

Im Sommer 1995 konnte eine Außergewöhnlichkeit fotografisch festgehalten werden: Mutter und Tochter eines Wolfsrudels zogen ihre ca. 10 bis 14 Tage entwicklungsmäßig unterschiedlichen Würfe in der gleichen Höhle auf. Das Foto zeigt den klar erkennbaren Größenunterschied der Wolfswelpen. Beide Wölfinnen konnten aufgrund ihrer Zitzen als Mütter identifiziert werden. Die Alphawölfin tötete die Welpen ihrer Tochter nicht. Foto: Günther Bloch

Auch die heranwachsenden Jungwölfe waren an Rehfleisch gewöhnt und straften das Nutzvieh mit Verachtung.

Eine andere Geschichte erzählte der Biologe Dr. Jimenez, der ein Wolfsrudel mit den Farmbrüdern Thisted beobachtete.

Im National Bison Range/Montana fand man zwei tote Dickhornschafe und brachte sie in die Nähe des wölfischen Rendezvousplatzes. Die Welpen nibbelten ein wenig, fraßen aber nicht weiter an den frischen Kadavern. Jimenez unterstreicht, daß diese Welpen niemals ihre Eltern Schafffleisch fressen sahen und deshalb keinen Geschmack für die Kadaver entwickelten. Nach drei Tagen schleiften sie die Schafe weg und plazierten einen Rehkadaver an gleicher Stelle. Sie observierten die Tiere über Nachtgläser und sahen sie bereits kurze Zeit später beim Konsumieren des Rehkadavers. Die Familienstruktur begründete sich nicht auf Dickhornschaf, sondern auf Reh.

Ist kein Jagddruck vorhanden und keine Rudelstruktur durch den Menschen zerstört, folgen alle Wölfe den Alphatieren auf einem traditionellen Wegenetz. Unsere Beobachtungen im kanadischen Banff National Park ergaben sogar, daß ranghohe Tiere auf einem 200 m vom Höhlenkomplex entfernten Campingplatz nachts regelmäßig Baseballs stahlen und als Spielzeug den Welpen anboten. Nach Heranwachsen suchten die Jungwölfe exakt den gleichen Ort auf und etablierten ihn als Rendezvousplatz. Familientradition.

Über Radio-Telemetrie konnte die außergewöhnliche Anpassungsfähigkeit des nordamerikanischen Kojoten belegt werden. Die Kojotin „Snip" war eine echte Kulturfolgerin und wurde regelmäßig auf dem Golfplatz der Stadt Banff beobachtet. Ihre Welpen spielten alljährlich mit gestohlenen Golfbällen und gaben diese „Tradition" an die nächste Generation weiter. Snip wurde ca. zehnjährig von einem PKW erfaßt und getötet.

Foto: Günther Bloch

Aufgrund extremen Jagddrucks hat Wölfin Karinka gelernt, ihre Gruppe bei Dämmerung in die Nähe eines Dorfes zu führen, weil dort nicht geschossen wird. Seit Jahren weicht sie den slowakischen Jägern geschickt aus und ist heute schon ca. zehn Jahre alt.

Rumänische Studien berichten von einer Alphawölfin, die durch Vororte einer mittleren Großstadt wandert, um an die Nahrungsressourcen eines Zoobetriebes zu gelangen. Nähere Beobachtungen werden ergeben, ob der Nachwuchs traditionell an die gleiche Stelle geführt wird.

Die Kojotenmutter Snip fand heraus, daß auf einer Parkstraße Mineralien aufleckende Dickhornschafe von vielen Touristen fotografiert wurden. Sie nutzte nach und nach gezielt die parkenden Mietwagen und schlich sich durch die PKW immer näher an die Dickhornschafe heran.

Den Moment der Unaufmerksamkeit nutzte sie geschickt, attackierte die Schafherde und tötete zum Entsetzen der Touristen Lämmer. Ihr Nachwuchs lernte exakt die gleiche Verhaltensweise, und der Bestand an Dickhornschafen ging zunächst drastisch zurück.

11.4 Die weißen Wölfe von Ellesmere Island

Begegneten Arktiswölfe dem Menschen wirklich erst um 1985? Fakt ist, ihre Unbekümmertheit gegenüber Menschen versuchte man damit zu begründen, daß sie nie schlechte Erfahrungen machen mußten. Auch im deutschen Fernsehen sind die Stars einer ganzen Gattung regelmäßig zu bewundern. Die wahre Geschichte von Ellesmere Island/Kanada sieht jedoch leider etwas anders aus.

Bereits im Sommer 1973 und im Winter 1974 studierte der kanadische Biologe Eric Grace Canis lupus arctos unter zwei Aspekten. Die Studie beschrieb zum einen direkte Begegnungen zwischen Mensch und Wolf, aber anderseits auch den direkten Einfluß menschlicher Begleiterscheinungen (Müllhalde an der Wetterstation Eureka).

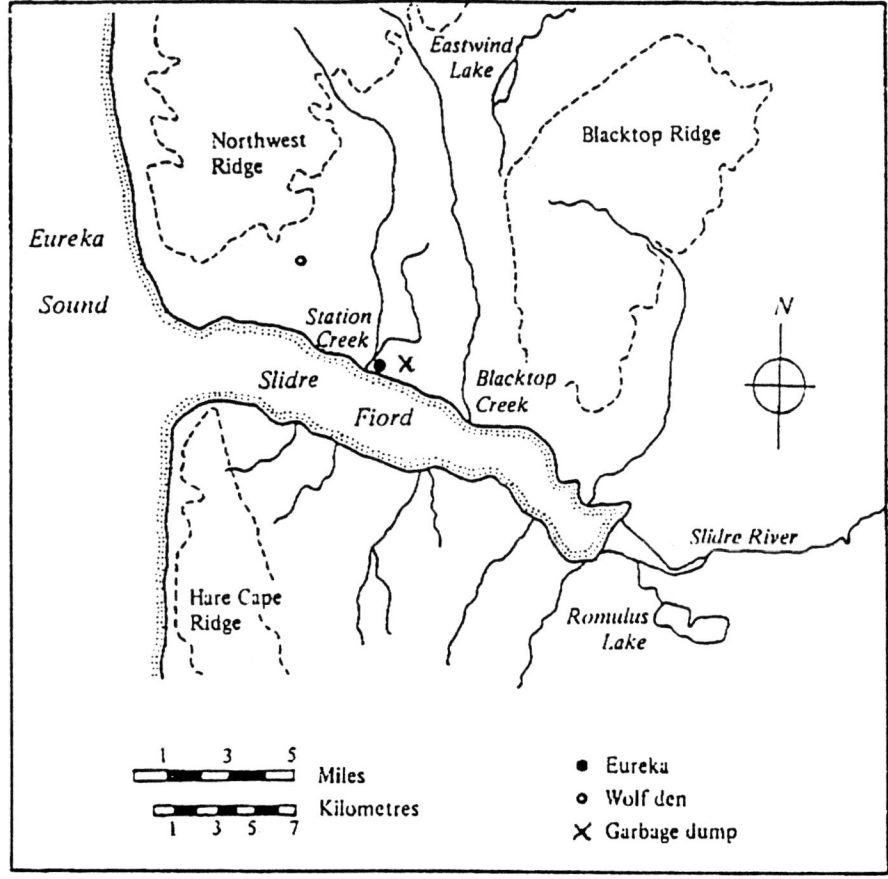

Zeichnung: Wolfshöhle, Wetterstation Eureka und Müllhalde auf Ellesmere Island.
Quelle: Wolf-Magazin 3/95 nach Eric Grace, 1975

Seit Gründung im Jahre 1947 notierten Angestellte der Wetterstation 102 direkte Sichtungen. Sie erschossen bis zum Jahre 1954 sogar 31 Wölfe und verletzten zusätzlich 7 Tiere. Noch im März 1973 erschoß man einen Wolf wegen Tollwutverdacht.

Aus diesen Berichten können wir ableiten, daß Wölfe seit Gründung der Wetterstation zu Besuch kamen. Obwohl sie durch häufigen Schußwaffengebrauch abgeschreckt wurden, lockte die Müllhalde wie ein Magnet.

Eric Grace beobachtete diverse Wölfe um die Müllhalde im Sommer '73 an 42 von 94 Tagen und im Winter '74 an 11 von 25 Tagen. Die maximale Distanz betrug 400 m, die Anzahl der Wölfe pro Begegnung schwankte von einzelnen Individuen bis zu sieben Tieren.

Das Verhalten des Biologen schloß ein, daß er still stand oder lag, auf die Wölfe zu- oder um diese herumging. Das Verhalten der Wölfe beinhaltete Stillstehen, Liegenbleiben, Annäherung oder Zurückweichen und Heulen.

Die üblichste Antwort der Wölfe auf das Verhalten Erik Grace's bestand, bis auf wenige Ausnahmen, im Rückzug der Tiere. Vereinzelt blieben Wölfe stehen oder schnupperten sogar am liegenden Biologen, bis sich dieser bewegte. Die „gefährlichen Raubtiere" quittierten dies mit sofortigem Meideverhalten.

Um eine Basis für die Kontaktaufnahme zum Menschen zu schaffen, bedurfte es keiner speziell freundlichen Unterart der Gattung Wolf (dies wird auch heute noch im TV behauptet), sondern des Einflusses einer Müllhalde. Der Aufbau wölfischer Familienkultur wird klar, wenn man Eric Graces Datenmaterial näher beleuchtet.

Während neun Tagen im Juni und 14 Tagen im Juli fand eine 24-Stunden-Wache an der Müllhalde statt. Insgesamt hielten sich einzelne Wölfe 15mal, Paare oder Gruppen INKLUSIVE mitgebrachter WELPEN sogar 25mal bei unterschiedlichen Zeitintervallen (bis zu zwei Stunden) um die Müllhalde auf. Die herangewachsenen Welpen konnten auch im nachfolgenden Winter beobachtet werden. Einige Tiere verbrachten ganze Nächte um die Halde, wenngleich die Dauer der Wolfsbesuche oft mit dem Tagesrhythmus der Menschen einherging. Wölfe fanden zu solchen Zeiten am ehesten Futter, das nicht schon von Möwen oder Füchsen geplündert worden war. Die Wölfe liefen bei Ankunft der Menschen nur in 43 % der Begegnungen kurzzeitig weg, kehrten aber täglich zurück.

Nähere Untersuchungen im Frühsommer 1973 ergaben, daß fünf Wölfe einem Rudel angehörten, welches 7,2 km nordwestlich der Müllhalde drei Welpen am dortigen Höhlenkomplex versorgte. Die Haldenbesuche des ranghöchsten Rüden konnten bemerkenswert oft (5mal an vier Tagen, bzw. 13mal an acht Tagen) registriert werden. Diese Beobachtung bestätigt, daß Alpharüden hauptsächlich mit der Nahrungsbeschaffung betraut sind.

Eric Grace beschrieb weiterhin, daß zwei Kategorien von Wölfen den Müllplatz besuchten: örtliche Tiere, zu deren normalem Territorium die Halde gehörte und die diese häufig ansteuerten – und nicht lokale Wölfe, die als unregelmäßige Besucher durch das Gebiet zogen. Im Sinne einer Kosten-Nutzen-Analyse duldeten sich die

Auch weiße Wölfe flüchten auf Annäherung des Menschen und halten selbst in unmittelbarer Nähe einer Höhle Distanz. Selbst im hohen Norden werden sie immer häufiger mit der menschlichen Präsenz konfrontiert und ernähren sich nicht selten von Abfällen offener Mülldeponien. Foto: Günther Bloch

Wölfe gegenseitig, und extrem aggressive Auseinandersetzungen wurden nicht registriert.

Im Winter 1974 konnte das zuvor aus fünf Tieren bestehende örtliche Rudel (nun inklusive zwei herangewachsener Welpen) an der Müllhalde observiert werden. Eric Grace kam nach Abschluß seiner Studie zu dem Schluß, daß menschliche Abfälle Wölfe nicht nur stark anziehen, sondern die Müllhalde über Generationen traditionell als Nahrungsbereich einbezogen wird. Die Rolle des Menschen innerhalb eines einfachen Ökosystems abgelegener nördlicher Arktis ist enorm. Die Verhaltensökologie des Wolfes um die Wetterstation Eureka hat sich innerhalb der letzten Jahrzehnte deutlich verändert. Während der Wolf bei früheren Begegnungen im allgemeinen dem Menschen zur Beute fiel, gibt es heutzutage in diesem Gebiet keine Feindseligkeit gegenüber Canis lupus arctos mehr.

Personal und Besucher der Wetterstation zeigen Interesse an der Sichtung weißer Wölfe. Sie assoziieren mit ihrer Toleranz eine neue Einstellung gegenüber dem weißen Raubtier, das trotz nächstem Kontakt niemals einen Menschen attackierte. Obwohl die kanadischen Nordwest-Territorien einer der letzten Wildnisgebiete des hohen Nordens darstellen, wird menschlicher Einfluß langfristig ein wichtiger Faktor für die Wolfsökologie sein. Man kann darüber spekulieren, was das Ergebnis einer weitverbreiteten Müllfütterungsgewohnheit bei Wölfen sein wird. Örtlich geborene Welpen lernen unzweifelhaft, einen Müllplatz als Nahrungsquelle anzusehen.

Ein negatives Ergebnis mag in möglicher Gesundheitsschädigung begründet liegen. Nachlassende Jagdeffektivität des Raubtieres Wolf könnte Ergebnis einer langfristigen Müllbeeinflussung sein. Schließlich ermutigt eine solche Situation viele TV-Sender oder gar gutzahlende Touristen zu einem engen Kontakt zwischen Mensch und Wolf. Die Tieren können öfter hautnah beobachtet werden.

Auf Ellesmere Island sind die weißen Wölfe zu Medienstars verkommen, ein Umstand, der traurig stimmt. Der englische Schauspieler Timothy Dalton (007) verteilte bereits Butterbrote an die arglos herankommenden Wolfswelpen. Die perfekt initiierte Show in der Wildnis. Die „freundlichen" Arktiswölfe gestatteten dem Besucher Einblick in ihre Höhle (sie zeigten Meideverhalten aus Respekt vor dem Menschen) und werden neuerdings für eine gut ins Konzept passende „Softerziehung" unserer Hunde mißbraucht. Der Mensch verändert ein jahrtausendealtes arktisches Ökosystem. Langfristig muß ein Tier darunter leiden, welches am Ende der Welt ohne menschliche Aktivitäten besser zurecht käme: Canis lupus arctos – Der weiße Wolf.

11.5 Verpaarung zwischen Grönlandhund und freilebender Arktik-Wölfin

In seltenen Fällen kommt es zu Verpaarungen zwischen einzelnen Wölfen und Haushunden bzw. streunenden Hunden. Vieles liegt hier jedoch im spekulativen Bereich, und direkte Beobachtungen können so gut wie nie registriert werden.

Aus Grönland gemeldete Begegnungen zwischen Arktik-Wölfen und Schlittenhunden haben meistens fatale Folgen für eine der beiden Canidenformen. Entweder ist die Tötung des Hundes durch Wölfe zu beklagen, oder aber die Wölfe werden von den Menschen erschossen, um ihre Hunde zu schützen. Dennoch sind solche Begegnungen extrem selten, denn um 1939 verschwand die Wolfspopulation Grönlands aufgrund zuvoriger Überjagung durch dänische und norwegische Fallensteller. Während der letzten beiden Jahrzehnte wanderten die Arktik-Wölfe nach und nach wieder von der kanadischen Insel Ellesmere in den Norden und Nordosten Grönlands ein.

Die nachfolgend beschriebene Beobachtung wurde in der Zeit zwischen 1988 und 1991 in der Nähe der Wetterstation Danmarkshavn in Ostgrönland gemacht, nachdem hier 1979 wieder ein erster Wolf gesichtet wurde und bis 1987 sporadische Registrierungen von Einzelwölfen stattfanden. Dieses änderte sich im April 1988, als sich in dieser Gegend erstmals ein Rudel von vier Wölfen – bestehend aus einem erwachsenen Rüden, einer erwachsenen Wölfin und zwei einjährigen weiblichen Tieren – bis zum Oktober des gleichen Jahres aufhielt. Als Novum in der jüngeren grönländischen Geschichte wurden zwei Welpen aufgezogen und das Rudel akzeptierte die Präsenz des Menschen, solange diese eine Distanz von 200 bis 300 m nicht unterschritten. Eines der einjährigen Weibchen war besonders neugierig und näherte sich den Angestellten der Wetterstation bis auf fünf Meter.

Nachdem die Wölfin festgestellt hatte, daß von diesen Menschen keine Gefahr ausging, nahm sie zunächst in der Nacht direkten Kontakt zu den angeketteten Schlittenhunden auf, beschnüffelte sie ausgiebig und spielte sogar mit ihnen.

Das komplette, nunmehr sechsköpfige Rudel verließ die Gegend im Herbst 1988 und wurde danach nicht mehr gesehen. Erst im Februar 1990 erschien die gleiche neugierige Wölfin erneut, welche durch einen größeren schwarzen Streifen über der rechten Schulterpartie eindeutig identifiziert werden konnte.

Während einer Hundeschlittenfahrt im Winter 1990 folgte die Wölfin und nahm wiederum Kontakt zu den Hunden auf. Sie wimmerte und jaulte, spielte mit insgesamt drei Hunden und präsentierte in regelmäßigen Abständen ihre Analregion. Sie erlaubte den Hunden, ihre Scheide zu beschnuppern und zu belecken, so daß sich das gesamte Verhaltensrepertoire nicht von dem unterschied, wie es unter Schlittenhunden während der Kopulationszeit üblich ist. Da die beiden Schlittenhunderüden noch jung und unerfahren waren, kam es nicht zur Kopulation.

Am 4. April 1991 tauchte die gleiche Wölfin wieder an der Danmarkshavn-Wetterstation auf. Sie folgte einem Schlittenteam von zwei Männern und insgesamt elf Hunden bis zur sogenannten Taubenbucht. Während die Männer am 5. April ihr Campinglager aufbauten, spielte die Wölfin mit den an langen Leinen befestigten Hunden. Sie präsentierte, wie bereits zuvor, allen anwesenden Hunden ihre Analregion und zeigte auch wieder die gleichen Lautäußerungen.

Diesmal suchte sie sich jedoch nach einiger Zeit des Testens den dominantesten Rüden der Hundegruppe aus, spielte mit ihm und verpaarte sich schließlich. Die Verpaarung fand einen Tag später mit dem gleichen Rüden nochmals statt. Die Wölfin verließ anschließend die Region und wurde bis zum 1. Mai nicht mehr gesehen. Beide Kopulationen wurden zuvor komplett abgeschlossen. Wölfin und Hunderüde hingen also über einen längeren Zeitraum zusammen. Die Wölfin konnte während des Sommers nur sporadisch beobachtet werden. Interessanterweise war sie weder tragend noch konnten Welpen gesichtet werden.

Das Paarungsverhalten zwischen Arktik-Wölfen und Hunden konnte nur ein einziges Mal im Thule-Distrikt Westgrönlands Anfang der dreißiger Jahre beobachtet werden. Es wurde berichtet, daß hier eine empfangsbereite Hündin von ihrem Besitzer bewußt freigelassen wurde, um von einem in dieser Region umherstreifenden Wolfsrüden gedeckt zu werden. Damals war man der Auffassung, daß frisches

Wolfsblut den Genpol der lokalen Hunde verbessern könnte. Nach diesem Bericht wurde aus Grönland kein weiteres Beispiel über die Verpaarung zwischen Wolf und Hund bekannt, so daß die neuerliche Beobachtung aus dem Jahre 1991 als kleine Sensation angesehen werden kann.

Wolfsforscher kamen zu dem Schluß, daß das Verhalten dieser Wölfin auf die Tatsache zurückzuführen ist, daß aufgrund der extrem geringen Wolfspopulation ein Mangel an zeugungsfähigen Rüden herrschte.

Da die Wölfin schon im jungen Alter bereit war, sich der kleinen menschlichen Ansiedlung zu nähern und außerdem mehrmaligen Kontakt zu den dort anwesenden Hunden aufnahm, vertraute sie nach und nach dieser Wölfen im allgemeinen suspekten Umwelt.

Trotz intensiver Recherchen konnten wir nicht herausfinden, warum die Menschen eine heiße Wölfin in der Nähe ihrer Hunde duldeten und die Paarungsbereitschaft nicht unterbunden wurde. Im hohen Norden scheint es jedoch üblich zu sein, Arktik-Wölfe als Restevertilger um jeweilige Müllhalden zu akzeptieren.

11.6 Der Wolf im Hundepelz

Seit ca. 15 000 Jahren leben Mensch und Hund in enger Gemeinschaft und haben unzählige Höhen und Tiefen der Menschheitsgeschichte durchwandert. Zuvor haben unsere Urahnen mit der Zähmung des Wolfes eine gewaltige Kulturleistung vollbracht. Der Wolf sollte im symbolischen Sinne als Allrounder angesehen werden, der alle Disziplinen in der Wildnis zum Überleben beherrschen muß. Unsere Hunde hingegen wurden zu Spezialisten herangezüchtet.

Oft wird uns die Frage gestellt: sind Huskies oder der Deutsche Schäferhund nicht sehr eng mit dem Wolf verwandt? Niemals hört man jedoch seitens eines Beagle- oder Pudelzüchters, daß ihre Hunde nur einen Schritt vom großen Raubtier entfernt sind. Dies ist bedauerlich, denn sie sind genauso eng mit dem Wolf verwandt wie ein Husky oder ein Schäferhund.

Als Beweis dient in den letzten Jahren ein System, das relativ einfach zu verstehen ist, obwohl man zur Durchführung der Prozedur ein gut ausgerüstetes Labor braucht.

Alles was man tun muß ist:

die Gewebeprobe eines Tieres zu entnehmen, dann das mitochondrial DNA (mtDNA) herauszusortieren und anschließend die Gene auf dieses mtDNA-Molekül einzeichnen. Wenn zwei Tiere die gleiche Visitenkarte haben, waren sie irgendwann in der Vergangenheit miteinander verwandt. mtDNA wird benutzt, weil es sich nicht mit anderen DNA wieder kombinieren läßt, wie es z. B. das Kern-DNA tut (das DNA im Kern der Zelle).

Das mitochondriale DNA ist der genetische Code, der das Mitochondria aufbaut und erhält. Es enthält Enzyme, die Nahrung in Energie umwandeln. Sie sind innerhalb der Zelle, aber außerhalb des Kerns. Mit anderen Worten, sie sind im Zytoplasma.

Weibliche Fortpflanzungszellen (Eier) haben Zytoplasma, männliche Fortpflanzungszellen (Sperma) haben es nicht. Ab und zu – jedes hundertste, tausendste oder zehntausendste Jahr – gibt es vermutlich zufällig eine Mutation.

Je länger zwei Arten getrennt waren, desto mehr Mutationen sind geschehen. Wenn also zwei Adern von mtDNA die gleiche Sequenz mit nur einem oder zwei unterschiedlichen Genen haben, betrachten wir die gleiche Spezies oder Rasse oder Züchtung. Wenn wir jedoch viele Unterschiede finden, sind die Tiere nur entfernt verwandt.

Der komplizierte Teil der Aufzeichnung ist die Technik, die man hierzu braucht. Das mtDNA-Molekül muß aus dem Gewebe herausgezogen – in Stücke geschnitten, fotografiert und dann gemessen werden. Um die Gene zu finden und dann alphabetisch zu benennen, um danach ihre Reihenfolge anzuschauen, benötigt man einen sogenannten Cutter, der zu einem bestimmten Molekül spezifisch ist. Ohne noch mehr in diese trockene Materie einzusteigen sei nur erwähnt, daß, wann immer der Cutter sein spezifisches Gen findet, er dieses dann bricht.

Letztlich erhält man Massen von Daten, die in einen Computer eingegeben werden. Dieser ist darauf programmiert anzuzeigen, welche Proben dieselben sind und welche unterschiedlich.

Das Resultat nach umfangreichen Messungen zeigt anhand der graphischen Darstellung die enge verwandtschaftliche Beziehung zwischen Wölfen und unseren Hunden.

Die Ähnlichkeiten sind es, die hier doch tief beeindrucken. Das unerwartete Ergebnis dieser Daten ist, daß unsere Haushunde und freilebende Wölfe die gleichen mütterlichen Vorfahren haben. Sie sind NOCH ENGER miteinander verwandt, als z. B. Wölfe mit Kojoten. Dieses zum neu entflammten Diskussionsthema, wie weit unsere Hunde genetisch von ihrem Stammvater Wolf entfernt sind.

Übereinstimmende Verhaltensweisen von Wolf und Hund sind zudem erfahrungsgemäß so außerordentlich vielschichtig, daß in diesem Buch nur grob darauf hingewiesen werden konnte. Der Wolf stellt einen Top-Beutegreifer dar, welches sich noch am ehesten in der Jagdleidenschaft vieler Hunderassen wiederspiegelt. Der gravierende Unterschied zwischen Wildcaniden wie Wolf, Kojote oder Schakal und gut sozialisierten Hunden ist, daß Hunde nicht gezähmt, sondern durch den Menschen domestiziert zum Haustier wurden.

Trotz sehr vieler Gemeinsamkeiten innerhalb der gleichen Canidenfamilie bleibt festzuhalten:

Unsere Hunde sind durch Domestikation und die Umwelt, in der sie leben, keine Wölfe mehr. Der in Freiheit geborene Wolf will kein Hund sein oder als solcher behandelt werden.

Wolf und Hund sind eng verwandt, deshalb erhielt dieses Buch den Titel: „Der Wolf im Hundepelz".

Wer zum Erhalt freilebender Wölfe beitragen und auch sonst mehr Informationen zum Thema Wolf anfordern möchte, wendet sich bitte an:
Gesellschaft zum Schutz der Wölfe e.V.
Frau Elli Radinger, Blasbacherstraße 55, 35586 Wetzlar
Telefon (0 64 41) 3 29 69, Fax. (0 64 41) 3 34 49
E-Mail: EHRadinger@aol.com
Herrn Günther Bloch, Von-Goltsteinstraße 1, 53902 Bad Münstereifel
Telefon und Fax (0 22 57) 74 41

Die Gesellschaft zum Schutz der Wölfe e.V. gründete sich im Jahre 1990, nachdem erste Einzelwölfe von Westpolen nach Ostdeutschland einwanderten. Aufklärung steht im Vordergrund, um das schlechte Image des Wolfes positiv zu verändern.

11.7 Hundeerziehung aus einer anderen Perspektive

Der Wolf gilt als meist studiertes Säugetier der Welt. Dennoch stehen wir staunend vor vielen „Wissenslücken", die wir als sogenannte Ausnahme von der Regel definieren. Solche Ausnahmeerscheinungen haben wir bei unseren Beobachtungen in der Wildnis immer wieder zur Kenntnis nehmen müssen. Der Wolf lebt im knallharten Überlebenskampf. Er muß seinen Energiehaushalt einteilen, um nicht zu sterben. Das Leben in der Gemeinschaft ist mit vielen Vorteilen verbunden, es lohnt sich sozial zu sein. Nachteile nimmt man gerne in Kauf, wenn die Vorteile überwiegen. Langfristig ist diese Überlebensstrategie sicherlich besser, als rücksichtsloser Egoismus. Innerhalb von Sozialstrukturen wird es immer den Initiatoren geben müssen, den es nachzuahmen gilt. Wolfsrudel sind komplexe Einheiten, die ihre Nahrung nicht geschenkt bekommen.

Unsere Haushunde bekommen Nahrung geschenkt. Sie brauchen keine Beutetiere zu jagen und gefährdeten Nachwuchs zu verteidigen. Der Mensch übernimmt die elementaren Überlebensnotwendigkeiten.

Was wissen wir Menschen eigentlich über unsere Haushunde?

Sie sind ungewöhnlich flexibel. Der moderne Hund lebt innerhalb unglaublich verschiedener Hausstände. Wir Menschen versorgen ihn gut und erwarten dafür „ewige Treue".

Auch wenn viele Vertreter des modernen Haushundes bereits degeneriert sind und sogar Qualzuchten unterliegen, bleibt der Hund trotzdem das, was er immer war: ein Canide, der in der Sozial- und Futterrangordnung ggf. nach Nischen sucht. Wann immer machbar, etabliert der Haushund Status und Privilegien. Diese wieder abzugeben, bedeutet für ihn keine Selbstverständlichkeit. Der Mensch schafft – auf die eine oder andere Weise – die Haltungsbedingungen bzw. Lebensumstände. Sowohl Bedingungen als auch Symbiosen sind absolut individuell. Daraus ergibt sich:

Hundeerziehung ist ausgesprochen komplex. Motivation bedeutet zunächst einmal richtig umgesetzte Kommunikation. Wir Menschen müssen noch sehr viel lernen, um die Kommunikationsbereitschaft unserer Haushunde richtig einschätzen zu können. Deshalb sind mir persönlich Ausbilder suspekt, welche angeblich alles über Hunde wissen. Objektiv betrachtet müßten diese Menschen ca. 5,5 Millionen in deutschen Hausständen lebende Hunde und deren Verhaltensinventarien kennen. Welch eine Anmaßung. Welch ein Witz.

Alle diese Mensch/Hund-Beziehungen sind jedoch von einer Notwendigkeit geprägt: Menschen müssen Haushunde in das jeweilige Umfeld so integrieren, daß ein gemeinsames Sozialleben möglich ist. Hunde müssen „erzogen" werden. Anstatt über pauschale Methoden – Strafdressur oder Softerziehung – nachzudenken, sollten wir Menschen uns der Aufgabe stellen, die es primär zu verfolgen gilt: Nachahmenswerte Vorbilder zu sein. Und was macht der Mensch? Er versucht, Haushunde zu vermenschlichen, und das obwohl Hunde uns stets verhundlichen. Kommunikation ist alles, eine generelle Ausbildungsmethode nichts.

Dieses Buch möchte einen kleinen Beitrag zur besseren Kommunikation leisten. Ich persönlich werde wohl bis an mein Lebensende staunend Caniden beobachten. Sie vollends verstehen werde ich nie.

Ray Coppinger unterstreicht in seinem Vorwort die unglaubliche Vielfalt unserer Hunde. Er verweist darauf, daß die Beobachtung an Wölfen wesentlich einfacher ist, als DAS Verhalten unserer Hunde zu ergründen. Wie also können wir Menschen es wagen, von DER Hundeerziehungsmethodik zu faseln? Nach fast 25jähriger Berufserfahrung beantworte ich auch heute noch einige Fragen zu hundlichen Verhaltensweisen mit: Ich weiß es nicht. Je intensiver ich Caniden beobachte, desto mehr weiß ich, daß ich nichts weiß. Dieses Buch möchte ich deshalb auch mit dem Anfangssatz schließen: Hunde sind ein evolutionäres Phänomen.

Schlußwort

Günther Bloch lernte ich vor einem Jahr bei einem Hundeerzieher- und Verhaltensberater-Seminar kennen. Seine direkte, offene und nicht immer schonende Art Menschen gegenüber, die Liebe zu den Caniden und die Form, wie er sich mit Leib und Seele für deren Bedürfnisse einsetzt, finde ich Klasse. Das Buch **Der Wolf im Hundepelz** zeigt in aller Deutlichkeit erfolgreiche Erziehungswege, um ein harmonisches Miteinander zwischen jedem Hund und seinem Menschen zu ermöglichen.

Auch ich habe meine Erziehungsmethode um einige – sich auch im Buch befindlichen – Tips von Günther erweitert und kann nur sagen, daß dies eine große Bereicherung für mich und somit auch für meine Schüler ist. Faszinierend ist der Vergleich zwischen Caniden und Menschen. ... sind wir Menschen nicht manchmal auch einfach nur „Babysitter"?

Dieses Buch kann ich nur jedem sehr ans Herz legen. Es ist eine Pflichtlektüre für all die, die ihren Hund richtig, mit dem nötigen Verständnis und mit Erfolg erziehen wollen. Kaum ein Buch habe ich mit solch einer Intensität, vom ersten bis zum letzten Satz, komplett gelesen und so einfach praktisch nachvollziehen können.

Perdita Lübbe-Scheuermann, Hunde-Akademie, Gundernhausen

Danksagung

Ohne einen enormen Zeitaufwand kann man kein Buch schreiben. Deshalb möchte ich mich als relativ sozialer Mensch bei meiner Frau Karin und unseren Vierbeinern bedanken, ohne deren Verständnis nicht eine Manuskriptseite entstanden wäre.

Wissen entsteht aus Erfahrung. Wissen entsteht aber nicht minder durch nachahmenswerte Menschen: Eberhard Trumler war ein solcher Mensch, der anderen das Beobachten lehrte. Sein früher Tod ist ein Verlust für die Canidenwelt.

Dr. Paul Paquet lehrte mich, „verhaltensökologisch" zu denken. Ich bedanke mich für seine niemals endende Hilfe und sein Vertrauen, ein „Greenhorn" selbständig in der unmittelbaren Nähe wölfischer Höhlenkomplexe arbeiten zu lassen, um im nachhinein Verhaltensweisen diskutieren zu können.

Meine größte Bewunderung gilt Prof. Ray Coppinger. Durch seine enormen verhaltenskundlichen Kenntnisse bin ich heute in der Lage, viele Fragen präzise beantworten zu können. Ray Coppinger schreibt gerade sein „Lebenswerk", dem ich mit Spannung entgegensehe. Sowohl Paul Paquet, als auch Ray Coppinger danke ich für ihre weisen Vorworte zu diesem Buch.

Dr. Erik Zimen habe ich nicht nur zu verdanken, daß die keineswegs pauschal existierende Futterrangordnung der Wölfe in meinem Großhirn gespeichert ist, sondern seine fachlichen Anmerkungen Einzug in mein Manuskript hielten. Wir werden uns bis ans Lebensende über die Notwendigkeit des Einsatzes von Stachelhalsbändern in der Hundeerziehung „streiten".

Mit deutscher Grammatik stehe ich seit jeher auf Kriegsfuß. Es ist Claudia Bertram und Brigitte Lehr zu verdanken, daß mein Buch in dieser Hinsicht korrekt vorgelegt werden kann.

Ein herzliches Dankeschön auch an meine Kollegin Perdita Lübbe und Ralf Scheuermann, deren unermüdliche Korrektur so mancher Tag zum Opfer fiel. Zudem sei Perdita Lübbe auch für das Schlußwort gedankt. Erfahrungsaustausch bringt neue Erkenntnisse, so daß neben ihr auch die Berufskollegen Bettina und Michael Bannes-Grewe namentlich aufgeführt werden müssen. Wir diskutieren stets das Agieren anstatt Reagieren.

Was wäre ein Buch ohne schöne Bilder. Ich danke Peter Nawrath, dessen Tierfotos auch von anderen Interessenten unter der Telefonnummer (0 24 03) 3 47 99 bestellt werden können. Peter Nawrath ist ein Wolfsfan, der von diesen Tieren genauso fasziniert ist wie ich.

Last, but not least möchte ich mich bei Caroline, Steve, Karsten, John, Peter, Jean-Marc, Paul, Slavomir und allen Menschen bedanken, die mir immer wieder neueste Forschungsergebnisse oder Informationen aus der Canidenwelt zukommen lassen.

Ich bedanke mich ausdrücklich bei allen freilebenden Wölfen und Kojoten, die sich beobachten lassen wollten. Hi guys, Ihr habt mir die Augen geöffnet. Ich packe keinen Welpen mehr im Nacken und schüttele ihn auch nicht mehr. Sorry, liebe Wolfsmütter. Ich hätte euch eher beobachten und korrekt nachahmen sollen.

Literaturverzeichnis

Badrizdze, J. + Kopaliani, N.: The role of play in the formation of hunting behaviour in a group of 6 wolfpups raised in captivity; Institute of Zoology/Tbilisi/Georgia, 1994
Baer, T.: How to teach your old dog new tricks; Barron Press/N.Y./USA, 1991
Bass, R.: The Ninemile Wolves; Clark City Press/Livingston/USA, 1992
Bekoff, M.: Social play in canids; American Zoologist 14, 1974
Bekoff, M.: Social communication in canids, -evidence for the evolution of a stereotyped mammalian display; Science 197, 1977
Belyaev, D.: Destabilizing selection as a factor in domestication; Journal of Heredity No. 70/USA, 1979
Bergler, R.: Mensch und Hund, Psychologie einer Beziehung; Edition Aprippa GmbH/Köln, 1986
Bloch, G.: Beziehungskiste Familie – Hund, Kempkes/Gladenbach, 1990
Bloch, G.: Interaktionen zwischen erwachsenen Wölfen und ihren Welpen; Publikation der GzSdW e.V./Bad Münstereifel, 1994
Brandenburg, J.: White Wolf: Living with an arctic legend; Northwood Press/Minocqua/USA, 1990
Brunner, F.: Der unverstandene Hund, 1985
Coppinger, L. + R.: Livestock-guarding dogs that wear sheep's clothing; Smithsonian Magazine, April 64-73/USA, 1982
Coppinger, R. und Schneider, R.: Evolution of working dogs in: The Domestic Dog/Cambridge University Press/GB, 1995
Coppinger, R.: Performance data report update, Doglog Vol 3, No 1, Summer 1992
Die Mönche von New Skete: Wer kennt schon seinen Hund? Ullstein-Verlag/München, 1987
Downer, J.: Die Supersinne der Tiere; ?, 1989
Eibl-Eibesfeldt, I.: Ethology: The Biology of Behaviour; Holt, Rinehart and Winston/NY/USA, 1975
Feddersen-Petersen, D.: Hundepsychologie, Kosmos-Verlag/Stuttgart, 1987
Feddersen-Petersen, D.: Ausdrucksverhalten beim Hund, Gustav Fischer Verlag/Stuttgart, 1995
Fisher, J.: Why does my dog...; Souvenir Press/London, 1993
Fox, M.: Behaviour of wolves, dogs an related canids; Krieger Publishing Company/Malabar/USA, 1971
Grace, E.: Interactions between men and wolves at an arctic outpost on Ellesmere Island; Dep. of Zoology/University of Toronto/Canada, 1976
Harrington, F.: + Paquet, P.: Wolves of the world, Perspectives of behavior, Ecology and Conservation; Noyes Publications/Park Ridge/USA, 1982
Hart, B. + L.: Verhaltenstherapie bei Hund und Katze; F. Enke-Verlag/Stuttgart, 1991
Heard, D. + Williams, M.: Distribution of wolf dens on migratory caribou ranges in the NW-Territories, Canadian Journal of Zoology/Volume 70 No. 8/Yellowknife/Canada, 1992
Hummel, M.: Wild Hunters, Predators in Peril; Key Porter Books/Toronto/Canada, 1991
Immelmann, K.: Einführung in die Verhaltensforschung; Paul Parey-Verlag/Berlin, 1983
Klinghammer, E.: Angewandte Ethologie, Einige Grundprinzipien der Ethologie und Psychologie; Ethology Series No. 7, NWPF/USA, 1994
Lorenz, K.: So kam der Mensch auf den Hund; dtv-Verlag, München, 1965
Morris, D.: Dogwatching; Jonathan Cape Ltd./London, 1986
Mech, D.: The Arctic Wolf, Living with the pack; Key Porter Books/Toronto/Canada, 1988

Mugford, R.: Dog training the Mugford-way; Hutchinson-Stanley Paul/London/GB, 1992
Müller, D.: Zusammenfassende Beschreibung des limbischen Systems, 1996
Murie, A.: The Wolves of Mount MCKinley; University of Washington Press/USA, 1985

Neville, P.: Versteh Deinen Hund; Müller Rüschlikon Verlag, 1989

O'Farrell, V.: Verhaltensstörungen beim Hund; M. Schaper-Verlag, Alfeld, 1991

Paquet, P.: Ecological studies of recolonizing wolves in the central canadian Rocky Mountains; Final Report 1989-1993/John/Paul + Associates/Canmore/Canada, 1993
Paquet, P.: Prey use strategy of sympatric wolves and coyotes in Riding Mountain National Park; Mammal Journal/Dep. of Zoology/Edmonton/Canada, 1992
Pavlik, P.: Dar, der Hund aus Sibirien; Fischer-Verlag/Frankfurt, 1988
Pawlow, I.: Sämtliche Werke, Akademie-Verlag/Berlin, 1956
Prendergast, D.: The Wolf Hybrid; Rudelhaus Enterprises/Gallup/USA, 1989
Pryor, K.: Don´t shoot the dog; Sunshine Books/North Bend/USA, 1990

Schassburger, R.: Vocal communication in the Timber wolf; Paul Parey/Berlin, 1993
Senglaub, K.: Wildhund-Haushunde; Urania-Verlag/Leipzig, 1981
Serpell, J.: The domestic dog, it´s evolution, behaviour and interactions with people; Cambridge University Press, N.Y./USA, 1995
Sims + Dawydiak: Livestock Protection Dogs; OTR Publications, Centreville/USA, 1990
Stamm, R.: Tierpsychologie, Die biologische Erforschung tierischen und menschlichen Verhaltens; Beltz-Verlag/Weinheim, 1984
Sullivan, J.: + Paquet, P.: Social systems of wolves in large and small enclosures; AAZ-PA Conference-Proc./Wheeling/USA, 1977

Tembrock, G.: Tierpsychologie; A. Ziehmsen-Verlag/Wittenberg, 1972
Tortora, D.: Schwieriger Hund, was tun? Kosmos-Verlag/Stuttgart, 1986
Trumler, E.: Mit dem Hund auf Du; Piper-Verlag/München, 1987
Trumler, E.: Mensch und Hund; Kynos-Verlag/Mürlenbach, 1988

Vaughan, D.: Canine Color Vision; Gazette, May/University of California/USA, 1991
Von Uexküll, J.: Theoretische Biologie, Suhrkamp-Taschenbuch Verlag/Baden-Baden, 1973

Zimen, E.: Wölfe und Königspudel; R. Piper-Verlag/München, 1971
Zimen, E.: Der Hund, Abstammung, Verhalten, Mensch und Hund; C. Bertelsmann-Verlag/München, 1988

„Mit diesem neuen Buch begebe ich mich quasi auf ein ‚unbestelltes Feld', da es nämlich kaum Verhaltensuntersuchungen zu ‚hundlichen' Anpassungsstrategien im modernen Hausstand gibt. Dieser Missstand muss beseitigt werden, wollen wir die adaptive Verhaltensökologie des Hundes in unseren Wohnungen oder Häusern bestimmen. Ich möchte dem Leser deshalb einige Tipps geben, wie zumindest die meisten Hunde relativ einfach (weil vorausschauend kontrolliert) in einen modernen Hausstand integrierbar sind, und zwar ohne sie dabei ständig kommandieren zu müssen. Nicht irgendwelche ‚durchgeknallten' Kampfhunde sind die Wurzel allen Übels, sondern die tief greifenden Veränderungen in unserer modernen Gesellschaft.

240 Seiten, 50 farbige Abb., Hardcover
20,00 €/35,30 sFr
ISBN 3-929592-34-7

Günther Bloch
Der Familienbegleithund im modernen Hausstand

Verhaltensbeobachtungen an Menschen und ihren Hunden

WESTKREUZ-VERLAG

Der Hund spiegelt nur die vielen Facetten dieser unserer gestörten Sozialgemeinschaft wieder. Und wie dramatisch die allgemeine Sachlage in Wirklichkeit aussieht, wird der Leser in diesem Buch erfahren."

GÜNTHER BLOCH

WESTKREUZ VERLAG
BERLIN/BONN
GMBH

Postfach 1107
53895 Bad Münstereifel
Telefon (0 22 57) 8 11
Fax (0 22 57) 78 53
Internet: www.westkreuz.de
E-mail: verlag@westkreuz.de